U0959882

权威·前沿·原创

皮书系列为

“十二五”“十三五”国家重点图书出版规划项目

BLUE BOOK

智库成果出版与传播平台

制药工业蓝皮书

BLUE BOOK OF PHARMACEUTICAL INDUSTRY

中国制药工业发展报告（2020）

ANNUAL REPORT ON THE DEVELOPMENT OF CHINA'S PHARMACEUTICAL INDUSTRY (2020)

中国化学制药工业协会
主　　编／温再兴
执行主编／潘广成　曲继广

社会科学文献出版社
SOCIAL SCIENCES ACADEMIC PRESS (CHINA)

图书在版编目(CIP)数据

中国制药工业发展报告. 2020 / 温再兴主编. -- 北京: 社会科学文献出版社, 2020.9
(制药工业蓝皮书)
ISBN 978-7-5201-7063-5

Ⅰ.①中… Ⅱ.①温… Ⅲ.①制药工业-工业发展-研究报告-中国-2020 Ⅳ.①F426.7

中国版本图书馆 CIP 数据核字(2020)第 146456 号

制药工业蓝皮书
中国制药工业发展报告(2020)

主　　编 / 温再兴
执行主编 / 潘广成　曲继广

出 版 人 / 谢寿光
组稿编辑 / 邓泳红
责任编辑 / 宋　静

出　　版 / 社会科学文献出版社·皮书出版分社(010)59367127
地址: 北京市北三环中路甲 29 号院华龙大厦　邮编: 100029
网址: www.ssap.com.cn
发　　行 / 市场营销中心(010)59367081　59367083
印　　装 / 天津千鹤文化传播有限公司

规　　格 / 开 本: 787mm×1092mm　1/16
印 张: 20.75　字 数: 312 千字
版　　次 / 2020 年 9 月第 1 版　2020 年 9 月第 1 次印刷
书　　号 / ISBN 978-7-5201-7063-5
定　　价 / 198.00 元

制药工业蓝皮书编委会

主　　编　温再兴

执行主编　潘广成　曲继广

顾　　问

侯云德*	陈芬儿*	魏于全*	陈凯先*	王广基*
侯惠民*	王军志*	任南琪*	陈　勇*	侯立安*
邵明立	张文周	吴海东	于明德	白慧良
赖诗卿	李大魁	胡　欣		

编　　委　（按姓氏笔画排列）

丁锦希	王学恭	王桂华	王晓茹	王善春
龙本威	付明仲	史录文	史建会	冯国安
左　敏	朱长军	刘文富	刘革新	刘晓悍
孙会敏	孙飘扬	汲　涌	李三鸣	李文明
陈用博	陈继武	何光杰	沈松泉	吴晓滨
吴惠芳	张代铭	张庆生	张自然	张承绪
张宝瑞	张建平	张春波	张意龙	张冀湘
邵　蓉	杨　悦	周　军	周建平	周　惠
郑　鸿	昝安胜	洪　浩	姚桐利	柯尊洪
贺端湜	涂家生	顾根生	郭泰鸿	屠永锐

* 院士。

编辑组 康　玮　雷　英　褚淑贞

平　青　于保国　谢维平　宋淑杰　金联亚

郑　鹏　王　宏　韩庆生　申　雨　王　鑫

朱　林　黄胜炎　蔡德山　徐铮奎　齐继成

张　伦

主要编撰者简介

温再兴　1982年2月毕业于厦门大学中文系。之后在对外经济贸易部人事教育劳动司工作，历任副处长、处长。先后从事干部调配、技术职称评定、外派干部管理等工作。1998年9月至2006年8月，先后任对外经济贸易部办公厅总经理、商务部办公厅副主任。2006年8月至2008年6月，任全国整顿和规范市场经济秩序领导小组暨国家保护知识产权工作组办公室副秘书长（副司级）。2008年7月至2014年1月，任商务部市场秩序司副司长、巡视员（正司级），主管药品流通和商务信用等工作。自2014年2月起，在医药行业协会担任专家，参与行业发展研究。曾被聘为清华大学老科协医疗健康行业研究与培训中心特聘教授、对外经济贸易大学客座教授。现为“药品流通蓝皮书”和“制药工业蓝皮书”主编。

潘广成　高级工程师。现任天津力生制药股份有限公司独立董事，哈药集团股份有限公司独立董事，凯莱英医药集团（天津）股份有限公司独立董事，中国化学制药工业协会执行会长。历任卫生部医疗器械局干部、处长，国家医药管理局人事司处长、副司长、政策法规司司长，中国医疗器械工业公司副总经理，中国医药集团总公司董事会秘书，中国化学制药工业协会常务副会长。

曲继广　石家庄市工商联副会长，河北省人大代表，河北省劳动模范。2007年任河北省工商业联合会第十届执委会副会长，现任石家庄四药有限公司董事长、总经理。

摘　要

《中国制药工业发展报告（2020）》全书共分 7 个篇章 26 篇报告，分别为总报告、政策法规篇、专题报告篇、科技创新篇、绿色制药篇、区域发展篇和附录。

总报告对 2019 年经济运行情况进行了分析，阐述了颁布新修订的《药品管理法》的重要意义；论述了医保目录调整、"4 + 7" 药品带量集中采购对医药产业发展战略的影响；提出了 2020 年中国医药工业发展的 10 项主要任务。"三医联动" 改革逐步进入深水区，医药产业面临结构调整转型升级的巨大变革，"创新 · 质量 + 合规" 将成为医药产业发展的主旋律。

政策法规篇介绍了 2019 年版国家医保药品目录调整情况、管理的政策背景、需要解决的问题和目录调整的范围、重点、程序、监督机制等；阐述了新版《药品管理法》对于鼓励研发创新、保障药品可及性方面的举措和以信用管理为核心的药品新型监管模式；通过对部分典型国家创新药品医保政策的分析，对我国本土创新药品医保政策的完善提出了政策建议；解读了中国医药产业的发展。专题报告篇梳理了 2019 年以来注射剂一致性评价相关政策信息；预测了世界各个主要治疗药物的医药市场未来发展前景；具体分析了糖尿病药物市场、维生素 C 市场及抗血栓药物市场的情况；介绍了国外新批准上市的新制剂。科技创新篇讲述了创新是企业的核心竞争力及离心机产品五十年制造发展过程；以仿制药一致性评价申报资料中的常见问题作为切入点，解读官方发布的申报要求，根据多年仿制药研发与审评经验，给出一些参考建议；探讨高端制剂药用辅料（高端辅料）的研发方式和质量提高关键点，并对高端辅料的创新进行展望；介绍了高通量筛选 与 AI 辅助进化平台。绿色制药篇阐述了制药工业废水处理技术与实践，本着高浓度及特殊废水车间预处理、再混合统一处理的原则，提出了制药工业废水通用的治理技术路线；在高浓度抗生素生产废水残留抗生素效价概念的基础上阐述了通过强化水解预处理的方法将废水中抗生素效价消除后再利用生物与物化组合的方法进行常规污染物的去除的思路；介绍了电离辐照无害化处理抗生素菌渣的示范工程，电离辐照既可以降解菌渣中残留的抗生素，又可以杀灭耐药菌并消除抗性基因污染，从而实现抗生素菌渣的无害化处理；论述了抗生素菌渣的污染问题、无害化与资源化技术研发以及资源化产品的安全利用；介绍了陶瓷膜在发酵液澄清、中药精制及制药废水处理中的应用，分子筛膜用于溶媒脱水以及 PDMS 复合膜用于 VOCs 回收的现状；总结了我国环境中痕量抗生素赋存现状，探讨膜分离技术在抗生素废水的应用，并对新型复合膜在抗生素废水应用领域的使用进行展望。区域发展篇介绍了 2019 年广东省医药制造业发展情况，重点介绍了广东省医药制造业规模以上企业和化学制药工业 2019 年经济运行状况；介绍了陕西医药工业的发展历程和取得的成就，总结了产业发展中存在的问题，分析了发展优势，展望了产业转型方向。附录主要内容为 2019 年化学原料药大类产量供应出口量情况及 2019 年化学药制剂重点剂型产量情况，中国化学制药工业协会 2019 年品牌榜。

关键词： 制药工业　经济运行　科技创新　绿色环保

目　录

Ⅰ　总报告

Ⅱ　政策法规篇

Ⅲ 专题报告篇

Ⅳ 科技创新篇

Ⅴ 绿色制药篇

Ⅵ 区域发展篇

Ⅶ 附录

皮书数据库阅读使用指南

总 报 告

General Report

B.1 认真贯彻《药品管理法》变革医药产业发展战略

潘广成*

摘　要： 本报告分析了2019年中国医药工业经济运行情况认为，2019年医药工业总体平稳健康发展；阐述了颁布新修订的《药品管理法》的重要意义；论述了医保目录调整、“4+7”药品带量集中采购对医药产业发展战略的影响；提出了2020年中国医药工业发展的10项主要任务。“三医联动”改革逐步进入深水区，医药产业面临结构调整和转型升级的巨大变革，“创新·质量+合规”将成为医药产业发展的主旋律。

关键词： 医药工业　药品管理法　医保目录

* 潘广成，中国化学制药工业协会执行会长，高级工程师。

一 2019年中国医药工业经济运行分析

2019 年，我国国民经济发展面对下行压力，坚持稳中求进，高质量发展，取得了不俗业绩。GDP 实现 90 万亿元，同比增长 6.1%。全国规模以上工业企业实现营业收入 105.8 万亿元，同比增长 3.83%；实现利润总额 6.2 万亿元，同比下降 3.29%；实现出口交货值 12.4 万亿元，同比增长 1.28%。

2019 年，医药工业深化结构改革，创新引领，转型升级，总体平稳健康发展。规模以上医药工业企业实现主营业务收入 2.6 万亿元，同比增长 7.95%；实现利润总额 3457.0 亿元，同比增长 7.02%；实现出口交货值 2116.9 亿元，同比增长 7.03%（见表1）。

其中，化学药品工业实现主营业务收入 1.2 万亿元，同比增长 9.40%；实现利润总额 1621.9 亿元，同比增长 11.50%；实现出口交货值 919.2 亿元，同比增长 4.56%。

中药工业实现主营业务收入 651.9 亿元，同比增长 3.65%；实现利润总额 756.0 亿元，同比下降 8.06%；实现出口交货值 72.6 亿元，同比增长 1.19%。

生物药品制造实现主营业务收入 2271 亿元，同比增长 10.27%；实现利润总额 426.6 亿元，同比增长 14.64%；实现出口交货值 198.6 亿元，同比增长 10.07%。

基因工程药物和疫苗制造实现主营业务收入 207.8 亿元，同比增长 10.77%；实现利润总额 58.8 亿元，同比增长 9.82%；实现出口交货值 7.0 亿元，同比增长 49.47%。

卫生材料及医药用品工业实现主营业务收入 1562 亿元，同比增长 4.77%；实现利润总额 164.2 亿元，同比增长 8.0%；实现出口交货值 155.6 亿元，同比增长 0.17%。

表 1　2019 年 1～12 月医药制造工业主要经济指标完成情况

指标名称	全国工业合计		医药工业合计		化学药品工业（化学原料药 + 化学制剂）		中药工业（中成药 + 中药饮片）		生物药品制造	
	本月止累计	同比增长（%）	本月止累计	同比增长（%）	本月止累计	同比增长（%）	本月止累计	同比增长（%）	本月止累计	同比增长（%）
企业数（家）	372822	0	8745	0	2344	0	2844	0	812	0
主营业务收入（万元）	10578249083	3.83	261473545	7.95	123797518	9.40	6519441	3.65	22714150	10.27
利润总额（万元）	619954861	-3.29	34569643	7.02	16219186	11.50	7560294	-8.06	4265956	14.64
出口交货值（万元）	1242161701	1.28	21169220	7.03	9191646	4.56	725904	1.19	1985561	10.07

指标名称	基因工程药物和疫苗制造		卫生材料及医药用品工业		药用辅料及包装材料		制药机械工业		医疗器械工业	
	本月止累计	同比增长（%）	本月止累计	同比增长（%）	本月止累计	同比增长（%）	本月止累计	同比增长（%）	本月止累计	同比增长（%）
企业数（家）	41	0	714	0	178	0	124	0	1688	0
主营业务收入（万元）	2078044	10.77	15622456	4.77	2191817	9.17	1727005	12.58	28148144	11.56
利润总额（万元）	588468	9.82	1642379	8.00	197904	29.95	51906	55.66	4043550	13.34
出口交货值（万元）	69971	49.47	1555695	0.17	228603	9.16	169566	-2.56	7242274	11.71

资料来源：国家统计局年报。

药用辅料及包装材料实现主营业务收入219.2亿元，同比增长9.17%；实现利润总额19.8亿元，同比增长29.95%；实现出口交货值22.9亿元，同比增长9.16%。

制药机械工业实现主营业务收入172.7亿元，同比增长12.58%；实现利润总额5.2亿元，同比增长55.66%；实现出口交货值17.0亿元，同比下降2.56%。

医疗器械工业实现主营业务2814.8亿元，同比增长11.56%；实现利润总额404.4亿元，同比增长13.34%；实现出口交货值724.2亿元，同比增长11.71%。

2019年医药工业经济运行主要特点如下。

（一）经济运行质量稳步提升

2019年，医药工业经济运行质量处于我国各工业行业前列，主营业务收入、利润总额、出口交货值同比增长率分别高于全国工业增长水平4.12个、10.31个、5.75个百分点。

（二）原料药制剂一体化发展显优势

通过仿制药质量和疗效一致性评价、“4+7”药品集中带量采购，原料药制剂一体化发展在新产品开发、成本控制方面优势日益显现。

（三）医药科技创新成果显著

2019年，《中华人民共和国药品管理法》《中华人民共和国疫苗管理法》正式颁布，为医药科技创新提供助力。特别是生物医药厚积薄发，最有可能实现弯道超车。2019年11月14日，百济神州开发的用于复发难治性套细胞淋巴瘤治疗的泽布替尼药物，获得FDA批准，这是历史上第一个完全由中国企业自主研发的抗癌新药，对于中国现代制药史来说意义非凡。

（四）对外出口稳步增长

2019年，医药工业大力调整出口结构，实现稳步增长，其中化学药品制剂工业同比增长4.56%；中成药工业同比增长7.0%；基因工程药物和疫苗制造同比增长49.47%；药用辅料及包装材料同比增长9.16%；医疗器械工业同比增长11.71%。

（五）中药饮片下滑较大

中药饮片加工工业主营业务收入、利润总额、出口交货值分别下降4.5%、25.48%、6.92%，应引起行业的高度重视。

二　新修订的《药品管理法》正式公布

新修订的《中华人民共和国药品管理法》（简称《药品管理法》）于2019年8月26日经十三届全国人大常委会第十二次会议表决通过，这是我国法治建设的又一重要成果。它对于坚持以人民健康为中心，建立科学严格的监督管理制度，全面提升药品质量，保障公众用药安全、有效、可及，加快推进药品安全治理科学化、法治化、国际化、现代化，意义重大，影响深远。

新修订的《药品管理法》贯穿了习近平总书记“四个最严”要求，完善了药品全过程监管制度。强化企业主体责任，要求药品上市许可持有人的法定代表人、主要负责人对药品的质量全面负责。明确药品质量安全追溯要求，规定药品上市许可持有人、生产经营企业、医疗机构应当建立实施严格的追溯制度，保证全过程数据真实、准确、完整并可追溯。强化对疫苗等特殊药品的监管，除药品监管部门另有规定的情形外，血液制品、麻醉药品等特殊药品不得委托生产。

新修订的《药品管理法》制定了一系列制度措施，为鼓励创新、百姓用得起好药释放制度红利：一是明确鼓励方向，重点支持以临床价值为导向、对人的疾病具有明确疗效的药物创新，鼓励具有新的治疗机理，治疗严重危及生命的疾病、罕见病的新药和儿童用药品的研制；二是健全审评机制，提高审评效率，为药物创新提供组织保障；三是优化临床试验管理，提高临床试验审批效率；四是建立关联审评审批制度，在审评审批药品时，将化学原料药、相关辅料和直接接触药品的包装材料和容器调整为与制剂一并审评审批；五是实行优先审评审批，为临床急需短缺药，以及防治重大传染病和罕见病等疾病的新药、儿童用药开设绿色通道；六是建立附条件审批制度，缩短临床试验研制时间，使亟须治疗的患者能第一时间用上新药。

三　新版国家医保目录调整

2019 年 8 月 20 日，国家医保局发布了新版国家医保目录，目录调整工作取得了阶段性进展。新版目录自 2020 年 1 月 1 日起正式实施。

《药品目录》分为凡例、西药、中成药、谈判药品、中药饮片五部分。凡例是对《药品目录》的编排格式、名称剂型规范、限定支付范围等内容的解释和说明。西药部分包括化学药品和生物制品。中成药部分包括中成药和民族药。谈判药品部分包括尚处于谈判协议期内的药品。中药饮片部分包括基金予以支付的饮片范围以及地方不得调整纳入基金支付的饮片范围。

从常规准入的品种看，调整前后药品数量变化不大，但通过动态调整，有进有出，药品结构发生了较大变化。本次发布的常规准入部分共 2643 个药品，包括西药 1322 个、中成药 1321 个（含民族药 93 个）；中药饮片采用准入管理，共纳入 892 个。从调出的品种看，共调出 150 个品种，其中一半是被国家药监部门撤销文号的药品，其余主要是临床价格不高、滥用明显、有更好替代品的药品。此外，经过专家评审，确定了 128 个拟谈判品种，均为临床价值高但价格相对较贵的独家产品，下一步将确认企业的谈判意向后，按相关程序组织开展谈判，将谈判成功的纳入目录。

本次药品目录调整是国家医保局成立后首次全面调整，确定了“突出重点、补齐短板、优化结构、鼓励创新”的调整思路，优先考虑国家基本药物、慢性病用药、儿童用药、急救抢救用药等，目录内药品结构进一步优化，管理更加严格规范，用药保障质量和水平进一步提高。

本次目录调整是党和政府不断提高群众医疗保障待遇的重要举措，有利于减轻广大参保人员药品费用负担，提升医保资金的使用效益，也有利于促进医药产业创新发展。医药行业要认真做好药品目录的贯彻落实工作。

医药、医疗、医保“三医联动”改革进入深水区，必将推动医药产业发展战略发生深刻变革。

特别是“4+7”药品带量集中采购的持续推进，短期内企业还不太适应，但通过政策的微调，从长远发展来看，在规范医药市场、促进行业健康发展方面将会产生深远影响。

在发展战略上：一是要实现由以仿制为主向自主创新的模式转变；二是要实现由以营销为主向以研发创新为主的方向转变；三是要建立在药物经济学基础上的药品价格形成机制；四是要建立以信用为核心的行业自律机制。

四　2020年中国医药工业主要任务

2020年是“十三五”规划收官之年，为“十四五”发展打好基础，中国医药工业需要抓好以下工作。

（一）抓住大健康战略机遇

到2030年，国家大健康战略的发展目标是实现16万亿元。我们要抓住这一历史发展机遇，生产更多的价低质高的好药，满足人民群众的健康需求。特别是生物医药作为国家的战略性新兴产业，要着力促进发展。

（二）宣贯《药品管理法》

学习、总结、贯彻《药品管理法》是2020年的主要工作任务。结合医药行业特点，宣贯《药品管理法》的重点：一是药品上市许可持有人制度；二是仿制药质量和疗效一致性评价；三是原辅包制剂关联审评；四是全生命周期药品追溯机制；五是药品上市后安全再评价。

（三）深化医药体制改革

“三医联动”医药卫生体制改革进入深水区。就医药体制改革方面来看，

“4 +7”药品带量集中采购将常态化、上市许可持有人制度实施、原辅包制剂关联审评、以药物经济学为基础的药品合理定价机制等，这些改革措施的实施，将给医药行业体制机制带来深刻影响，医药行业要适应新形势，顺势而为。

（四）重视质量标准工作

药品质量是医药企业的生命线，一流企业做标准。随着中国正式加入人用药品注册技术要求国际协调会（ICH），并成为管委会成员，形成了中、美、日、欧等国家和地区统一的药品监管和法规市场。我们要高度重视质量标准工作，提高标准，确保质量，树立品牌，提高中国制药在世界医药界的信誉。

（五）加大科技创新投入

“4 +7”药品带量采购政策的实施，将重塑中国医药产业格局。仿制替代原研加速，一致性评价重要性提升，原料药制剂一体化发展优势显现，行业集中度提升，医药企业营销模式转变，企业未来更加重视技术领先、成本控制和流通配套工作。目前，中国在医药创新领域已跻身世界第二梯队。中国的医药科技创新厚积薄发，特别是生物医药方面，将实现跨越式发展。我们要持续加大科技创新投入，通过几代人的努力，力争中国在医药创新领域跨入世界第一梯队。

（六）推动信用体系建设

市场经济的核心是信用经济，只有坚持诚信，合规生产经营，才能保持企业基业长青。当前原料药价格垄断问题突出，成为制药行业健康发展的毒瘤，要配合有关政府部门，加大整治力度，促进行业健康发展。要落实国家发改委给中国化学制药工业协会涉医涉药信用体系建设的授权，把行业的信用体系建设推向深入。

（七）加强环保综合治理

绿色制药是医药产业持续发展的方向。要加大环保综合治理的投入，采用新技术、新工艺，连续化生产，循环综合利用，确保医药产业持续健康发展。

（八）推进两化深度融合

为迎接工业4.0时代，响应中国制造2025战略，医药工业作为推进健康中国建设的重要保障，智能化、智慧化成为其未来发展的必然趋势。要推进信息化与工业化深度融合，加快中国医药工业由大到强的历史性转变。

（九）保障常用药品供应

2019年8月20日，李克强总理在视察哈药集团时指出："药品属于特殊商品，制药企业既要实现良好经营，也要承担一定的社会责任，保障基本药物等常用药正常供应。这既可以满足人民群众需求，也可以为企业未来发展赢得更大市场。医疗健康关乎每个人，这一行业前景无限，希望你们不断加大研发投入，确保药品的质量、疗效和安全，让人民群众安心放心。"我们要认真贯彻国务院常务会议和李克强总理指示精神，增强社会责任感，加大研发投入，确保药品质量、疗效和安全，保障基本药物等常用药品供应，让人民群众吃上放心药。

展望未来，中国医药工业将呈现以下发展趋势：医药市场更加国际化；产业集中度进一步提升；"创新·质量+合规"将成为医药工业发展的主旋律。国家将建立健全公共卫生应急管理体系，加大对医药卫生事业的投入。医药的产业政策、医保支付、科技创新、药品储备、营销方式等诸方面将发生深刻变革。迎接新时期的到来，我们要抓住机遇，迎接挑战，促进医药工业持续健康发展。

政策法规篇

Policies and Regulations

B.2

医保药品目录正常调整机制发展状况及趋势

赖诗卿*

摘 要： 本文介绍了国家医保药品目录管理的政策背景、医保药品目录调整需要解决的问题和2019年版国家医保药品目录调整的范围、重点、程序、监督机制等，分析了国家医保药品目录“定期调整、有进有出”的常态化机制及七个方面的调整趋势。

关键词： 医保药品目录　目录调整　调整机制

* 赖诗卿，福建省医疗保障局党组书记、局长，原国家卫计委体改司监察专员，客座教授，研究方向为医改、医疗保障。

一　2019年版国家医保药品目录调整情况

2019 年 11 月，国家医保局正式公布了医保药品目录调整结果，这是国家医保局成立后首次调整医保药品目录，也是自 2000 年第一版药品目录以来对原有目录品种的一次全面梳理。

这次调整公布的医保目录包括常规准入部分和谈判准入部分。常规准入部分共 2643 个药品，包括西药 1322 个、中成药 1321 个（含民族药 93 个）。另外，中药饮片首次采用准入法管理，共纳入 892 个。常规准入的药品，中西药基本平衡，甲类药品数量适当增加，目录中收载甲类药品 640 个，较 2017 年增加了 46 个，其中西药 398 个、中成药 242 个。这次药品目录调整常规准入部分共新增了 148 个品种，其中西药 47 个、中成药 101 个，新增药品覆盖了国家基本药物、癌症及罕见病等重大疾病治疗用药、慢性病药品和儿童用药。

谈判准入部分新增了 70 个药品，另有 27 个药品“续约”谈判成功。谈判准入药品主要是临床价值高、价格昂贵，或者是对基金影响比较大的专利独家品种。这些药品主要涉及癌症、罕见病等重特大疾病和丙肝、乙肝、高血压、糖尿病等慢性病。其中许多产品都是经国家药监局批准的新药，也包括国内重大创新药品。

调出药品主要是被国家药监局取消文号的药品，以及临床价值不高、滥用明显、有更好替代品的药品，共调出 154 个品种。其中第一批纳入国家重点监控合理用药的药品目录的药品，经专家论证全部调出。将此类药品调出目录，有利于为调入更多救命救急的好药腾出空间，也有利于促进行业加快转型升级。

医保药品目录调整整体上提高了人民群众医保用药的保障水平，提高了医保资金的使用效率，能够更好地满足广大参保人员的基本用药需求，有效地提升了广大人民群众的获得感。新版目录已经在 2020 年 1 月 1 日起在全国正式实施。

二 医保药品目录管理的政策背景

根据《国务院关于建立城镇职工基本医疗保险制度的决定》（国发〔1998〕22号），基本医疗保险可支付的医药服务范围主要有四个方面的限定：一是在指定的可选择的定点医疗机构和定点药店就医和购药；二是符合基本医疗保险药品目录范围；三是符合基本医疗保险诊疗项目范围；四是符合基本医疗保险医疗服务设施标准范围。对符合上述规定所发生的医疗费用，由基本医疗保险基金按规定予以支付。

根据《城镇职工基本医疗保险用药范围管理暂行办法》（劳社部发〔1999〕15号）规定，基本医疗保险药品目录由西药、中成药和中药饮片三部分组成。西药和中成药的药用成分和治疗适应证相对明确，产品的剂型、剂量、规格及其价格都有明确的规定，采用“准入法”管理，制定准予支付的药品目录。根据我国药品上市情况和管理的需要，医保药品目录西药部分和中成药部分采用药品通用名进行表述，不涉及具体企业，同一通用名（含剂型）下，无论是哪个规格、哪个企业生产的品种，均纳入报销范围。以目录中的枸橼酸铋钾颗粒剂为例，初步统计，国内有40余家企业生产，无论商品名是什么，都属于医保药品目录范围。国家医保局这次目录调整仍维持按通用名管理，不针对具体企业。

由于中药饮片的药源广泛、药材品种繁多，使用剂量和规格差别大，当年对中药饮片管理采用的是“排除法”，制定不予支付的药品目录。这次国家对中药饮片改为“准入法”管理，只有在目录内的中药饮片医保才给予支付。管理改革以后，中药饮片医保支付范围将更加准确、统一，也将推动中药饮片市场的规范化、秩序化发展，进一步促进中药产业的转型升级。

2019年版《国家基本医疗保险、工伤保险和生育保险药品目录》是基本医疗保险、工伤保险和生育保险基金支付药品费用的标准，分为凡例、西药、中成药、谈判药品、中药饮片五部分。凡例是对目录编排格式、名称剂型规范、限定支付范围等内容的解释和说明，具有文件同等约束力。西药部分包括化学药和生物制品，主要按 ATC 分类编排，药品使用通用名，剂型单列。中成药部分包括中成药和民族药，采用功能主治分类，药品使用通用名。西药部分和中成药部分分为甲、乙两类，甲类一般是同类药品中可供临床首选、价格较低的药品，乙类一般是同类药品中可供临床选择、价格相对较高的药品。参保人发生符合规定的甲类药品费用，全额纳入报销范围，按规定比例报销；乙类药品费用先扣除一定的个人自付部分后，再按规定比例报销。谈判药品部分包括尚处于谈判协议有效期内的药品。中药饮片部分包括医保基金予以支付的饮片范围以及地方不得调整纳入医保基金支付的饮片范围。不得纳入基金支付的饮片范围，主要是各种名贵动植物药如阿胶、白糖参、朝鲜红参、冬虫夏草、蜂蜜、西洋参等。为提高医保基金的使用效益，药品目录对部分药品的医保支付范围进行了限定。

三　医保药品目录调整需要解决的问题

根据《城镇职工基本医疗保险用药范围管理暂行办法》，我国医保目录原则上要每两年调整一次，有关部门先后于 2000 年、2004 年、2009 年和 2017 年共出台 4 版医保目录。从这几次调整情况看，医保目录调整存在一些问题。

（一）调整周期长

医保目录从 2009 年版到 2017 年版，调整更新周期长达 8 年之久。医保目录调整的滞后性导致我国新药进入目录往往需要等待数年。发达国家的创新药从上市到进入相关报销目录的等待时间一般不超过 1 年，例如美国、法国的新药从上市到进入报销目录的时间是 6 个月，日本是 3 个月，而德国、英国只需 1 个月。随着人类疾病谱的改变，慢病发病率的升高，患者对疗效更加显著的新药需求大大增加。另外，人口老龄化严重，创新药因巨额研发成本往往定价较高，医保基金支付压力陡增。对于参保患者来说，由于医保目录药品与临床需求的脱节，目录外的药品负担加重。我国亟待建立科学合理的医保目录动态调整机制。

（二）能进难出

我国2017年版国家医保药品目录中，纳入药品目录品种共2535个，这其中不乏临床价值低、不符合药物经济学评价的药品。目录调整应根据我国疾病谱的改变以及临床对药品的需求，主要对重大疾病、慢病等治疗药物进行扩容，同时淘汰部分临床价值低、经济性差的药品。在2016年启动医保目录调整时，便有将部分辅助用药调出医保的呼声。尽管最终2017年版较2009年版医保目录删减了31种药品，但由于当时没有针对辅助用药的定义，因此，2017年版医保目录并未将辅助药品调出医保，而是调高辅助药品的自付比例。

（三）价值导向不够明确

我国应树立以临床价值为导向的药品评价理念，逐步建立价值评价体系。以临床价值为导向对药品进行评价，综合运用药品的相对疗效比较结果、成本与效用分析情况、医保支付能力影响，确保药品的安全性、有效性和经济性。同时，借助大数据技术，保证医保目录的科学性、公平性。

（四）谈判准入与医保目录不衔接

为了满足临床需求、鼓励医药创新，应缩短创新药进入医保药品目录的时间，制定高效的动态调整机制。2016～2019年，国家组织了三次药品谈判，2016年6月，国家卫计委公布了首批国家药品价格谈判结果，用于治疗慢性乙型肝炎的替诺福韦酯（韦瑞德）和用于治疗非小细胞肺癌的埃克替尼、吉非替尼3种药品同意降价，但是谈判降价之后能否进入医保、医院是否招标等后续配套存在诸多不确定性。2017年7月，人社部经过谈判最终确定36个谈判品种进入医保乙类目录并同步确定了这些药品的医保支付标准。2018年10月，国家医保局经过谈判，将17种抗癌药纳入医保乙类目录，包括12个实体肿瘤药和5个血液肿瘤药，均为临床必需、疗效确切、参保人员需求迫切的肿瘤治疗药品。这几次谈判的药品都是重大疾病治疗用药、创新药、抗癌药和罕见病药，列入“十二五”以来国家重大新药创制专项的西达本胺、康柏西普、阿帕替尼等全部谈判成功，治疗血友病的重组人凝血因子Ⅶa和治疗多发性硬化症的重组人干扰素β-1b也都被纳入药品目录。将肿瘤靶向药等重大疾病治疗用药纳入药品目录，大大提高了基本医疗保险的保障水平，同时兼顾了基金负担能力，有利于引导合理医疗行为、促进医药产业发展创新。

四 2019年版国家医保药品目录调整的范围和重点

2019年版医保药品目录调入的西药和中成药范围界定为2018年12月31日（含）以前经国家药监局注册上市的药品。有关基础数据以国家药监局批准上市的药品信息为基础，针对药品进行评审，不接受企业申报或推荐，不收取评审费和其他各种费用。对于纳入谈判的品种，需要企业按要求报送材料。这次目录调整优先考虑国家基本药物中的非医保品种、癌症及罕见病等重大疾病治疗用药、高血压和糖尿病等慢性病治疗用药、儿童用药以及急抢救用药等。

根据医疗保障制度保障功能定位及医保用药的基本原则，一些药品是不能纳入目录范围的，比如，主要起滋补作用的药品，含国家濒危野生动植物药材的药品，预防性的疫苗和避孕药品等公共卫生用药，用于减肥、美容、戒烟等的药品。这些有的是改善生活品质的，有的是起预防作用的，有的属于公共卫生保障范围，均不纳入目录调整的范围。对于非处方药品（OTC），国际上普遍不予报销，此次调整原则上也不再新增。

五 医保药品目录调整的具体程序

2019年版目录调整主要有以下程序：一是国家医保局成立工作组，起草工作方案并征求相关部门、地方医保部门、有关学（协）会、医疗机构、医务人员、药品生产流通企业代表以及社会各界的意见；二是按程序组建专家库，建立评审基础数据库，并制定相关廉政保密规则等；三是开展医保用药咨询调查，从遴选专家库中随机抽取一定数量的专家，对所有药品进行投票，提出意见建议；四是咨询专家确定评审技术要点，根据技术要点分专业进行评审，确定调入调出的备选药品名单；五是分地区分科室随机抽取遴选专家对备选药品进行投票；六是根据投票结果以及拟纳入的品种数量，确定调入调出药品名单，根据药品的情况分为常规准入和谈判准入，并对需要加强管理的药品提出相应管理措施；七是公布常规准入目录和谈判药品名单；八是征求拟谈判药品企业意愿，组织企业按要求提供材料后，由专家进行药物经济学和基金承受能力评估，根据专家评估意见与企业谈判确定全国统一的医保支付标准和管理政策；九是医保局发文将谈判成功的药品纳入目录，同步规定管理和落实要求。

与上一轮调整相比，本轮调整评审程序增加了“医保用药咨询调查”环节，即在目录评审前，从遴选专家库中随机抽取5000名不同专业背景的医学专家，对拟调整的全部1.6万余个药品品种提出意见，将有广泛共识的药品纳入重点评审药品范围。目的如下：一是更好地了解临床用药需求，使医保药品目录更好地与患者临床需求相契合；二是在评审前期更大范围地了解各地专家对医保用药品种方面的意见建议，使此次目录调整的基础更广泛、更科学、更扎实；三是提高目录调整的公平性，确保医保目录调整工作公开、公正、透明。

六　建立医保药品目录调整的监督机制

国家医保局在医保药品目录调整中加强监督机制的建设。一是主动接受各方监督。国家医保局直属机关纪委专门成立监督组，安排专人全程参与目录调整工作，并接受社会各界的投诉举报。二是完善内控机制。明确工作岗位和人员责任，完善信息保密、利益回避、责任追究等制度措施，确保目录调整工作公正、安全、有序。三是强化专家监督。建立专家负责、利益回避、责任追究等制度，所有评审、遴选工作全程留痕，确保专家独立、公正提出评审意见。四是所有工作人员和专家都签订保密和廉政协议，专家还要签署无利益冲突声明。

七 医保药品目录动态调整的常态化机制及趋势

2017 年、2018 年、2019 年，我国基本医疗保险用药进行了两次目录调整和三次药品准入谈判，体现了两个特点。一是准入周期显著加快。更新药品医保目录是保障广大参保人用药、促进医保基金支出符合医学发展规律的重要手段。我国自 2017 年医保目录调整工作至今，改变以往 5 ~ 8 年的准入周期，更新速度明显加快。一些刚上市的原创新药很快就进入医保范围，如治疗非小细胞肺癌的盐酸安罗替尼，2018 年 5 月获批上市，9 月底即通过谈判进入医保范围，其医保准入周期仅 4 个月，堪称全球典范。二是准入价格日趋合理。三次谈判平均降幅分别为 44%、56.7% 与 60.7%。谈判准入利用“以量换价”推动药品价格大幅下降，多个全球知名的“贵族药”开出了“平民价”，进口药品基本实现全球最低价。这与我国 13.5 亿参保人巨大的医疗市场规模和年均 6% 的经济高速增长水平是完全匹配的。

自国家医保局成立以后，医保目录调整开始形成了动态调整的常态化机制，“定期调整、有进有出”将成为今后医保药品目录调整的趋势。

（一）准入形式更加清晰

一是常规准入，二是谈判准入。

（二）准入窗口更加明确

医疗保障部门将定期公布准入窗口期与准入条件，企业对产品的市场准入将有清晰的预期。

（三）准入程序更加规范

目录准入与退出的各程序环节、专家审评机制、支付标准测算与谈判机制将逐步形成规范化制度安排。

（四）“有进有出”形成常态

医保准入不仅要做“加法”，更要做“减法”，将不再符合“临床必需、安全有效、价格合理”的药品及时调出。以2019年目录调整为例，除被国家药监部门撤销文号的药品外，共调出了79个品种，其中将2019年6月国家卫生健康委发布的第一批国家重点监控合理用药目录的药品全部调出目录。据市场调研机构分析，有近20个品种的销售额超过10亿元，调出品种共可节省至少400亿元医保基金支出，为更多创新药准入腾出空间。

（五）调整权限更加明确

国家要求各地应严格执行药品目录，不得自行制定目录或用变通的方法增加目录内药品，也不得自行调整目录内药品的限定支付范围。对于原省级药品目录内按规定调增的乙类药品，应在3年内逐步消化。在消化过程中，各省应优先将纳入国家重点监控范围的药品调整出支付范围。但是对于民族药品、治疗性医院制剂和中药饮片，考虑到各地的用药习惯和用药需求仍然存在一定差异，国家仍然允许地方按照国家有关医保政策的要求，经规范的专家评审程序后予以增补。这就进一步明确了中央与地方医保目录调整的事权分配，实现全国范围内医保目录统一，促使目录调整更加公平、透明、可预测。

（六）临床价值导向的基本理念逐步树立

“疗效导向”的价值理念贯穿我国医保准入全过程。在目录调整过程中，国家医疗保障部门组织专家对目录调整名单进行评审，将参保人的临床获益作为目录准入的核心指标。在目录谈判过程中，要求企业在申报资料中充分提交与临床疗效有关的评价资料与数据，如国内外权威治疗指南、循证医学数据、目录内同类药品临床疗效比较分析报告等，将产品临床疗效价值作为测算药品支付标准的主要依据，强化广大参保人的临床获益。

（七）医保目录管理更加科学化、精细化

在借鉴国际经验、立足中国实践的基础上，今后我国的医保目录管理将更加科学、精准。一是准入前的价值测量更加专业。对于谈判准入目标药物，综合运用市场测算和药物经济学测算方法，关注市场价格“大数据”及药物经济学数据来源真实性与测算模型合理性，科学测算谈判支付标准。二是准入后的医保管理逐步与国际先进模式接轨。通过实行谈判价格保密、探索风险分担协议、按疗效付费支付方式，精准控制药品纳入医保后的基金支出风险；通过研究医保目录按适应证和按厂牌管理等新思路，促进我国医保准入与医保管理的个性化、精准化改革，从而提高医保治理能力和水平。

国家医保药品目录的调整不仅关系着人民的健康福利，而且对医药企业的生存和发展及我国医药产业的结构调整都具有深远意义。因此，国家医保药品目录的调整工作需要各方努力，积极配合，创新政策，探索机制，完善程序。将临床急需药品高效有序地纳入国家医保药品目录，为保障人民群众健康福祉、建设“健康中国 2030”、深化医药卫生体制改革作出应有的贡献。

B.3

新版《药品管理法》

——以信用为核心的新型监管创新与实践

潘广成　左　力　马　宁*

摘　要： 新修订的《药品管理法》于2019年12月1日起正式施行。此次药品管理法的修订，对鼓励研发创新、保障药品可及性方面提出了很多举措，最突出的是整部《药品管理法》都贯穿着一个理念：全程管控、全生命周期安全监管与保障。新《药品管理法》由十章增至十二章，最显著的变化就是将药品上市许可持有人以及药品上市后管理单独成章，其重要性可见一斑。

关键词：《药品管理法》　信用管理　药品上市许可持有人

一　新版《药品管理法》产生

药品安全问题一直以来都是党和人民群众关注的重点问题。药品管理应当以人民健康为中心，坚持风险管理、全程管控、社会共治的原则，建立科学、严格的监督管理制度，全面提升药品质量，保障药品的安全、有效、可及。2019年8月26日，十三届全国人大常委会第十二次会议表决通过新修订的《药品管理法》，于2019年12月1日起正式施行。此次药品管理法的修订，对鼓励研发创新、保障药品可及性方面提出了很多举措，最突出的是

* 潘广成，中国化学制药工业协会执行会长，高级工程师；左力，中国化学制药工业协会特邀副会长；马宁，中国化学制药工业协会信用建设部规划发展总监，医学博士。

整部《药品管理法》都贯穿着一个理念：全程管控、全生命周期安全监管与保障。在药品监管环节更是创新了监管理念、监管制度和监管方式，介入一种新型的监管模式——以信用管理为核心的监管，在事前、事中、事后的全监管环节都达到规范市场主体，提升其质量管理、风险防范能力的目的。

二　新旧《药品管理法》主要变化

新《药品管理法》由十章增至十二章，最显著的变化就是将药品上市许可持有人以及药品上市后管理单独成章，其重要性可见一斑。具体变化内容如表1所示。

表1　新旧《药品管理法》对比

《中华人民共和国药品管理法》(2015年修正)	《中华人民共和国药品管理法》(2019年修订)
目录	目录
第一章　总则	第一章　总则
第二章　药品生产企业管理	第二章　药品研制和注册
第三章　药品经营企业管理	第三章　药品上市许可持有人
第四章　医疗机构的药剂管理	第四章　药品生产
第五章　药品管理	第五章　药品经营
第六章　药品包装的管理	第六章　医疗机构药事管理
第七章　药品价格和广告的管理	第七章　药品上市后管理
第八章　药品监督	第八章　药品价格和广告
第九章　法律责任	第九章　药品储备和供应
第十章　附则	第十章　监督管理
	第十一章　法律责任
	第十二章　附则

三　以信用管理为核心的药品新型监管模式

新版《药品管理法》提出构建以信用为基础的新型监管机制的核心思想，全面贯穿事前、事中、事后的全流程风险监管的理念与手段，由过去的以事前监管为主，到强调发挥事中、事后监管在药品监管过程中的重要作用，它强调将药品的全生命周期紧密关联在一起。药品上市许可持有人制度要求责任人对药品的非临床研究、临床试验、生产经营、上市后研究、不良反应监测及报告与处理等全生命周期皆要负责；药品 GMP/GSP 管理弱化认证监管，强调事中、事后的全流程管控；药品追溯制度与药物警戒制度强调风险管理、全程管控的原则，在药品研制、生产、经营、使用全过程中药品的安全性、有效性和质量可控性都得到保障。

（一）药品上市许可持有人制度

药品上市许可持有人制度，就是拥有药品技术的药品研发机构和生产企业，通过提出药品上市许可的申请，获得药品注册证书，以其名义将产品投向市场，对药品全生命周期承担责任的一项制度。这种全流程的监管方式体现了新型的市场监管模式——以信用管理为核心的监管。

药品上市许可持有人制度从信用监管的监督来说是一种强化事前、事中、事后全流程，药品全生命周期的新型监管模式。在药品的研制、生产、流通、销售，甚至上市后的管理方面，持有人对药品质量全面负责。在研制环节，规定持有人必须遵守非临床研究和药物临床试验质量管理规范，保证研制的全过程的持续合规；在生产环节，要求建立质量管理体系，保证生产全过程的持续合法合规；在流通环节，规定持有人应当建立追溯制度，保证药品可追溯，委托销售的也要委托符合条件的药品经营企业。这种全流程的监管方式不仅使药品的安全性、有效性得到有效保障，还会在药品生产、流通、销售等全生命周期介入以信用管理为核心的新型监管模式，将信用沉淀到上市许可持有人来综合监管，以达到规范企业生产与经营、有效提升企业质量管理和风险防控能力的效果。

（二）药品生产与经营管理

新修订的《药品管理法》在药品生产与经营管理环节创新了监管理念、监管制度和监管方式，介入一种新型的监管模式——以信用管理为核心的监管。它强调了药品生产、经营过程中事前、事中、事后的全监管环节的新型监管机制，有效规范了市场主体的生产与经营，提升了其在质量管理、合规经营、风险防范方面的能力。

新版《药品管理法》第四十三条规定“从事药品生产活动，应当遵守药品生产质量管理规范，建立健全药品生产质量管理体系，保证药品生产全过程持续符合法定要求。药品生产企业的法定代表人、主要负责人对本企业的药品生产活动全面负责”。它取消 GMP 与 GSP 认证环节，弱化了传统监管模式中的“事前认证”监管手段，强化了“事中、事后”的过程性监管，这种全过程的监管具体落实到人的监管方式，从药品原辅料采购、验收、生产使用、出厂等各个关键环节都更强化质量与风险的监管，全面、及时、准确地记录全过程内相关责任主体的信用行为，严格做到所有环节的可查可核可溯，保证药品生产全过程持续符合法定要求。

新版《药品管理法》第五十三条规定“从事药品经营活动，应当遵守药品经营质量管理规范，建立健全药品经营质量管理体系，保证药品经营全过程持续符合法定要求”。它不仅强调“经营全过程”都“持续符合法定要求”，还要求对药品经营活动全面负责的“主要负责人制”。在整个药品经营监管过程中，一直强调的是要在整个经营过程中都要遵守药品经营质量管理规范（GSP）的要求，在要求经营许可的前提下，充分体现在事中、事后的过程性监管，强化违法失信责任，实行责任追究制。这种监管模式的变革，强化的是全过程监管，是一种以信用管理为核心的新型监管模式。

（三）药品追溯制度与药物警戒制度

新版《药品管理法》强调药品管理要创新监管机制，坚持风险管理、全程管控的原则，在药品研制、生产、经营、使用全过程中药品的安全性、有效性和质量可控性都得到保障。药品追溯制度与药物警戒制度的建立，体现了药品追溯信息互通互享，实现药品可追溯还能对药品不良反应及其他与用药有关的有害反应进行监测、识别、评估和控制。它的实质是运用风险管理思路的信用管理，及时准确、全面记录药品管理全流程的信用行为，一切痕迹可查、可核、可溯、可究，形成药品的“信用档案”使其作为药品监管的重要工具，实现对药品研制、生产、经营、使用全过程中药品的安全性、有效性和质量可控性，把信用管理具体化到药品管理的每一个环节。

此次新版《药品管理法》是将药品领域改革成果和行之有效的做法上升为法律，按照药品全过程全链条管理要求，进行药品监管理念、监管方式的重大创新与实践。信用管理作为监管理念与方式创新的关键在于引入全过程全链条管理，从药品注册管理到药品上市后管理，对药品进行全生命周期监管，它是一种将信用管理衔接了事前、事中、事后全监管环节的新型监管机制。

四　新版《药品管理法》修改和增加的主要内容

（1）要求建立健全药品追溯制度。

（2）要求建立药物警戒制度。

（3）规定县级以上人民政府应当制定药品安全事件应急预案；药品上市许可持有人、药品生产企业、药品经营企业和医疗机构等应当制定本单位的药品安全事件处置方案，并组织开展培训和应急演练。

（4）增加药品行政案件与刑事案件移送的规定。

（5）增加规定公安机关、人民检察院、人民法院商请药品监督管理部门、生态环境主管部门等部门提供检验结论、认定意见以及对涉案药品进行无害化处理等协助的，有关部门应当及时提供，予以协助。

（6）网络销售药品问题，规定疫苗、血液制品、麻醉药品、精神药品、医疗用毒性药品、放射性药品等国家实行特殊管理的药品不得在网络上销售。

（7）对原“按假药论处”“按劣药论处”情形中国务院药品监督管理部门禁止使用的药品，必须批准而未经批准生产、进口的药品，必须检验而未经检验即销售的药品，使用必须批准而未经批准的原料药生产的药品，使用未经批准的直接接触药品的包装材料和容器生产的药品，单独作出规定，明确禁止生产、进口、销售、使用这些药品，并从严规定处罚。

（8）对伪造许可证件、骗取许可拒不召回等违法行为增加对相关责任人员进行处罚的规定。

（9）提高对未取得药品生产经营许可证生产经营药品、药品检验机构出具虚假检验报告等违法行为的罚款数额（注意这里没有 GMP/GSP 认证证书）。

（10）增加规定未经批准进口少量境外已批准上市的药品可以减轻或者免予处罚。

（11）增加规定因药品质量问题受到损害的，受害人可以向药品上市许可持有人、药品生产企业请求赔偿，也可以向药品经营企业、医疗机构请求赔偿。接到受害人赔偿请求的，应当实行首负责任制，先行赔付。

（12）扩大惩罚性赔偿的适用范围，不限于“造成死亡或者健康严重损害”的后果，并明确惩罚性赔偿的数额为“支付价款十倍或者损失三倍的赔偿金”。

（13）按照药品功效，明确界定了假药劣药范围。

（14）明确假药包括：所含成分与国家药品标准规定的成分不符的药品，以非药品冒充药品或者以他种药品冒充此种药品，变质的药品，所标明的适应证或者功能主治超出规定范围的药品。

（15）明确劣药包括：成分含量不符合国家药品标准的药品，被污染的药品，未标明或者更改有效期、超过有效期、未注明或者更改产品批号的药品，擅自添加防腐剂和辅料的药品，其他不符合药品标准的药品。

（16）增加规定国家遴选适当数量的基本药物品种，加强组织生产和储备，提高基本药物的供给能力，满足疾病防治基本用药需求。

（17）规定对“防治重大传染病和罕见病等疾病的新药、儿童用药品”予以优先审评审批。

（18）关于违反禁止性规定行为的法律责任，对有些情节严重的违法行为处罚到人。

（19）明确药品质量责任首负责任制，合理规定惩罚性赔偿的条件和数额。

（20）统一规定违反本法规定构成犯罪的，依法追究刑事责任。

（21）增加规定未经批准开展药物临床试验等违法行为的法律责任。

（22）在药品审评审批方面，规定在审批药品时，对化学原料药一并审评审批，对相关辅料、直接接触药品的包装材料和容器一并审评，对药品的质量标准、生产工艺、标签和说明书一并核准。

（23）规定对审评审批中知悉的商业秘密应当保密。

（24）在促进合理用药方面，修订草案规定：一是要求医疗机构应当有与所使用药品相适应的设备、仓储设施和卫生环境等条件；二是医疗机构应当坚持安全有效、经济合理的原则合理用药；三是医疗机构以外的其他药品使用单位应当遵守有关医疗机构使用药品的规定。

（25）规定国家建立和完善符合中药特点的技术评价体系，促进中药传承创新。

（26）规定开展药物非临床研究，应当符合有关国家规定，具有相应的条件和管理制度，保证有关数据、资料和样品的真实性。

（27）规定生物等效性试验实行备案管理。

（28）规定药物临床试验期间，发现存在安全性问题或者其他风险的，应当及时调整临床试验方案、暂停或者终止临床试验。

（29）将药品定义中的药品种类进行概括式列举，修改为“中药、化学药和生物制品等”。

（30）明确药品上市许可持有人依法对药品研制、生产、经营、使用全过程中药品的安全性、有效性和质量可控性负责。其他从事药品研制、生产、经营、储存、运输、使用等活动的单位和个人依法承担相应责任。

（31）鼓励药品零售连锁经营。

B.4

本土创新药医保政策研究：现状、国际经验与政策建议

鲁　全*

摘　要：　中国创新药获批数量不断增加，其中本土创新药所占比重越来越大，但有些疗效、经济性双优的品种，难以被及时纳入医保报销目录，在很大程度上影响了患者用药可及性和可支付性。本文通过对部分典型国家创新药品医保政策的分析，基于国际经验和“健康中国”的政策要求，从“尝试界定我国创新药物的创新级别”等角度对我国本土创新药品医保政策的完善提出了政策建议，使“me-better”药物真正享受快速获批、快速报销、快速进院的权利。

关键词：　创新药　医保政策　分级评价

近期，中共中央、国务院印发了《关于深化医疗保障制度改革的意见》，这是新时代我国医疗保障制度改革的纲领性文件，为我国的医疗保障制度改革吹响了新的号角。根据意见的要求，我国的医疗保障制度将逐步实现从医药费用的补偿向全方位健康管理的转型，而医保基金支付也将从以基金平衡为主要目标转变为兼顾基金平衡与购买质量。简言之，就是要逐步实现医疗保障基金的价值购买，在医保基金的预算框架内，提高经济性与社会

---

* 鲁全，中国社会保障学会秘书长，中国人民大学副教授。

性，加快健康中国的建设步伐。

在“三医联动”改革的框架下，医疗保险一方面要作为第三方的购买者，通过集体购买的方式，在有限的资金预算下购买到尽可能充分和高质量的医疗服务与药品；但另一方面，作为规模最大的购买方，医疗保险也有责任支持创新药的研发，尤其是本土创新药的研发，从而间接实现高质量地购买。

基于此，本文将在对我国创新药及其医保政策现状进行分析的基础上，介绍部分发达国家医疗保险支持创新药研发的政策实践与效果，并提出若干政策建议，以推动医疗保障制度与我国本土创新药产业的良性互动与共同发展。

一　我国本土创新药研发及相关医保政策的现状

（一）我国本土创新药研发现状及趋势

2018 年可以认为是中国创新药快速发展的元年，尤其是本土创新药数量快速增长。伴随着这种繁荣，各利益相关方仍对“真正的创新”缺乏共识，研发人员不清楚哪些类型的新药值得研发，监管机构和支付方不清楚哪些类型的新药值得鼓励，甚至某些新药在研发阶段被认为是具有创新性的药品，但到市场准入和支付方评估阶段时可能不被认可。因此，识别并支持“真正的创新”将是相关部门面临的重要问题。

近几年，随着鼓励新药研发，药品审评审批提速，临床急需药品上市加快等一系列改革，我国创新药获批数量逐年提高。2019 年，我国反超美国，达到 51 个[①]，如表 1 所示。其中本土 1 类创新药从 2017 年的 1 个快速增长到 12 个[②]，不乏卡瑞利珠单抗、替雷利珠单抗、甲苯磺酸尼拉帕利、甲磺酸氟马替尼、聚乙二醇洛塞那肽等肿瘤、糖尿病领域的重磅品种。

① 未统计中成药，药渡数据库。

② 国家药品监督管理局药品审评中心：《2017 年度药品审评报告》，2018 年 3 月 23 日。国家药品监督管理局药品审评中心：《2018 年度药品审评报告》，2019 年 7 月 2 日。

据药渡数据库统计，截至2020年3月，在研的中国1类创新药仍有983个，其中处于新药上市申请（NDA）、生物制品生产申请（BLA）阶段的就有26个，临床三期阶段有87个。加上进口注册的品种，可以预见，未来中国新药的年获批数量会持续升高，并且本土创新药的占比会愈来愈高。

表1　2017～2019年中美新药获批数量对比

单位：个

年份	2017	2018	2019
美国批准新药数量	46	59	48
中国批准新药数量	41	48	51
其中本土1类创新药数量	1	9	12

注：统计数据不包括中成药。

资料来源：U. S. Food and Drug Administration. Novel Drug Approvals for 2019，2020－01－14，https：//www. fda. gov/drugs/new－drugs－fda－cders－new－molecular－entities－and－new－therapeutic－biological－products/novel－drug－approvals－2019.

U. S. Food and Drug Administration. Novel Drug Approvals for 2018，2019－01－15，https：//www. fda. gov/drugs/new－drugs－fda－cders－new－molecular－entities－and－new－therapeutic－biological－products/novel－drug－approvals－2018.

U. S. Food and Drug Administration. Novel Drug Approvals for 2017，2018－01－20，https：//www. fda. gov/drugs/new－drugs－fda－cders－new－molecular－entities－and－new－therapeutic－biological－products/novel－drug－approvals－2017.

药渡数据库。

质量和经济性是创新药评价的两个最重要维度。从质量上看，前期得益于生物医药产业政策及对外合作环境的不断优化，驱动资本持续投入，进而产生了人才聚集、技术平台崛起、生物技术公司及优质产品涌现等一系列积极结果。对于中国医药创新的定位也由“me－too、研发低成本、受试者多”逐步转为“me－better/best产品的合作、平台技术的合作”。本土创新药的质量正逐步获得全球市场的认可。如泽布替尼于2019年底获得美国食品药品监督管理局（FDA）的上市批准，实现了中国原研新药出海的“零突破”。

从经济性上看，由于各方面要素成本的优势，本土优质创新药不仅存在绝对价格上的优势，而且其上市还能通过市场机制迫使进口药物大幅度降价，从而使整个药品供给价格相对下降。如果本土创新药在临床疗效上还能更胜一筹，就能实现从成本经济性向疗效经济性优势的升级，继而促进医保基金合理支出，此现象自本土免疫检查点程序性死亡受体1（PD－1）药物上市后更加明显，打破纳武利尤单抗和帕博利珠单抗的垄断，充分的市场竞争为医保目录谈判提供了选择性。

（二）我国创新药物医保政策现状及挑战

2017版医保目录加大了对创新药物的扶持力度，除新增7种国家一类新药，还设立了谈判目录，将2008～2016年上市的绝大部分新药纳入医保支付范畴。2018年，国家机构改革，成立了独立的国家医疗保障局，扫清了医疗保险长期存在的体制障碍。在整合了各项基本医疗保险制度后，医疗保障基金的谈判能力进一步增强。2019年，国家再次开启医保目录调整工作，医保准入节奏明显加快。尽管2019版医保目录调整前后数量变化不大，但调出、调入的品种数量较多，药品结构发生了较大的变化。这释放了国家医保政策的重要信号，即要优先考虑国家基本药物、癌症及罕见病等重大疾病治疗用药、慢性病用药、儿童用药等。临床价值不高、滥用明显、有更好替代品的“神药”将被逐渐剔除。

从医保目录甄选的原则来看，临床效果、定价及经济性、同靶点或治疗领域的竞争格局，将是决定品种最终能否纳入医保以及价格降幅的关键要素。在中国未来不断获批上市的新药中，尤其是近1000个本土创新药管线中，不乏性价比高的优质品种，但目前医保目录调整的节奏能否适应国产创新药井喷式的发展？有些本土创新药可能因为上市时间和医保目录调整时间无法契合，未及时进入目录，并由此造成一些真正有效且能够节省医保基金的药物不能及时报销，进而带来一定的“社会福利损失”，民众的“用药获得感”也会受到影响。

二　国外创新药医保准入及医保政策

如何在众多的创新药物中筛选出真正能给医保基金管理优化带来加速效应的产品，发达国家对此问题进行了相关的研究，落地了许多具有借鉴意义的举措。在欧洲市场，跨国企业多将市场准入相对容易和医保进入较快的国家作为首选，比如德国、奥地利、瑞士等，而需要更多成本效益评估的英国市场以及长时间谈判方可进入的西班牙市场则被药企放在进入序列末位[①]。下面介绍几个典型国家在本土创新药准入与医保政策方面的实践。

（一）德国：基于附加效益医保谈判定价的快速准入模式

2011年德国开始实施基于药品附加效益的药品市场改革法案（AMNOG）。在创新药上市自主定价销售的初期，企业提交医保准入申请，由联邦联合委员会（G－BA）委托卫生保健质量与疗效研究院（IQWiG）对创新药进行附加效益评价，主要从临床研究的有效性和质量两方面进行评价，依次划分从“具有重大的附加效益”到“无附加效益或差于适当治疗方法”的6个等级。若创新药具有附加效益，将与申请人在6个月内完成医保支付价格的谈判，且最终谈判确定的价格自产品上市后的第13个月的第一天生效（创新药品上市后第一年的药品价格采用企业自主定价、法定医疗保险全额支付的方式）；对于不具有附加效益的创新药，将采用参考价格制度[②]。按照创新药临床应用是否具备附加效益进行医保准入及医保定价，德国AMNOG改革的本质是通过分类支持真正意义上的创新，在保证患者用药可及性、医保基金稳定性的同时，支持和鼓励本土企业创新。

（二）比利时：解决临床未满足的需求的新药可实行早期临时报销政策

为帮助临床治疗需求未满足且患有严重或致命疾病的人群用得上、用得起创新药物，比利时于2014年推出了早期临床报销政策，即那些被认为是能够解决临床未满足的需求，且处于上市申请或临床III期阶段的药物，可获得早期临时报销政策（ETR）的覆盖。比利时创新药早期临时报销的上限为10个月，在递交注册申请后，常规报销审评会开始，届时创新药有可能转

---

① 《中国创新药品进军欧洲：取胜之道》，2018年9月4日。

② 张玉丽、徐睿鸿、吴晶：《德国新上市药品医疗保险支付标准制定的规则与流程》，《中国药物经济学》2018年第2期。

而纳入常规报销目录，也有可能终止报销。该政策的推出有效地解决了严重或致命疾病患者无法承受创新药高价问题，尤其是罕见病患者的创新药可及性问题①。

（三）意大利：疗效不确定高价创新药的风险共担条件准入

为加快创新药医保准入，减少临床疗效不明确新药可能导致医保基金浪费的风险，意大利药品管理局（AIFA）推出风险共担条件准入协议政策（MEAs），即与药品上市许可持有人根据药物的有效性及安全性选择签订不同类型的降价、返款或其他风险管控协议，国家医疗卫生服务系统根据协议进行报销。

据此，MEAs 一般分为基于预算和基于临床效果两大类。基于预算的 MEAs 目的是防止创新药滥用而产生的医保基金风险，通过设定个人和群体支付限额以及返款比例，无论患者治疗后是否响应，超额部分由药品上市许可持有人（MAH）承担。

基于临床效果的 MEAs 则是针对临床疗效尚不明确的高价创新药，治疗无效患者则要求 MAH 按照规定比例向医院返还治疗费用，有效患者则可以继续按比例报销②。

（四）澳大利亚：药品注册与医保准入并行，提高报销及时性

澳大利亚于 2011 年推出“药品注册与医保准入并行程序”，即在申请人向药品注册管理机构医疗用品管理局（TGA）提交药品注册申请后，即可向药物福利司下设的药物福利咨询委员会（PBAC）提交药物福利计划准入申请，由于后者推荐意见受限于前者的审评概述，二者审评并非完全同步，但也显著缩短了创新药从上市许可到医保准入的时间差。

---

① 沈洁、蒋蓉、邵蓉：《比利时药品早期临时报销政策及对我国的启示》，《中国新药杂志》2018 年第 23 期。

② 魏靖哲、蒋蓉、孙圆圆等：《意大利创新药物条件准入协议政策分析及对我国的启示》，《中国新药杂志》2019 年第 4 期。

2009年，从TGA批准注册申请到PBAC开始医保准入审评耗时约为17个月，而到2016年时间间隔已经缩短到一周以内；2009年，从获得TGA注册申请、积极推荐，到纳入药物福利计划（PBS）目录能达到34个月，而2016年的时间间隔仅为10.75个月。如纳武利尤单抗在澳大利亚获得PBAC的推荐意见（2015年11月）甚至早于正式获得注册申请批准（2016年1月）的时间①。

（五）英国：临床高价值创新药的同步评估

英国与澳大利亚同属于狭义福利国家的模式，其医疗服务筹资来源于税收而非缴费。英国国家健康服务体系（NHS）是其福利体系的典型代表。在药品准入方面，同样能实现与上市许可同步，但与澳大利亚不同的是，在与国家卫生与服务优化研究院（NICE）沟通之前，申请人需首先获得国家健康研究创新观测所（NIHRIO）关于创新药具备明确疗效且可在20个月内获批上市的结论。而在2017年，NICE又在后续的技术审评时引入快速通道评估（FTA），进一步加快临床价值且成本优势明显的创新药医保准入。

NICE可根据审评结论不同给出推荐、附条件推荐、推荐在癌症药物基金会（CDF）使用、仅限于研究和不推荐等不同建议，其中推荐即按照批准范围及NHS临床实践进行报销；附条件推荐则会缩小应用的批准范围，可能仅适用于部分患者亚组；对于推荐在CDF使用的创新药，因其只在某些特定的肿瘤患者中出现明显的临床疗效，仍需要更多成本效果研究证据，则用于特定患者人群的报销（如EGFR T790M突变阳性非小细胞肺癌）②。类似做法的国家还有泰国，在新药上市前，卫生技术评估（HTA）与药品注册并行开展，加快临床高价值创新药进入国家基本药物目录的速度③。

---

① 朱越、蒋蓉、邵蓉：《澳大利亚药品注册与医保准入并行程序研究》，《中国卫生经济》2018年第11期。

② 伍琳、陈永法、柳婷婷：《英国专利药NHS准入管理实践及其对我国的启示》，《中国医药工业杂志》2017年第10期。

③ 朱越、蒋蓉、邵蓉：《澳大利亚药品注册与医保准入并行程序研究》，《中国卫生经济》2018年第11期。

三　对我国本土创新药医保政策的启示

从目前我国本土创新药的发展趋势来看，无论数量、质量还是经济性，都有可媲美进口产品的能力。如果说之前进口药纳入医保是解决患者“无药可用”的困境，那么本土优质替代药物的崛起，将是解决“无药可选”的问题、实现基金管理优化的加速器。这不仅是医保部门的职责，更需要政府财政投入、药品审评、卫生主管部门的协同合作。鉴于以上国际经验，按照健康中国建设的要求，本文建议可以尝试界定我国创新药物的创新级别，通过优化医保准入方式，让“me-better”或“me-best”药物真正享受快速获批、快速报销、快速进院的权利。

（一）建立中国上市创新药或本土创新药的分级制度

考虑到中国市场上“进口与本土创新药并存”的现状，建议从两大类别入手，分别探讨创新药分级管理模式的可行性。分类标准主要考虑临床价值、经济价值和社会价值三个维度。

临床价值需要从疗效、安全性、副作用等多方面综合评估，每个具体指标均可以结合适应证，对产品进行量化评价。经济价值除了关注健康和成本收益外，对于基金的影响也需要纳入评判标准。社会价值方面，创新药的价格普遍较高，需要企业协同支付方（无论医保还是商业保险），进行商业层面的创新，是提高可及性和可支付性的关键手段。

如果分级范围扩大至中国所有上市创新药，那相应的分级评价维度也要有所调整。其中临床价值指标，需要提供中国或亚洲人群的研究结果，尤其是对于种族敏感性高的药物，最终目的是国人用药的安全有效。在社会价值方面，尤其是现阶段中美贸易摩擦不断升级的背景下，“有无在中国设立研发或生产基地”将是评价进口药物的重要指标。这不仅能体现原研公司对于中国市场的认可度，还能从侧面反映出其与中国合作的信心。表 2 和表 3 分别显示了针对本土和针对全部创新药的评价维度及差别。

表 2　针对本土创新药分级评价维度

本土创新药分级评价维度	细分指标
临床价值	疗效优势
	安全性、副作用优势
经济价值	健康收益 成本效益
	医保基金预算影响
社会价值	有无提高患者可及性、可支付性的其他措施

表 3　针对中国所有上市创新药分级评价维度

所有上市创新药分级评价维度	细分指标
临床价值	疗效优势（针对中国或亚洲人群的研究）
	安全性、副作用优势（针对中国或亚洲人群的研究）
经济价值	健康收益 成本效益
	医保基金预算影响
社会价值	有无提高患者可及性、可支付性的其他措施
	有无在中国设立研发或生产基地（独自或合资）

（二）建立“重大临床未满足需求的高附加值药物”的“早期临时报销”和“常规报销转正”的机制

临床未满足需求的评估决定了该疾病其他疗法的可及性以及患者对新疗法的需求程度。需求程度可从最大需求（没有明确的治疗适应证的方案）到无需求（有可替代的治疗方法且具有良好的安全性）进行划分。

建议“高附加值”药物在提交上市许可申请后，即可提交早期临时准入的申请。政府部门与该药品生产商进行协商，讨论临时报销的比例和起止时间，并达成协议。临时报销的比例建议可根据药物经济学评价和专家评审结果等因素进行调整，并对实行早期临时报销药品的临床使用情况进行监测，进行药物效益风险评价，根据风险和效益的比较结果，判断药物是被终止临时报销还是在下轮医保目录进行调整时纳入目录，转为常规报销程序。

（三）建立多方参与相对固定的专家评审队伍

目前我国医保目录遴选专家结构与国外发达国家相比过于单一①，基本都是临床专家，往往容易忽视药物的经济价值和社会价值。应适当引入患者代表、医疗保险专家和药物经济学专家。从国际经验来看，在澳大利亚、加拿大和法国等发达国家，负责对药品列入医保报销目录作出建议的专业咨询委员组成不仅有临床医师、药品生物利用度专家，还有卫生经济学家、患者代表、药物协会或工业协会的代表等②。

与此同时，专家评审队伍应当相对固定。每次目录评审或谈判专家均是从专家库随机抽取产生，不利于众多药物的历史横向比较。如某癌种上市新药后，评审专家如之前未参加过该靶点或该适应证药物的评审，很难快速地将其与已上市竞品做比较。故可以尝试在肿瘤及罕见病领域建立相对固定的评审队伍，这既保证了专家对于上市新药的关注和跟踪程度，也可以形成该细分领域新药审评和快速准入的标准操作规程（SOP）。

（四）建立更快速灵活的医保准入机制

目前医保目录调整周期还不能和创新药上市速度完全同步，会在一定程度上制约临床必需创新药物的可支付性。尤其是肿瘤高价药，虽然目前建立类似意大利的风险共担的准入机制还有一定的难度，但是仍可以结合“创新药的分级”，对于高附加值药物，在审评注册阶段，开启卫生技术评估（HTA）的评估通道，使创新药能够随时申请纳入医保目录，而不再受调整

① 段晓托、连桂玉、贾耀珠：《我国创新药进入医保目录的障碍与对策》，《中国药房》2017年第4期。

② The Pharmaceutical Benefits Scheme. Pharmaceutical Benefits Advisory Committee （PBAC） Membership，2016－06－03，http：//www. pbs. gov. au/info/industry/listing/participants/pbac。Canadian Agency for Drugs and Technologies in Health. Canadian Drug Expert Committee（CDEC），2016－06－03，http：//www. cadth. ca/collaboration－andoutreach/advisory－bodies/canadian－drug－expert－committeecdec。朱娅莉、马爱霞：《法国药品的定价和报销管理机构及程序概况》，《中国医药技术经济与管理》2009年第1期。

周期以及上市后临床使用时间的限制。在此次应对新冠肺炎疫情的过程中，医疗保障部门就第一时间将相关诊疗方法和药品纳入报销目录，这种做法可以成为一种长效机制。高附加值本土创新药医保的快速准入，可以从支付层面鼓励有能力的本土药企进行更多同类药物的开发，加快中国本土创新从“me-too”变为“me-better”和“best-in-class”，并进一步支持中国医药行业从“中国制造”向“中国智造”的战略转型。

B.5
2020年中国医药产业发展走势

张自然*

摘　要： 2020年，带量采购政策全面落地，省级重点监控制度全部出台，疾病诊断相关分组（DRG）在30个城市的试点全面开启，中国医药产业格局将被颠覆和重构，大量的非治疗理性药品将被淘汰出局，合理用药将进一步加强，限抗继续，过了专利期的原研药将被加速替代，整体药价将降低，基本药物价格有所提高，带量采购常态化、国家医保谈判和基本药物目录也将扩容，疗效确切的、能满足未被满足的临床需求的新药使用量提升，中国医药产业的增长模式将由公关、销售驱动型变为成本、技术驱动型，由中国制造走向中国创造，“小散乱”将被淘汰，以大型骨干企业为主体、中小型企业为补充的药品生产、流通格局即将建立，中国医药企业的国际竞争能力大幅提高。

关键词： 医药产业　DRG　带量采购　医药企业　医药市场

一　颠覆

（一）“4+7”

2019年11月29日，国务院深化医改领导小组印发的《关于以药品集

* 张自然，中投中财基金管理有限公司执行董事，博士。

中采购和使用为突破口进一步深化医药卫生体制改革若干政策措施的通知》要求，以药品集采为突破口，促进“三医联动”改革。

2019 年 12 月 29 日，国家集采联采办发布的《全国药品集中采购文件》(GY－YD2019－2)，标志着国家带量采购的“4＋7”试点经验正式向全国推广。

先期试行的“4＋7”和“4＋7”扩围分别将药价平均降低了 52% 和 25%，最小规格的最低价也由以“角”为单位下降到以“分”为单位，由“4＋7”时的0.149 元（京新的苯磺酸氨氯地平片 5mg）下降到“4＋7”扩围的0.049 元（齐鲁的利培酮片 1mg），再降到河北集采通过一致性评价的0.022 元（石药集团卡托普利片 25mg）和尚未通过一致性评价的 0.012 元（山东鲁西药业硝苯地平片 10mg），第二批国家带量采购还没开始，仅其规定的最高有效报价的最低价就已低至0.100 元（对乙酰氨基酚 0.5g 和甲硝唑 0.2g）(见图 1)。

2019 年 11 月 20 日，国务院常务会议提出“以带量采购促进药价实质性降低”，可见，降价已成为这轮改革的主旋律，但即使愿意承受降价，也必将有相当一部分过评企业无缘中选，因尽管第二批带量采购已放宽到最多可 6 家同时中标，但如阿莫西林等的过评企业数已远超 6 家。

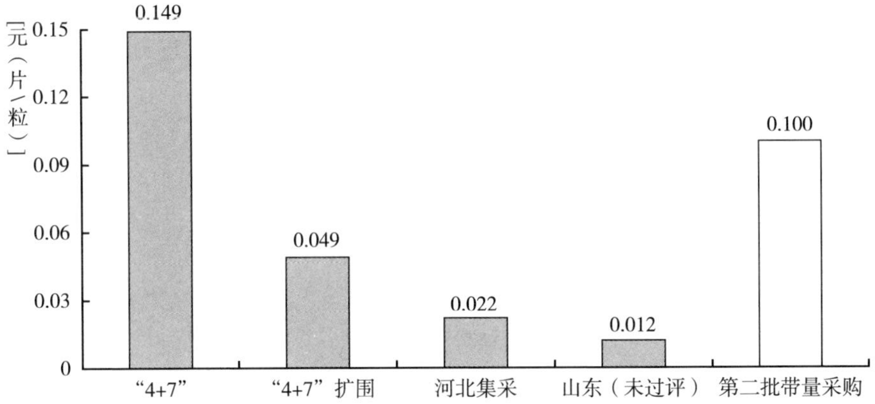

图 1　历次带量采购招标最低价比较

资料来源：张自然博士整理。

此外，作为参与带量采购的前提，必须先做一致性评价，而做一致性评价要付出巨额费用。

据医药魔方统计，自2018年1月2日至2019年10月23日，共披露了65个品种（不含视同通过）一致性评价的费用支出情况，最低的154万元，最高的达2011万元，其中，154万~500万元的有18家，占28%，超过1500万元的有2家，占3%，而500万元以下的多是中外共线生产的国际化企业回归后申报而享有绿色通道过评的，如华海就有7个产品的费用在159万~302万元，所以，此非一般企业可以享有，更多的企业将要付出至少中位数678万元（见图2）。

我国有76%的制药企业的年营收还不足2000万元①，尽管很多地方也出台了补助政策，但也多是锦上添花而已，所以至少这76%的企业凭自身是没有能力负担一致性评价费用的。

鉴于做一致性评价要付出巨额费用，过评后还要再经“4+7”杀价，且还不能确保中选，所以，一致性评价申请数量由“4+7”开标之前的2019年1月高峰时的207个骤降到2月的73个，而现在已由为获利转为兼顾获利和生存的双重考量，2019年12月申报数为110个。

（二）重点监控

2019年11月15日《国务院深化医药卫生体制改革领导小组关于进一步推广福建省和三明市深化医药卫生体制改革经验的通知》指出，“2019年12月底前，各省份要制定出台省级重点监控合理用药药品目录（化药及生物制品）并公布，2020年12月底前全面建立重点药品监控机制”。

据医药云端工作室统计，截至2019年12月29日，已有22个省区市16个市11家医院公开了重点监控药品目录，涉及203个品种，其中内蒙古等14个省区市与国家版一致，江西等9个省区市在国家版基础上都做了数量上的增加，有些地方版增加数量较多，并多有中药，且大部分是中药注射剂，

① 中国医药工业信息中心：《中国健康产业蓝皮书（2018）》，2018年11月18日。

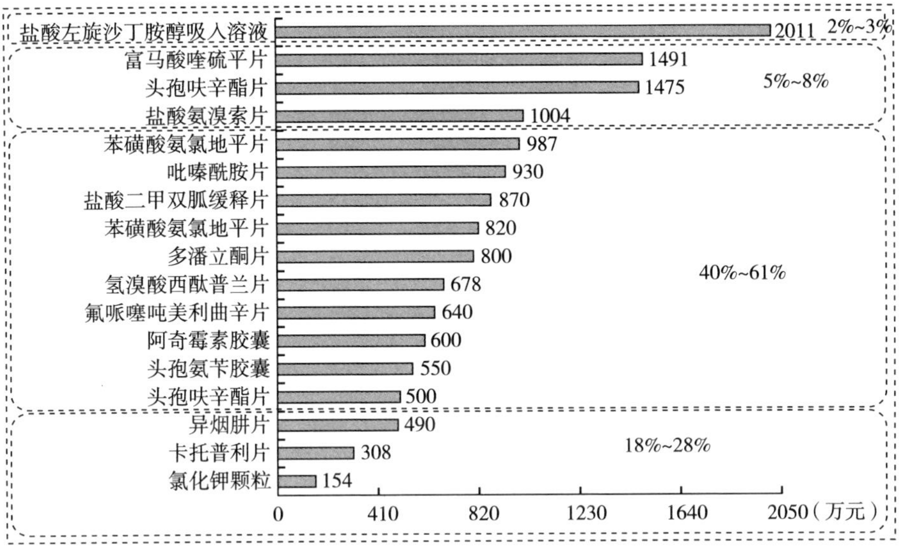

图 2　部分品种的一致性评价品种费用支出

资料来源：医药魔方，张自然博士整理。

如山东威海增加了 98 种，其中有 44 个中药，且绝大部分是中药注射剂。

“4 +7”影响的是化药制剂，重点监控冲击的多是不做一致性评价也不参与“4 +7”的中药和生化药，对本土药企将是双重打击，因外企没有中药和生化药。在国家重点监控目录出台之前，这 20 个重点监控品种的销量已大幅下降了（见图 3），重点监控目录出台后降幅还将加大。①

（三）DRG

2019 年 10 月 16 日，国家医疗保障局发布的《关于印发疾病诊断相关分组（DRG）付费国家试点技术规范和分组方案的通知》为我国 DRG 发展扫清了障碍。

尽管 DRG 不是专门针对药品的，但在“全面取消以药养医”和以降药价为突破口的新医改背景下，作为占用医保资金较大份额的药品销售将难以

① 《8 张图表：系统剖析医改最新进展》。

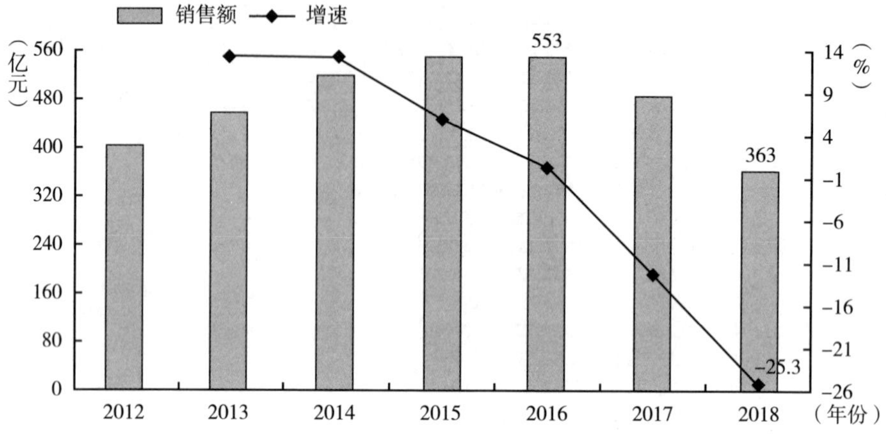

图 3　2012～2018 年 20 个重点监控品种销售额下降趋势

资料来源：药筛，张自然博士整理。

规避，在 DRG 预付费的前提下，医院和医生出于不要透支的底线，大处方、不必要的检查和性价比不高的药品将被限制，合理用药水平将大幅提升，DRG 可谓扩展版的重点监控。

据 IQVIA 统计（≥100 张病床的医院），在能口服就不注射、地方版辅助用药目录和限抗的大背景下，自 2015 年至 2019 年连续 5 年的第二季度比较，中药（主要是中药注射剂）、大输液、辅助用药和抗生素销售额占比分别下降了 3.9 个百分点、1.3 个百分点、4.9 个百分点、1.1 个百分点，而治疗性用药却上升了 11.1 个百分点（见图 4），腾笼换鸟效果明显。

而就上述非治疗性用药（暂以此代称）而言，本土药企销量分别占了 99.7%、85.4%、88% 和 77.6%（2017 年），实施 DRG 后，上述变化将更大，可见，DRG 对药品销售还将是有较大影响的，对本土药企影响尤甚。

在“4+7”、重点监控和 DRG 等政策的叠加影响以及印度药企的虎视眈眈下，中国医药产业以公关、销售为主的盈利模式将渐被终结，仿制药企业的高利润率时代也将成为历史，而进入与国际接轨，靠规模、成本制胜的低利润率时代（见图 5）。

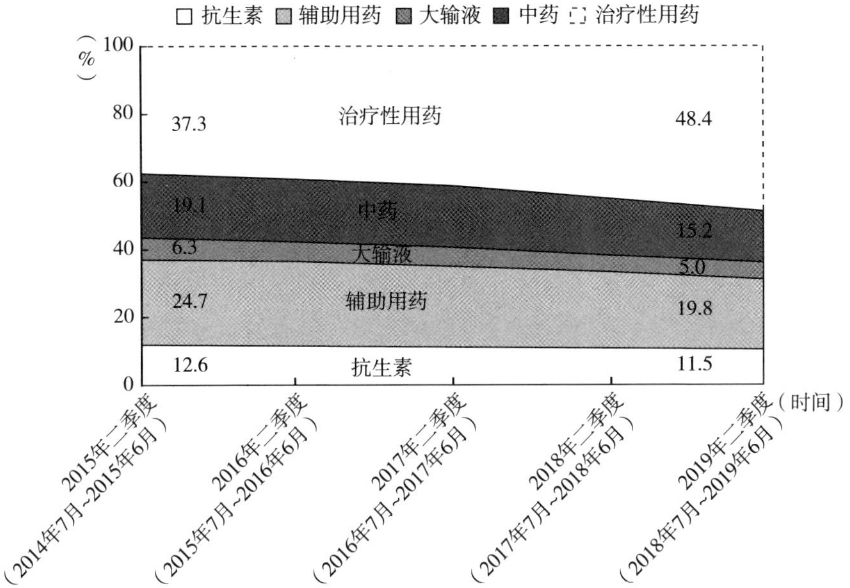

图4　2015～2019年各类药品销售额占比变化趋势

资料来源：IQVIA，张自然博士整理。

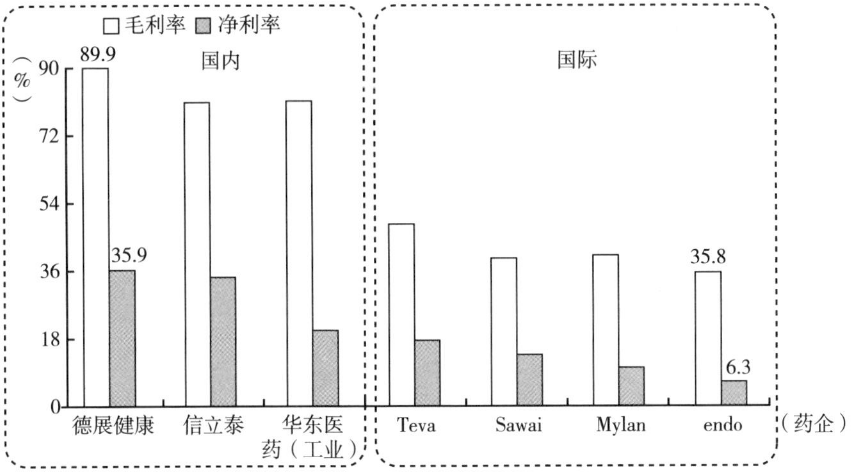

图5　中外商仿制药企业利率对比

资料来源：FY 2017 Bloomberg，张自然博士整理。

二　重构

（一）以大型企业为主体

2019 年 11 月 6 日，国家发改委发布的《中华人民共和国国家发展和改革委员会令》（第 92 号），《产业结构调整指导目录（2019 年本）》明确限制 6 项、淘汰 13 项医药类项目。

2019 年 11 月 29 日，国务院深化医药卫生体制改革领导小组发布的《关于以药品集中采购和使用为突破口进一步深化医药卫生体制改革的若干政策措施》要求，推动药品生产与流通企业跨地区、跨所有制兼并重组，培育一批具有国际竞争力的大型企业集团，加快形成以大型骨干企业为主体、中小型企业为补充的药品生产、流通格局。

日本的药品批文和制药企业数量分别由一致性评价之前的大于 10 万个、1359 家下降到一致性评价之后的大于 1.9 万个、300 家（见图 6），而这 300 家中生产仿制药的仅 20 家。

美国医药市场规模约是我国的 4 倍，但其实际有产品销售的药厂也就 800 多家，而我国现有制剂药厂 3262 家（中国医药企业管理协会数据），百强占比也仅 47.8%（2017 年）。此前，试图以 GMP 等多项政策治理“小散乱”，但收效并不显著。本次不是针对 GMP 证书而是釜底抽薪，针对批文下手，没有通过一致性评价的企业自然也就不能算是药厂了，而面对一致性评价的巨额支出、“4 + 7”降价环境，相对于十多万个化药批文而言，能过评的将是少数。

所以这次“小散乱”将得以治理，相应的集中度也将大幅提高，从而实现官方“加快形成以大型骨干企业为主体、中小型企业为补充的药品生产、流通格局”的目标。

（二）专业分工

新版《药品管理法》引入药品上市持有人制度（MAH），实现了药品所

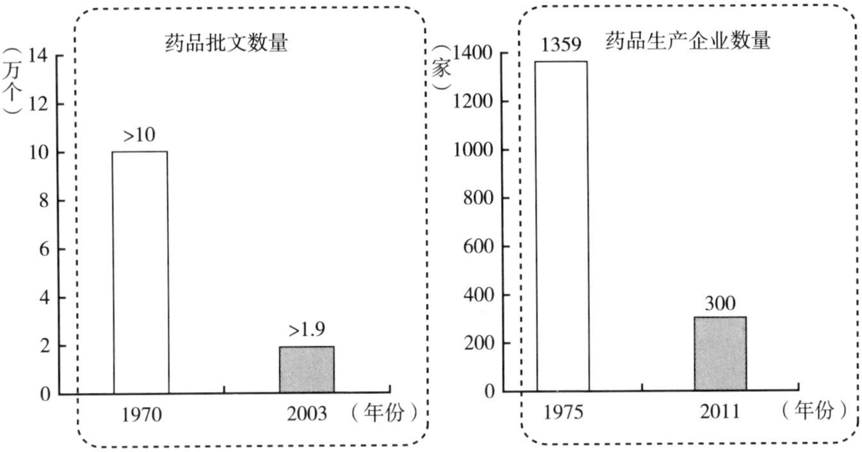

图6　日本3次药品再评价后制药工业集中度变迁

资料来源：日本统计局，张自然博士整理。

有权与生产权的分离，为医药产业的专业分工提供了法律保障，也避免了不必要的重复产能的建设。

拥有研、产、销全部功能的全能药厂只能是少数大型企业集团，而中小企业只有聚焦细分领域做精做强才有出路，药品研发、生产、营销各环节也将分别以CRO、C（D）MO、CSO的专业分工形式出现。

由于成本较低、高校生源丰富、资本市场日臻完善，尤其近几年药品审评审批制度改革和大量海归科学家的加入，我国的CRO和C（D）MO始终以10%以上的速度增长，CRO和C（D）MO在全球的占比将由2013年的11.6%、6.9%上升到2021年的26.8%和10.0%（见图7）。

（三）优化产品结构

1. 创新

自从2015年国务院发布44号文以来，我国开启了医药创新向世界接轨的大幕，尤其是加入ICH、新的《药品管理法》颁布、2019版医保目录的调整和科创板的设立，都为我国的医药创新创造了前所未有的大好环境。

同时，中国的医药创新也确实取得了可喜的成果，据权威的GEN网站

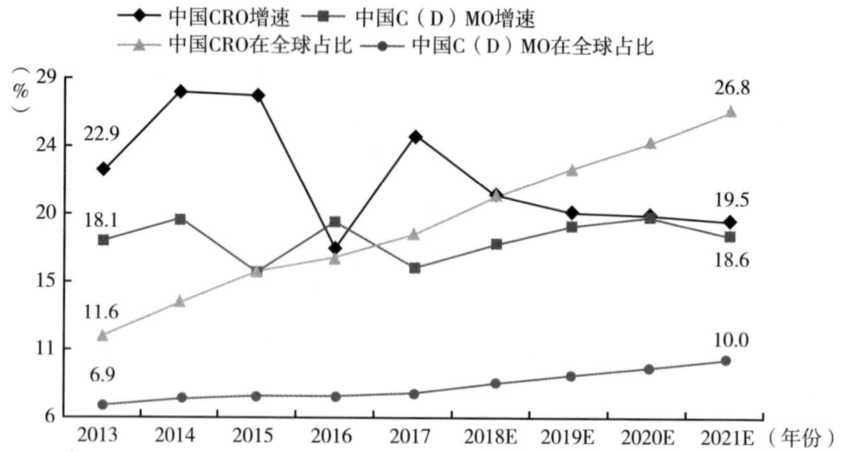

图7　2013～2021年中国CRO和C（D）MO增速及全球占比

资料来源：Frost & Sullivan 2018，张自然博士整理。

统计，以2019年10月30日收市市值计，全球生物技术市值TOP25企业中国就占了5席，以研发见长的恒瑞、药明康德和翰森分别名列第7（3988亿元）、14位（1355亿元）和第16位（1395亿港元）（见图8）。

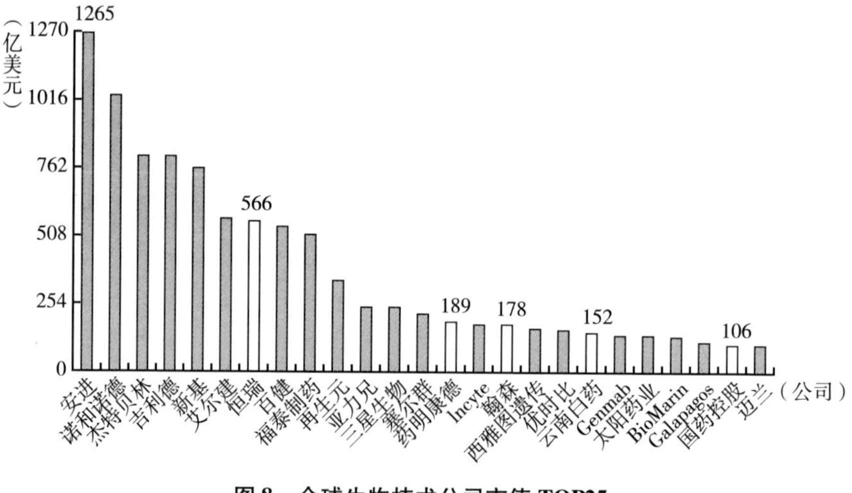

图8　全球生物技术公司市值TOP25

注：市值为2019年10月30日收市价。

资料来源：GEN网站，张自然博士整理。

2. 仿制

以“4 +7”为试点的国家带量采购旨在加速仿制药替代，大幅降低患者负担，2018 年 12 月 29 日，国家卫健委等十二部门联合发布的《关于印发加快落实仿制药供应保障及使用政策工作方案的通知》要求，自 2020 年起，每年底前发布鼓励仿制的药品目录，《第一批鼓励仿制药品目录》33 种已由国家卫健委于 2019 年 10 月 9 日发布。

作为仿制药大国，我国的仿制药一直未能行使替代原研药的天职，“4 +7”宣告了这一历史的结束。

随着创新环境的不断完善和带量采购的全面推广，创新药和仿制药的占比将分别由 2010 年的 5% 和 0% 上升到 2030 年的 45% 和 25%，而其他非治疗性药品的占比将大幅下降，我国的用药结构将大幅优化（见图 9）。

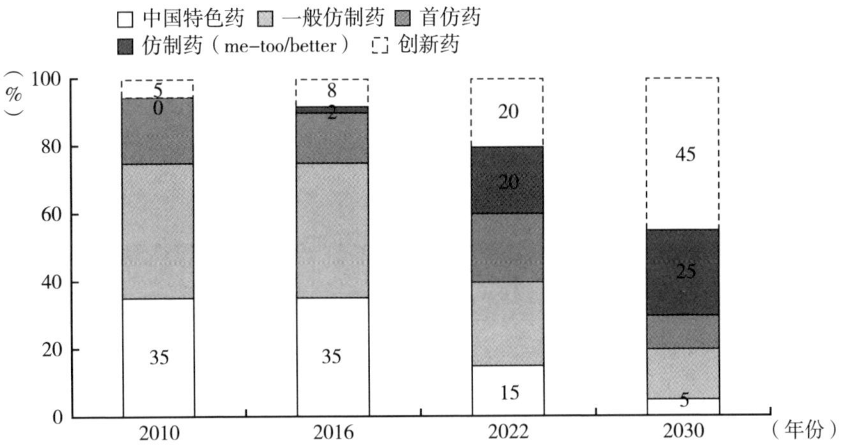

图 9　2010 ~ 2030 年国内药品市场格局变化趋势

资料来源：华夏基石，张自然博士整理。

而原料制剂一体化的企业更具竞争优势，如以原料国际化为代表的浙江华海药业，在“4 +7”和“4 +7”扩围时分别以 6 个和 7 个中选而连续位居第一，且在“4 +7”低于 1 元的 12 个最低价中占有 3 个。

三　展望

“4 +7”涉及的品种数量还不多，一致性评价还有个过程（美日都经历了20 多年），DRG 尚在试点，要在全国推广还是几年之后的事，所以，目前的不利影响心理大于实际，但产品立项选择、企业战略调整等重构也需要相应资源配置和一定的时间，因此，企业应未雨绸缪，尽早付诸行动。

自2013 年开始，中国医药市场规模已连续6 年跻身全球第二位，已由2004 年的3300 亿元猛增到2017 年的29826 亿元（见图10），且随着老龄化的加剧和人民健康意识的提高，规模还在继续扩大。

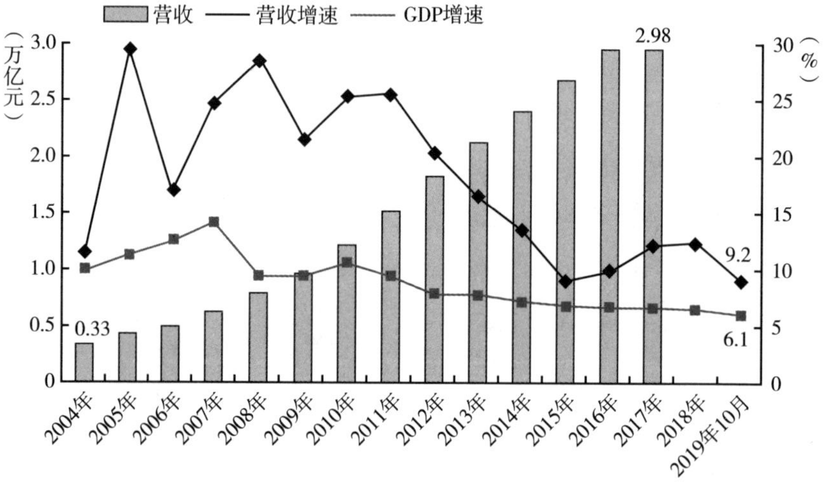

图10　2004 ~2019 年中国医药工业与GDP 增速对比

注：GDP 增速为IMF 预测2019 年全年增速。因2018 年之后改变了统计口径，故图中未标注营收值，但增速仍具可比性。

资料来源：国家统计局，张自然博士整理。

尽管近10 年来，中国医药市场也进入低速增长的新常态，但增速仍远高于GDP 增速，2019 年1 ~10 月，中国医药工业营收增速达9. 2% ，仍比GDP 增速6. 1% 高出50% 还多，中国的医药市场规模已令众多跨国药企垂涎并战略加持了对中国的重视，作为近水楼台的中国本土药企，经过结构优化、转型升级之后将赢得更多发展先机。

可以预见，我国以全球创新药和能替代原研药的仿制药为主的用药结构，以大型骨干企业为主体的中国药品生产、流通格局将被重构，因而，我国要大幅提高药物可及性，为决胜全面建成小康社会做出特殊贡献。

专题报告篇

Keynote Reports

B.6
注射剂一致性评价工作进展及宏观展望

史建会*

摘　要： 本文简要介绍了我国化学仿制药注射剂一致性评价实施以来的工作进展情况，梳理了2019年以来注射剂一致性评价相关政策信息，从政策、市场和健康需求等角度，简要分析注射剂一致性评价的发展趋势，同时对进一步加快注射剂一致性评价前景进行了展望。

关键词： 化学仿制药　注射剂　一致性评价

2016年3月5日，国务院办公厅印发《关于开展仿制药质量和疗效一致性

* 史建会，石家庄四药有限公司党委书记兼董事会秘书。

评价的意见》(国办发〔2016〕8号)，标志着一致性评价的大幕正式拉开。

经过四年时间的政策磨合，国家对仿制药一致性评价工作更趋科学和严谨。加快推进仿制药一致性评价，可以说是一项对国计民生具有深远影响的改革利好，不仅直接影响着当前药品集采模式的调整，使百姓能从中获得更多更好改革带来的红利，同时也有助于推动化学仿制药供给侧结构性改革，加快产业链各方面的重新调整和优化。

作为仿制药一致性评价重头戏的注射剂一致性评价，对相关制剂生产企业而言，面临前所未有的重大挑战和机遇，因而注射剂一致性评价工作的进展一直备受业界关注。

一 2019年来注射剂一致性评价相关政策回顾

2019年6月13日，国家药品监督管理局（简称“国家药监局）发布《关于发布仿制药参比制剂目录（第二十一批）的通告》，首次公布了注射剂的参比制剂，在业界掀起了新一轮对注射剂一致性评价的讨论。

截至2020年4月，国家药监局已发布26批仿制药参比制剂目录，共计2781个药品规格，其中注射剂808个，占比为29.1%。

2019年10月15日，国家药监局综合司公开征求《化学药品注射剂仿制药质量和疗效一致性评价技术要求（征求意见稿）》《已上市化学药品注射剂仿制药质量和疗效一致性评价申报资料要求（征求意见稿）》意见。业界普遍认为，这些征求意见稿的出台预示着注射剂一致性评价工作将全面展开。

《化学药品注射剂仿制药质量和疗效一致性评价技术要求（征求意见稿）》对参比制剂、处方工艺技术、原辅包、质量控制技术、质量研究与控制技术、稳定性研究技术、特殊注射剂一致性评价、改规格注射剂、药品说明书、药品标准、无须开展一致性评价的品种等多个方面明确了相关要求（见表1）。

其中，氯化钠注射液、葡萄糖注射液、葡萄糖氯化钠注射液、注射用水、部分放射性药物（如锝［99mTc］）等品种无须开展一致性评价，但是需进行质量提升研究，灭菌工艺、滤器与包材选择（含相容性研究）等应符合相关技术要求。

自2019年以来，国家药监局在持续出台仿制药一致性评价政策基础上，不断完善相关政策体系。截至2020年4月，国家药监局已累计发布工作文件10余项、技术指导原则19项、参比制剂26批。这些政策举措对进一步明确仿制药特别是注射剂一致性评价的工作程序和技术要求，保障仿制药一致性评价受理、检查、检验及审评审批等各环节顺畅衔接，建立符合国际通行做法的现代化仿制药审评体系，有效指导相关制剂企业扎实做好评价工作都发挥着积极的推动作用（见表1）。

目前，我国仿制药一致性评价审评体系已初步形成，一致性评价工作已步入常态。

表1　2019年以来涉及注射剂一致性评价主要政策一览

发布时间	发布部门	政策名称	政策要点
2019年3月28日	国家药监局	《关于发布化学仿制药参比制剂遴选与确定程序的公告》	明确了化学药参比制剂遴选与确定程序
2019年6月13日	国家药监局	《关于发布仿制药参比制剂目录(第二十一批)的通告》	首次包含注射剂参比制剂,新增327个参比制剂,其中注射剂参比制剂244个,涉及88个注射剂品种
2019年8月5日	国家药监局药品审评中心	《关于发布在审化学仿制药参比制剂有关事宜的通知》	药品生产企业原则上应选择公布的参比制剂开展一致性评价工作
2019年8月15日	国家药监局	《关于发布仿制药参比制剂目录(第二十二批)的通告》	新增495个参比制剂,其中注射剂229个,涉及82个品种
2019年10月15日	国家药监局综合司	《化学药品注射剂仿制药质量和疗效一致性评价技术要求(征求意见稿)》《已上市化学药品注射剂仿制药质量和疗效一致性评价申报资料要求(征求意见稿)》	技术要求对参比制剂、处方工艺、原辅包、质量研究与控制、稳定性、特殊注射剂、改规格注射剂、药品说明书、药品准备、无须开展一致性评价的品种等多方面明确了相关要求

续表

发布时间	发布部门	政策名称	政策要点
2019 年 11 月 5 日	国家药监局药品审评中心	《化学药品注射剂仿制药(特殊注射剂)质量和疗效一致性评价技术要求(征求意见稿)》	参照国内外特殊注射剂相关法规和技术要求制订,包括总体考虑、药学研究、非临床研究、临床研究四部分
2020 年 1 月 7 日	国家药监局	《关于发布仿制药参比制剂目录(第二十三批)的通告》	新增 344 个参比制剂,其中注射剂 186 个,共涉及 179 个品种
2020 年 1 月 8 日	国家药监局	《关于发布仿制药参比制剂目录(第二十四批)的通告》	新增 209 个参比制剂,其中注射剂 54 个,共涉及 118 个品种
2020 年 4 月 16 日	国家药监局	《关于发布仿制药参比制剂目录(第二十五批)的通告》	新增 96 个参比制剂,其中注射剂 25 个,共涉及 51 个品种
2020 年 4 月 17 日	国家药监局	《关于发布仿制药参比制剂目录(第二十六批)的通告》	新增 247 个参比制剂,其中注射剂 75 个,共涉及 124 个品种

二　注射剂一致性评价进展

(一)注射剂一致性评价呈现稳中有进态势

自 2016 年 3 月以来，随着注射剂一致性评价相关政策陆续出台，工作程序和技术要求渐趋明朗，为生产企业做好注射剂一致性评价相关研究指明了方向。

截至目前，就注射剂这一高风险制剂一致性评价的整体进展而言，国家药监局药品审评中心（CDE）对已上市注射剂品种的一致性评价相较于其他化学仿制药剂型态度表现得则更为谨慎。急于赶注射剂一致性评价头班车的生产企业申报的评价品种基本上都处在受理或补充申请阶段。

注射剂一致性评价总体进展呈现稳中有进的态势，主要体现在稳在速度、进在提质。

（二）注射剂一致性评价进展呈现的主要特点

1. 注射剂一致性评价申报数量、品种和受理量快速增长

资料显示，截至2020年3月底，申请或视同申请注射剂一致性评价的品规超过700个，其中约有150个注射剂品种涉及的相关企业已递交补充申请。

在这些品种中，盐酸氨溴索注射液、注射用头孢曲松钠、注射用奥美拉唑钠、注射用帕瑞昔布钠、注射用头孢他啶已有超过10家企业递交补充申请，注射用艾司奥美拉唑钠、注射用泮托拉唑钠、注射用头孢米诺钠、多索茶碱注射液、盐酸右美托咪定注射液、依达拉奉氯化钠注射液也有7家或以上企业递交补充申请，这些注射剂当中粉针产品占有较大比重，成为注射剂一致性评价中的热门品种。

2. 注射剂一致性评价审评进度加快，视同过评品种占绝对比重

从已过评的注射剂来看，目前注射剂通过一致性评价的品种几乎为按照新注册分类获批上市后视同通过。

通过一致性评价补充申请过评产品仅有海南普利制药的注射用阿奇霉素，该产品通过美国FDA批准，属于国内海外共用生产线，被纳入优先审评目录，并获国内上市批准，视同通过一致性评价。资料显示，截至2020年4月17日已有33个注射剂品种通过或视同通过一致性评价（见表2）。

表2　通过或视同通过一致性评价注射剂品种及企业一览

药品名称	规格	过评企业数（家）	企业名称	当前进度
注射用紫杉醇(白蛋白结合型)	100mg	3	江苏恒瑞,石药集团,齐鲁制药	视同通过
氟比洛芬酯注射液	5ml:50mg	2	北京泰德,武汉大安	视同通过
布洛芬注射液	4ml:0.4g,8ml:0.8g	2	成都苑东,吉林四环	视同通过
盐酸莫西沙星氯化钠注射液	250ml:400mg	2	天津红日,海南爱科	视同通过
左乙拉西坦注射液	5ml:500mg	2	济川药业,河北仁合益康	视同通过
注射用阿扎胞苷	100mg	2	四川汇宇,正大天晴	视同通过

续表

药品名称	规格	过评企业数（家）	企业名称	当前进度
盐酸氨溴索注射液	2ml:15mg	1	四川美大康华康	视同通过
多索茶碱注射液	10ml:100mg	1	石家庄四药	视同通过
多西他赛注射液	4ml：80mg，1.0ml：20mg	1	四川汇宇	视同通过
盐酸罗哌卡因注射液	10ml:100mg	1	石家庄四药	视同通过
那屈肝素钙注射液	0.6ml：6150AXalU，0.3ml:3075IU	1	南京健友	视同通过
注射用培美曲塞二钠	100mg,500mg	1	四川汇宇	视同通过
酮咯酸氨丁三醇注射液	1ml:30mg,1ml:15mg	1	成都倍特	视同通过
依诺肝素钠注射液	0.2ml：20mg，0.6ml：60mg,0.4ml:40mg	1	常州千红	视同通过
注射用阿奇霉素	500mg(50万IU)	1	海南普利制药	已通过一致性评价
注射用头孢唑林钠	1g	1	苏州大冢制药	视同通过
碘海醇注射液	100ml:30g,10ml:3g,200ml:70g,20ml:6g,20ml：7g，50ml：15g，50ml：17.5g，75ml：22.5g,75ml:26.25g,100ml:35g	1	通用电气药业	视同通过
碘美普尔注射液	75ml:30g,100ml:40g	1	上海博莱科信谊药业	视同通过
复方氨基酸注射液	500ml:37.925g,200ml:12.25g	1	广州绿十字制药	视同通过
枸橼酸咖啡因注射液	1ml:20mg	1	华润双鹤	视同通过
盐酸右美托咪定注射液	2ml:200ug,1ml:100ug	1	扬子江药业	视同通过
盐酸罗哌卡因氯化钠注射液	100ml:200mg,860mg	1	山东华信制药	视同通过
注射用替莫唑胺	100mg	1	江苏恒瑞	视同通过
注射用比伐芦定	250mg	1	齐鲁制药	视同通过
注射用福沙匹坦双葡甲胺	150mg	1	江苏豪森	视同通过
注射用盐酸苯达莫司汀	25mg	1	正大天晴	视同通过

续表

药品名称	规格	过评企业数（家）	企业名称	当前进度
盐酸艾司氯胺酮注射液	2ml:50mg	1	江苏恒瑞	视同通过
唑来膦酸注射液	100ml:4mg	1	四川科伦	视同通过
盐酸阿芬太尼注射液	2ml:1mg,10ml:5mg,5ml:2.5mg	1	宜昌人福药业	视同通过
依达拉奉氯化钠注射液	100ml:30mg,855mg	1	江苏正大丰海	视同通过
曲前列尼尔注射液	20ml:20mg	1	兆科药业	视同通过
注射用西维来司他钠	100mg	1	上海汇伦江苏药业	视同通过
注射用盐酸头孢吡肟/氯化钠注射液	2.0g：100ml：0.9g，1.0g:100ml:0.9g	1	苏州大冢制药	视同通过

资料来源：Insight 数据库。

3. 注射剂一致性评价行业龙头企业占据显著优势

截至2020年4月，递交注射剂一致性评价补充申请品种数量最多的企业为科伦药业、扬子江药业、齐鲁制药、中国生物制药、恒瑞医药、方向药业、石家庄四药、奥赛康药业、人福医药、福安药业、豪森药业、石药集团等，行业龙头技术、人才和资金等优势充分彰显。①

其中，科伦药业有29个品种已递交补充申请，有望在政策明晰后迎来集中过评。在注射剂输液产品方面，石家庄四药也已有13个品种递交补充申请，在同行业中表现抢眼。

三 加快注射剂一致性评价步伐前景可期

（一）开展一致性评价对提高我国仿制药生产质量水平意义重大，加快注射剂一致性评价步伐是大势所趋

化学仿制药具有治疗领域广泛、用量大、价格低的特点，可节约巨额医

① 资料来源：米内网。

疗费用。我国作为化学仿制药的生产和使用大国，历来重视仿制药的发展。在我国批准上市的药品中，95%是仿制药，这其中约60%归属于注射剂。无论在药品生产还是在销售中，注射剂都处在药品市场的主导地位。

2020年4月10日，国家药监局药品不良反应监测中心发布《药品不良反应监测年度报告（2019年）》。该报告显示，2019年全国药品不良反应监测网络收到不良反应报告151.4万份。整体报告中，注射剂占63.3%，其中化学药品注射剂占86.9%，中药注射剂占9.0%。化学药品注射剂的报告数量排名前五的药品类别分别是抗感染药，肿瘤用药，电解质、酸碱平衡及营养药，神经系统用药，心血管系统用药。该报告指出，在注射剂不良反应报告中，严重报告占比高，提示需继续关注注射剂的用药风险。

可见，进一步提升药品质量疗效，降低我国患者的医疗负担，让老百姓享受到质量更好、价格更便宜的仿制药，加快开展仿制药一致性评价，尤其是注射剂一致性评价，保障仿制药在质量和疗效上与原研药一致，在临床上实现与原研药相互替代，是改善当前用药安全的关键所在，这既是时代发展的迫切要求，也是广大百姓的共同期盼。

注射剂质量状况在一定程度上代表着一个国家仿制药生产和研发的整体水平。一致性评价是一个系统工程，建立健全注射剂仿制研发、生产的风险控制体系，全面提升我国注射剂仿制药的质量水平，加快注射剂一致性评价不仅是生产企业的社会责任，更彰显着国家的担当作为，需要系统推进。

可以说，一致性评价持续推进的过程也是我国仿制药质量和制药行业整体发展水平提升的过程，加快了我国由制药大国向制药强国的跨越。因此，开展一致性评价尤其是注射剂一致性评价对推动我国仿制药生产质量水平意义重大，加快注射剂一致性评价步伐是大势所趋。

（二）“4+7”带量采购政策有力推动一致性评价进展，品种市场优势和社会认可度逐步凸显

在一致性评价持续推进过程中，带量采购应运而生。带量采购政策规定，中选企业须确保在采购周期内满足供应地区中选药品约定采购量需求，

申报品种属于采购品种目录范围，如果是仿制药，必须是通过一致性评价或是按化学药品新注册分类批准的仿制药品。这也意味着，一致性评价成为仿制药入围带量采购的基本门槛。

同时，国家相关配套支持政策不断完善。通过一致性评价的品种，药品监管部门允许其在说明书和标签上予以标注，并将之纳入《新批准上市以及通过仿制药质量和疗效一致性评价的化学药品目录集》。《国家基本药物目录（2018 年版）》已于 2018 年 11 月 1 日起实行，并且国家建立了动态调整机制，与一致性评价实现联动。通过一致性评价的品种优先纳入目录，未通过一致性评价的品种将逐步被调出目录。

“4 +7”城市模式开展试点至今，带量采购扩围至全国，多省出台招采政策鼓励过评，多个文件均提及“同品种药品通过一致性评价的企业达 3 家以上的，在药品集中采购方面不再选用未通过一致性评价的品种”。

带量集采模式得到成功实践。在试点初期，中选一致性评价药品价格平均降幅为 52%，最高降幅达 96%，患者受惠明显。随着一致性评价工作质量和效率的提升，带量采购过评中标品种在不断加速扩容，就政府、行业和患者等利益各方而言，无论当下还是长远都是有利的。

“4 +7”城市模式从广受争议到“一致性评价 + 带量采购”组合拳获得普遍认可，相关政府部门、医疗机构及广大患者倍感振奋，带量采购保障可及也让生产企业重拾信心，这为加快注射剂一致性评价进程提供了原动力。

（三）政策助力调动企业评价积极性，将倒逼注射剂一致性评价加快步伐

药品生产企业作为推进仿制药一致性评价的主体，需要投入大量的资金、技术、人员和时间，进行质量攻关、工艺改进和技术提升等科学研究。

在一致性评价持续推进过程中，从国家到地方在政策保障等多个层面都给予强有力的推动，从而调动企业开展一致性评价的积极性。比如，石家庄高新区 2017 年就出台相关支持政策，对于生物医药企业通过体外一致性评价研究的品种（不同规格视为一个品种），每个品种支持资金 100 万元；对

于完成体外一致性评价研究，并通过体内生物等效性试验（简称 BE 试验）的品种，每个品种支持资金 200 万元，每家企业获得支持的品种数量原则上不超过 3 个。

政策激励和市场竞争形成的巨大合力，将助推生产企业拿出更多的资源和精力进行投入，申报和受理量的大幅递增，势必倒逼药品审评工作迈出更大、更坚实的一步。

（四）注射剂一致性评价工作有效提升行业集中度，将加快市场竞争格局的改变

随着注射剂一致性评价申报和补充申请品种的与日俱增，未来的药品带量采购将把过评注射剂品种包含其中，大部分市场势必为先一步过评的产品占据，行业集中度将会加快提升。注射剂行业必将迎来一轮剧烈的去产能淘汰赛，技术和成本兼具的行业龙头优势更为凸显。

在政策和市场的双重作用下，反之同样也会刺激未申报过评生产企业加紧选择合适品种进行布局，集中力量和资源，寻找弯道超车时机，争取竞争机会。

可以预料，化学仿制药固体制剂一致性评价的顺利推进和成效显现，必将加快注射剂一致性评价申报和过评的良性循环，这将更加有助于带动和影响我国注射剂研发生产国际化能力的全面提升。我们完全有理由相信，加快注射剂一致性评价步伐前景可期。

B.7

世界医药市场未来发展前景展望

齐继成 译*

摘　要： 随着世界经济的发展、人口总量的增长、社会老龄化程度的提高以及民众健康意识的不断增强，世界医药行业保持了数十年的高速增长。预计未来几年中将继续保持高速的增长。本文预测了未来几年中世界各个主要治疗种类的医药市场未来发展前景。其中主要包括：世界的抗生素市场；抗葡萄球菌感染药物市场；抗真菌药物市场；癌症止痛药物市场；骨癌药物市场；食管癌药物市场；神经母细胞瘤药物市场；肺动脉高压市场；类风湿关节炎药物市场；等等。本文同时介绍了这些市场的概况和主要的参与公司。

关键词： 医药市场　抗生素市场　癌症药物市场

一　2025年世界抗生素市场预计将达到620.6亿美元①

根据 Grand View 研究公司的最新报告，到 2025 年世界抗生素市场规模预计将达到 620.6 亿美元，年复合增长率为 4.0%。

传染病的流行率上升，特别是在亚太和中东等地区，预计将有助于市场

* 译自 INTERNET 2019。译者齐继成，黑龙江省药品审核查验中心。

① Reportlinker, Global Antibiotics Market Expected to Reach $62.06 Billion by 2025. The New Report by Grand View Research, Inc., February 27, 2019.

增长。估计五岁以下儿童死亡人数的15.0%以上是由肺炎引起的，根据世界卫生组织提供的统计数据，2015年有大约920万人死亡。与肺结核相似，这种疾病在南亚和撒哈拉以南地区非常普遍。目前，只有1/3的受感染的人群能够获得所需的抗生素治疗，从而增加了疾病负担。

针对抗生素的政府改革，如美国的《立即产生抗生素激励法案》，预计将有助于在预测期内推动市场增长。这有望进一步促进先进药物的开发。

根据皮尤慈善信托基金会发表的一篇文章，近30%的门诊口服抗生素处方是不必要的，其中大部分是针对非细菌感染和急性呼吸道疾病等疾病开的，抗生素对这些疾病没有明显的疗效。抗生素的这种滥用预计会增加难以治疗的抗生素耐药性感染的风险，从而增加经济负担。

该研究的进一步重要发现表明：预计核糖核酸和叶酸合成抑制剂将在预测期内出现健康的年复合增长率；开发几种抑制转录和反转录过程的抗病毒药物有望支持这种增长；由于人口基数大、传染病流行、监管改革和仿制药的广泛使用，预计亚太地区的年复合增长率在预测期内最高；由于制药行业的强劲增长，拉丁美洲，尤其是巴西，预计也将呈现有利的增长；某些病毒（如埃博拉病毒）在非洲地区的暴发促进了该地区的增长。

市场上的主要公司是辉瑞公司、杨森制药公司、雅培公司、葛兰素史克公司、赛诺菲公司、诺华公司、拜耳公司、百时美施贵宝公司、礼来公司和安斯泰来制药公司。

二　2023年世界抗葡萄球菌感染药物市场的年复合增长率将接近3%[①]

世界的药品监管机构正在为开发用于治疗传染病的药物（包括用于治疗葡萄球菌感染的药物）授予特殊药物名称。特殊药物名称为治疗新药的

① Reportlinker, Staphylococcal Infection Drugs Market Will Register a CAGR of Nearly 3 Percent by 2023, The New Report by Grand View Research, Inc., May 15, 2019.

开发提供了激励，这鼓励了越来越多的生产公司投资于药物开发，进而推动了市场。分析人士预测，到2023年，世界葡萄球菌感染药物市场的年复合增长率将接近3%。

市场概况如下。①葡萄球菌感染发病率上升，抗生素耐药菌株的出现导致葡萄球菌感染的发病率增加。皮肤和软组织感染是葡萄球菌引起的最常见的感染类型。因此，葡萄球菌感染发病率的上升是市场增长的主要驱动力。②疫苗和新药种类的缺乏，与大多数可通过疫苗预防的传染病不同，目前尚无批准的预防葡萄球菌感染的疫苗。细菌的快速进化以及其他因素对葡萄球菌感染疫苗的开发构成了主要障碍。③竞争格局，市场似乎是分散的，由于默克公司和辉瑞公司等几家公司的存在，竞争环境相当激烈。葡萄球菌感染发病率的增加和特殊药物名称等因素将为葡萄球菌感染药物生产公司提供相当大的增长机会。艾尔建（Allergan Plc）公司、拜耳公司、葛兰素史克公司、默克公司和辉瑞公司是参与的一些主要公司。

三　2025年世界抗真菌药物市场规模预计将达到127亿美元①

根据Grand View研究公司的一份新报告，到2025年，世界抗真菌药物市场规模预计将达到127亿美元，预测期内年复合增长率为1.5%。世界真菌感染发病率上升是刺激市场增长的关键因素。此外，免疫抑制剂和抗肿瘤剂、假体装置和移植物以及广谱抗生素的使用增加导致近年来真菌感染的发生率增加。

根据美国疾病控制和预防中心2017年公布的统计数据，据估计，每年有近220000名新患者受到隐球菌性脑膜炎的影响，隐球菌性脑膜炎是一种脑部感染，全世界每年造成181000人死亡。大多数死亡报告发生在撒哈拉

① Reportlinker, Global Antifungal Drugs Market Size Expected to Reach USD 12.7 Billion by 2025. The New Report by Grand View Research, Inc. , February 27, 2019.

以南非洲，原因是艾滋病毒/艾滋病流行率高。

这表明由于世界真菌感染率很高，对抗真菌药物有潜在的需求。由于老年人更容易感染传染病和慢性病，包括艾滋病毒和癌症，全世界老年人口的增加可能会刺激对治疗机会性真菌感染的抗真菌药物的需求。到 2025 年，真菌感染难以诊断，导致高死亡率和发病率，因此对抗真菌剂的需求估计仍然很强劲。

该研究的进一步重要发现表明：有几种杀真菌制剂可供选择，如乳膏、喷雾剂、片剂和注射剂，预计这些产品的采用率将在预测期内推动市场的发展。

棘白菌素种类药物由于其细胞壁特异性杀真菌特性以及它们对曲霉菌和念珠菌属的广谱活性而没有交叉抗性风险，预计将呈现有利可图的增长。由于念珠菌对唑类药物的耐药性增加，念珠菌病适应证药物种类预计在预测期内的年复合增长率最快。

北美在 2017 年占据最大的市场份额，市场的增长可归因于对真菌感染治疗的更高的认知水平和大量目标人群的存在。由于医疗设施的改善以及政府提高人们对传染病认识的举措，亚太地区预计将在预测期内实现最快的增长。

各个公司正致力于开发有效的治疗药物，用于治疗免疫受损患者的系统性真菌感染。

制药行业中许多公司正在进行的公私合作协议，旨在开发新型治疗剂，为市场提供有利可图的增长机会。例如，Astellas 制药公司与 Vical 公司合作开发 VL－2397，这是一种用于治疗肺曲霉菌的抗真菌药物。

四　2025年世界癌症止痛药物市场预计将达到75.45亿美元[①]

世界癌症止痛药物市场在 2017 年产生了 52.85 亿美元的收入，预计到

---

① ReportBuyer, Global Cancer Pain Market Projected to Reach $7545 Million by 2025. The New Report by Grand View Research, Inc. , March 7, 2019.

2025 年将达到 75.45 亿美元，从 2018 年到 2025 年的年复合增长率为 4.5%。

癌症疼痛可能是由疾病本身引起的，也可能是由手术、化疗和其他疗法等相关治疗引起的。由于不同形式的癌症的发病率增加，开发癌症疼痛治疗药物的研发数量的增加以及癌症疼痛药物的采用增加，对癌症疼痛药物的需求在激增。此外，老年人口的增长和癌症疼痛药物的广泛供应进一步推动了市场的增长。然而，与癌症疼痛相关的不利影响预计会阻碍市场增长。

世界癌症止痛药物市场根据药物类型、疾病适应证和地区进行细分，根据药物类型，市场分为阿片类药物、非阿片类药物和神经阻滞剂。根据疾病适应证，市场分为肺癌、结肠直肠癌、乳腺癌、前列腺癌、血癌等。基于地区，市场分布在北美（美国、加拿大和墨西哥）、欧洲（德国、法国、英国、意大利、西班牙和欧洲其他地区）、亚太地区（中国、日本、澳大利亚、印度和亚太地区的其他地区）和拉丁美洲（巴西和拉丁美洲其他地区）。

五　2023年世界骨癌药物市场的年复合增长率将接近12%①

市场上的中小型制药和生物技术供应商面临资金短缺困境，无法完成临床试验和推出治疗各种骨癌适应证的药物。制药公司在供应商不经营的地区面临着药品分销的挑战。为了克服这种挑战，这些制药公司正在与当地制药商结成战略联盟，以生产和分销药物。分析师预测，到 2023 年，骨癌药物市场的年复合增长率将接近 12%。

市场概况如下。①不断增长的风险因素、骨癌相关风险因素的增加将推动预测期的市场增长，在放射疗法一直占主导地位的特定癌症中，流行

① ReportBuyer, Bone Cancer Drugs Market Will Register a CAGR of Nearly 12 Percent by 2023, The New Report by Grand View Research, Inc., May 2, 2019.

率的上升正在进一步刺激市场的增长。诸如老年和骨癌家族史等因素是该疾病的常见危险因素。②首选手术，对于骨癌患者来说，最优选的治疗选择是手术，这是因为它们的缓解性质。骨癌手术包括切除肿瘤以及肿瘤周围所有方向的部分健康组织。癌症肿瘤在未来复发的更高可能性降低了患者对药物治疗前景的依从性，这对市场增长构成了挑战。③竞争格局，市场很集中。风险因素的增加和战略联盟的增加等因素将为骨癌药物生产公司提供可观的增长机会。一些主要的参与公司有 Amgenm 公司、拜耳公司、百时美施贵宝公司、默克公司和辉瑞公司。

六 2023年世界食管癌药物市场的年复合增长率将达到8%①

由于吸烟、基因突变、肥胖和饮酒等因素，食管癌的发病率不断上升，将引发未来几年食管癌药物市场的增长。像腺癌和鳞状细胞癌这样的疾病在美国越来越普遍，这也促进了市场的增长。另外，GERD 的连续发生导致发育异常，最终导致食管中细胞不受控制地生长。这将在未来几年进一步扩大食道癌药物市场。分析人士预测，到 2023 年，食管癌药物市场的年复合增长率将超过 8%。

市场概况如下。①世界食管癌药物市场的增长动力之一是对食管癌的认识不断提高。多个经济体的政府和各种非政府组织正在采取措施，提高患者对食管癌的认识。②世界食管癌药物市场增长面临的挑战之一是批准药物的副作用。由于批准药物的副作用会阻碍市场的增长，因此患者选择诸如大型手术之类的替代。③竞争格局，市场似乎是分散的，市场上有几家公司。

① TechNavio(Infiniti Research Ltd.), Esophageal Cancer Drugs Market Will Register a CAGR of 8 Percent by 2023, December 05, 2019.

七 2023年世界神经母细胞瘤药物市场的年复合增长率将超过4%[①]

神经母细胞瘤是儿童癌症中最常见的类型，其发病率在世界范围内逐渐增加。尚不清楚神经母细胞瘤的确切病因。但是，出生率的上升是神经母细胞瘤发病率上升的主要原因。在发达国家和发展中国家，神经母细胞瘤的发病率都在增加。因此，神经母细胞瘤的发病率上升是市场增长的驱动因素之一。Technavio 公司的分析师预测，到 2023 年，神经母细胞瘤药物市场的年复合增长率将超过 4%。

市场概况如下。①对 GD2 抗体的需求不断增长，在肿瘤细胞上或在导致肿瘤生长的信号级联中识别治疗靶点是癌症研究的有希望的领域。GD2（O－乙酰基－GD2 神经节苷脂）已被鉴定为在神经母细胞瘤中过度表达的细胞表面抗原。这些药物对人体没有任何细胞毒性作用。因此，医生正在转向开抗 GD2 单克隆抗体处方来治疗神经母细胞瘤。②高昂的治疗费用，患有神经母细胞瘤的儿童通常会经历多轮复杂的强化治疗，包括数个化疗周期。持续时间长会增加治疗费用。用于治疗神经母细胞瘤的药物，特别是免疫治疗药物，相当昂贵。这增加了这些药物的生产成本并因此增加了价格。③竞争格局，该市场似乎比较集中，供应商很少。

八 2026年世界肺动脉高压市场规模将达到93亿美元[②]

到 2026 年，世界肺动脉高压市场规模预计将达到 93 亿美元。在预测期内，该市场的年复合增长率预计为 5.6%。肺动脉高压（PAH）的患病率上

① TechNavio (Infiniti Research Ltd.), Neuroblastoma Drugs Market Will Register a CAGR of Over 4 Percent by 2023, January 28, 2019.

② TechNavio (Infiniti Research Ltd.), Global Pulmonary Arterial Hypertension Market Size Expected to Reach $ 9.3 Billion by 2026, May 31, 2019.

升，以及政府对孤儿药开发的支持正在推动这种增长。肺动脉高压的发病率每年以 100000 ~ 200000 人的速度上升。但是，在过去的几年中，由于饮酒/吸烟、HIV、久坐的生活方式、吸烟和其他特发性疾病等危险因素，这种疾病的发生有所加剧。大量老年人口的免疫力较低，容易发生肺动脉高压和相关疾病，这是肺动脉高压市场增长的重要驱动力。尽管肺动脉高压的起始年龄为 45 岁，但经常观察到它发生在 60 岁以上的人群中。政府的举措，如 2002 年《罕见疾病法》和 1983 年《孤儿药物法》（ODA），预计也将支持市场增长。这是促进道德上使用和分配孤儿药的两个最重要的法案。孤儿药的开发由国家罕见疾病组织推动，市场份额较小。该研究的进一步重要发现表明：根据药物类别，前列环素及其类似物预计将在预测期内实现可观的增长。预计这些药物的销售将大幅增长，主要是由于口服前列环素药物的预期增长。北美地区在 2018 年的收入方面占据了 58.3% 的市场份额，这归功于对开发和分销高质量治疗药物的支持性基础设施。此外，获得肺动脉高压治疗剂的补偿支持了这一增长。

由于其庞大的人口基础，快速的经济发展以及不断完善的医疗保健系统，预计亚太地区将在预测期内以 6.7% 的年复合增长率增长。此外，导致肺动脉高压发展的艾滋病等疾病的高负担促进了区域市场的增长。世界肺动脉高压市场的主要参与公司包括葛兰素史克公司、Actelion 制药有限公司、联合治疗公司、辉瑞公司。市场是整合的、竞争激烈的。由于价格之间的高度依赖性，这些公司在享有好处时，将会遇到其他公司的障碍。

九　2019 ~2024 年世界类风湿关节炎药物市场的年复合增长率将达到10.5%[①]

在 2019 ~ 2024 年的预测期内，预计世界类风湿关节炎药物市场的年复

① Grand View Research, Inc. , Rheumatoid Arthritis Drugs Market to Record a CAGR of 10.5 Percent During 2019 – 2024, April 3, 2019.

合增长率将接近10.5%。推动类风湿关节炎药物市场增长的关键因素是新的生物仿制药的推出、关节炎发病率的上升和生物药物的接受度的提高。它通常会影响老年人口，女性患病率要高于男性。近年来，全球已经开发出几种治疗风湿性关节炎症状的治疗剂和药物。类风湿关节炎药物管理通常与高费用相关。最常用的药物是改善疾病的抗风湿药、非甾体抗炎药（NSAID）、皮质类固醇和生物药物。因此，由于这些药物的成本相当高，生物制剂在收益方面占据了显著的市场份额。但是，类风湿关节炎药物和非甾体抗炎药的成本低于生物制剂。因此，预期越来越多的可获得性和对安全药物的认识将促进世界类风湿性关节炎药物市场的增长。

主要的市场趋势如下。①在预测期内，按药物类别划分的非甾体抗炎药（NSAID）细分市场预计将是最大的细分市场。非甾体抗炎药被广泛用于风湿病的对症治疗。DMARDs也被认为是治疗中度至重度类风湿关节炎的“金标准”。与简单地缓解症状的传统DMARD（例如NSAID）不同，生物药物在类风湿关节炎的治疗中更有效。②由于医疗保健支出的增加，预计亚太地区市场在预测期内将实现高速增长。此外，中国和印度的低成本生产导致生产设施的增加，吸引了世界各地的制药和生物技术巨头公司来到亚太地区。预计在预测期内，类风湿关节炎疾病发病率的增加也将刺激该地区的市场。③竞争格局，主要参与公司正在生产大多数的类风湿关节炎药物产品。该行业的市场领导公司已经在市场中确立了自己的地位，这些生产公司提供了广泛的产品范围，并且在世界范围内拥有广泛的分销系统。此外，亚太地区的新兴市场正在见证小型公司的进入。

十　2025年世界血浆蛋白治疗剂市场规模预计将达到331.5亿美元①

根据Grand View研究公司的最新报告，世界血浆蛋白治疗药物市场规

① Reportlinker, Global Plasma Protein Therapeutics Market Size Expected to Reach USD 33.15 Billion by 2025, March20, 2019.

模预计到2025年将达到331.5亿美元。预计在预测期内年复合增长率将达到4.8%。这种增长可归因于出血和其他罕见疾病的高发率，研发投资的增加以及神经病学和其他治疗适应证中血浆衍生产品的使用增加。血浆衍生的蛋白主要用作治疗慢性罕见疾病的替代治疗剂。依赖这些药物的患者需要在其一生中定期注射或输注。虽然有250多种血浆产品，但主要参与公司通常依靠免疫球蛋白（IG）、白蛋白和因子VIII来推动销售和实现盈利。

在过去的十年中，血浆蛋白治疗剂市场已经获得了丰厚的利润，其中免疫球蛋白占据了主要的市场份额。对血浆衍生产品的需求是由疾病流行率的上升、老年人口的增加和新兴市场药物获取渠道的改善推动的。

预计新的血浆衍生治疗剂的批准将进一步推动需求。中国和巴西等发展中国家为世界市场巨头提供了新的投资途径。

该报告的进一步重要发现表明：德国引领欧洲市场，得益于对血液成分的高需求，关键参与公司的存在，大量的可用药人群和不断上升的疾病流行率；由于原发性免疫缺陷的普遍存在，新适应证的使用和易于给药，预计免疫球蛋白的需求将继续增加。

基于非血浆的重组治疗剂可能与因子VIII市场中的血浆衍生产品竞争，亚太地区预计将在预测期内出现高增长，这主要得益于医疗保健支出的增加以及大量患者的存在。药物生产成本低，诊断技术得到改进。在血浆蛋白治疗剂市场中运营的主要参与公司包括CSL Behring公司、Grifols、S. A. 公司、Shire公司、Octapharma AG公司、Biotest AG公司和Kedrion S. P. A. 公司等。区域扩张、广泛的产品组合以及并购是这些公司采用的主要战略举措。

十一　2028年世界青光眼治疗和治疗剂市场预计将保持强劲增长[①]

多年来，患者对更好的青光眼治疗方法的需求一直在增长。透明市场

① Financialnewsmedia. com. Glaucoma Treatment, Therapeutics Market Projects to Have Strong Growth Rate Through 2028, May 8, 2019.

研究公司最近发表的两份报告显示，这种不断增长的世界消费者需求预计将为治疗和治疗剂市场带来不断增长的收入，并希望为消费者提供更好的解决方案。

2017 年，世界青光眼治疗剂市场价值为 59.326 亿美元，预计到 2026 年将达到 76.598 亿美元，2018 ~ 2026 年的年复合增长率为 2.9%。糖尿病患病率和发病率的增加，老年人口的增加，医疗保健基础设施的改善，组合治疗剂的引入以及认识项目的数量激增，有可能在预测期内推动世界青光眼治疗剂市场的发展。报告进一步指出：“北美将继续是世界青光眼治疗市场的主要收入来源……此外，北美的经济活力和医疗保健部门的巨大投资意味着该地区将继续成为世界青光眼治疗市场的主要收入来源。”

在该市场上活跃的医疗保健公司包括 Guardion 健康科学公司、Boston 科学公司、Ocular 治疗剂公司、Bausch 健康公司、Allergan 公司。

就最终用户而言，医院领域在 2017 年占据了世界青光眼治疗剂市场的主要份额。该领域很可能在预测期内保持领先地位。由于医院的治疗成本较低，因此大量人口更喜欢先去医院而不是专科诊所进行治疗。流动手术中心不是治疗青光眼的首选。北美和欧洲在 2017 年合计占 50.2% 的市场份额。由于老年人口的增加，人们对青光眼的认识逐步提高，可获得补偿以及完善的医疗保健基础设施，预计在预测期内，北美将继续主导市场，亚太市场将以较高的年复合增长率增长。

十二　2023年世界多发性硬化症药物市场的年复合增长率将接近6%[①]

从世界来看，由于遗传和环境因素，多发性硬化症的患病率增加。自身免疫性疾病如Ⅰ型糖尿病和某些感染如传染性单核细胞增多症的流行也增加

① Reportlinker, Multiple Sclerosis Drugs Market Will Register a CAGR of Close to 6 Percent by 2023, March 14, 2019.

了多发性硬化的风险。2008 年，多发性硬化症的世界患病率估计为 0.031%，2013 年增加至 0.032%。多发性硬化症在欧洲的患病率也很高。高疾病流行率推动了对药物的需求，从而推动了市场的增长。分析师预测，到 2023 年，多发性硬化症药物市场的年复合增长率将接近 6%。

市场概况：随着多发性硬化症患病率的增加，对强大的疾病治疗药物渠道的需求很大。目前治疗多发性硬化症的药物减缓了疾病的发展，但在许多患者中，对药物的反应通常是不稳定的和次优的。

正在进行的新药研发已经开发出一种治疗多发性硬化症的强大药物管道。因此，预计公司的药物开发计划将在预测期内潜入市场。

多发性硬化症药物的副作用从轻微到严重不等。因此，与这些药物相关的副作用可导致患者依从性降低，并可能阻碍世界多发性硬化症药物市场的增长。

十三　2026 年世界肾脏贫血治疗市场的年复合增长率将达到 7.5%[①]

慢性肾病患病率的上升是促进肾性贫血治疗市场增长的关键因素。根据持久性市场研究公司（PMR）的最新研究：世界肾脏贫血治疗市场在 2017 年的价值达到 4115.0 万美元。肾性贫血治疗报告进一步预测了 2018 ~ 2026 年的巨大增长潜力，年复合增长率为 7.5%。

（一）肾脏贫血治疗市场：关键的驱动力

世界慢性肾病的负担持续增加，这推动了肾性贫血治疗市场的增长。根据国家肾脏基金会的统计，世界 10% 的人口患有慢性肾脏疾病（CKD），这反过来增加了肾病贫血治疗的患者人数。慢性肾病的病例越来越多，糖尿病和高血压的患病率越来越高，将在不久的将来推动肾性贫血治疗市场的增

① Persistence Market Research Pvt. Ltd., Renal Anemia Treatment Market Will Reach at a CAGR of 7.5 Percent Through 2026, February 15, 2019.

长。此外，新型低氧诱导因子（HIF）稳定剂的开发和鉴定可能会在不久的将来改变肾性贫血治疗的途径。临床试验中的低氧诱导因子稳定剂具有前景，因为它们通过新的作用机制为肾性贫血治疗提供独特的方式。目前有4种HIF稳定剂正在进行第2/3期临床试验（罗沙司他、达普司他、伐达度司他和molidustat），所有这些都是口服药物，这将为肾性贫血治疗市场在预测期内的增长创造巨大的机会。

另外，肾性贫血治疗药物价格昂贵。即使是良好的健康保险福利也不一定涵盖生物制剂，因此，自付费用太高。因此，肾性贫血治疗的高成本是限制生物制剂寻求治疗率的最大因素，进而对肾性贫血治疗市场的增长产生负面影响。此外，用红细胞生成刺激剂（ESAs）治疗长期肾性贫血与全身血压升高和癫痫发作有关。高血压是静脉内使用红细胞生成刺激剂的常见副作用。红细胞生成刺激剂的明显副作用是增加血栓栓塞并发症的风险。此外，在患有癌症的患者中，红细胞生成刺激剂导致肿瘤生长。与使用红细胞生成刺激剂相关的许多副作用可能在不久的将来阻碍肾性贫血治疗市场的增长。

红细胞刺激剂和铁补充剂组合用于肾性贫血治疗。在这两种产品类型中，红细胞刺激剂由于其高价格而被估计在世界肾性贫血治疗市场中获得主要的市场收入份额。治疗肾性贫血的药物在市场上有口服和注射两种形式。然而对于肾性贫血的治疗，医生更优选注射药物，因此，就收入而言，通过给药途径，肠胃外部分占市场的大部分份额。在所有分销渠道中，医院药房预计将成为最具优势的细分市场，其次是零售药店。邮购药店部分预计将在肾性贫血治疗市场中快速增长。

（二）肾脏贫血治疗市场：主要的参与公司

在肾性贫血治疗市场中经营的一些主要参与公司是Amgen公司、F. Hoffmann-La Roche有限公司、辉瑞公司、诺华AG公司、强生服务公司、Teva制药工业公司、AMAG制药公司、Rockwell医疗公司、Afbia治疗剂公司、Vifor制药管理有限公司等。辉瑞公司是肾性贫血治疗处方药的领导者之一，最近获得了美国FDA批准用于治疗肾性贫血的生物仿制药。2018年

12 月，罗沙司他（Roxadustat）成为中国第一个批准用于贫血患者的口服低氧诱导因子－PHI 药物。它由阿斯利康公司与纤维原（中国）医疗技术开发有限公司合作生产。经过批准，阿斯利康公司为中国的肾性贫血开启了巨大的市场潜力。

十四　2024年世界牛皮癣治疗剂市场将达到121亿美元[①]

根据透明市场研究公司（TMR）的报告：在 2016～2024 年的预测期内，世界银屑病治疗剂市场的年复合增长率预计为 5.10%。该市场在 2015 年的价值为 78 亿美元，预计到 2024 年将达到 121 亿美元。

预计北美将成为世界牛皮癣治疗剂市场的领先地区。这可能是由于诊断出患有这种疾病的人数呈螺旋形上升。在不同的产品中，白介素阻滞剂部分预计将占主导地位。该细分市场的受欢迎程度可能归因于靶向选择性蛋白质的能力。

市场概况如下。①自身免疫性疾病发病率上升推动市场增长，银屑病在很大程度上是由自身免疫状况以及遗传和环境因素造成的。随着越来越多的疾病被归因于自身免疫性疾病，人们对银屑病的认识更加深刻。对这种疾病的筛查和诊断也越来越受到重视，这有望在未来几年推动世界银屑病治疗市场发展。②生物仿制药的发展趋势，一些供应商正在投资研发用于牛皮癣治疗的生物仿制药。肿瘤坏死因子－α 和白细胞介素－17 抑制剂在银屑病的治疗方案中有很大的潜力。生物仿制药和生物制剂在这一领域的引入预示着世界银屑病治疗剂市场在预测期内的良好增长。预计在未来几年中，将资源投入生物仿制药中的供应商将在该市场上看到大量机会。③高昂的成本可能会阻碍市场发展。

目前，没有永久性有效的牛皮癣治疗方案。可用的选项要么是暂时的，

---

① Transparency Market Research, Psoriasis Treatment Market to Gain $12.1 Billion by 2024, June 14, 2019.

要么是有症状的。这些解决方案目前也非常昂贵。药物开发的成本效益不高，目前疗效不佳。目前的治疗方案还会导致一些危险的副作用，如肝和肾损害、高血压和癌症风险增加等。这些因素会在一定程度上阻碍银屑病整体治疗剂的发展。然而，生物仿制药的引入有望在未来几年在一定程度上消除银屑病治疗市场的限制。

根据透明市场研究公司的报告，世界银屑病治疗市场预计将在未来几年出现良性竞争。牛皮癣治疗剂市场中的供应商正在将资源分配到牛皮癣治疗解决方案的研发中。

杨森生物技术有限公司（Janssen Biotech）于 2017 年 7 月获得美国 FDA 对一种名为 tremfya（或 guselkumab）的新药的批准，该新药旨在治疗中度至重度斑块型牛皮癣的成年人。预计此类解决方案的进步将在未来几年内刺激牛皮癣治疗市场的发展。在此之后，现有参与公司之间的竞争必将在未来几年内升级。

世界牛皮癣治疗剂市场中知名企业采用的另一项关键策略是并购。有几家公司参与了此举，以扩大其地域影响并扩大其治疗剂的选择。例如，2017 年 2 月，Valeant 制药公司和阿斯利康公司（AstraZeneca）合作获得了 FDA 批准的用于治疗牛皮癣的溴达单抗注射剂。世界银屑病治疗剂市场的主要供应商有辉瑞公司、Leo 制药公司、Biogen 公司、阿斯利康公司和 AbbVie 公司。

十五　2027年世界鼻腔喷雾装置市场预计将产生242.64亿美元的收入①

患有过敏性和非过敏性鼻炎、中枢神经系统疾病等疾病的患者倾向于采用鼻喷雾剂，因为这些具有优于其他形式的药物释放系统的某些优点。这些

① Reportlinker, Global Nasal Spray Devices Market Expected to Generate $24264 Million by 2027, April 15, 2020.

优点中的一些是良好的患者依从性、便利性、受控释放等。世界鼻腔喷雾装置市场设计采用这种用于通过鼻子输送药物的装置。它们含有溶液、悬浮液等形式的治疗活性成分。预计世界鼻腔喷雾装置市场到 2027 年将产生 242.64 亿美元的收入，预计 2019～2027 年的年复合增长率将达到 6.78%。

（一）市场的洞察

越来越多的呼吸困难患者可以观察到慢性阻塞性肺疾病（COPD）在呼吸系统疾病中的流行。因此，世界呼吸系统疾病的日益流行为鼻腔喷雾装置创造了有利可图的采用基础，从而推动了市场增长。

由于仿制处方药的费用较低，仿制药的采用越来越多，这也是世界市场增长的主要影响因素。

严格的规定阻碍了鼻腔喷雾装置市场的发展。美国 FDA 或公司自己报告的各种产品召回事件在预测期内是世界鼻腔喷雾剂市场发展的一个制约因素。

（二）市场区域分析

世界鼻腔喷雾装置市场在地理上分为四个主要区域，包括北美、欧洲、亚太地区和世界其他地区。到 2027 年，北美鼻腔喷雾装置市场将占据世界市场的主导地位，因为随着哮喘和其他呼吸系统疾病的高发病率，政府在开发鼻喷雾产品方面的投资有可能增加。

（三）市场竞争公司分析

在世界鼻腔喷雾装置市场上的主要竞争公司有葛兰素史克公司、西普拉公司、Adapt 制药公司（由紧急生物解决方案公司收购）、太阳制药工业有限公司、迈兰公司、辉瑞公司、贝希科制药公司、阿普特克斯公司、默克公司、赛诺菲－安万特股份有限公司、贝克顿－迪金森公司和山德士国际有限公司（诺华公司的子公司）、特瓦制药工业有限公司、希克马制药有限公司和 Allergan 公司。

十六　2024年世界先进的药物释放系统市场年复合增长率将达到5%[①]

在2019～2024年的预测期内，世界先进的药物释放系统市场年复合增长率预计为5%。推动这一市场的因素包括新药和生物制剂的开发，人类生物学和疾病的了解以及研发支出的增加。

先进的药物释放系统更侧重于根据患者要求维持药物的生物利用度以及药物释放速率。基因工程导致开发新的策略，以提供生物技术衍生的蛋白质、肽药物和化学免疫缀合物。

先进的药物和生物制剂在较小的药物剂量下具有较高的效率，因此它们必须得到先进的药物释放系统的支持，才能从药物中获得最大的功效。除此，药物洗脱植入物有可能提供不间断的治疗和减少药物剂量（因此不需要频繁给药）。先进的缓释系统有助于治疗靶向肠道感染和其他疾病。

世界各地日益增加的疾病负担，控释药物释放系统在应对各种疾病方面已被证明有效，以及先进药物释放系统的创新公司和通用名药参与公司不断增长的研发趋势正在推动市场发展。

先进的释放系统的概念是提高药物的功效。采用先进的释放系统，提高药物的生物利用度，减少不良反应和副作用，提高药物稳定性。

（一）主要的市场趋势

按类型划分的口服释放系统以保持最高的年复合增长率。世界先进药物释放系统市场的口服给药系统部分预计将在预测期内创下最高的年复合增长率。

在过去十年中，口服控释药物释放系统由于其灵活性、减少给药频率和更好的患者依从性而受到广泛关注。上述因素，加上口服控释药物释放系统的合理成本，使市场渗透更加容易。

---

① Research And Markets, Global Advanced Drug Delivery Systems Market to 2024, MARCH 26, 2019.

北美目前在先进的药物释放系统市场上占据主导地位，并有望在未来几年内继续保持其重要地位。美国在北美地区占据最大的市场份额。药理学的进步和新型药物释放系统的日益普及预计将在预测期内推动美国的药物释放系统市场的发展。

（二）竞争格局

先进的药物释放系统市场具有中等竞争力。这个市场的一些主要参与公司有波士顿科学公司、百特国际公司、3M 公司、雅培公司和葛兰素史克公司。由于药物释放系统的持续技术进步，未来可能会有新的公司进入市场。

十七　2020年世界疫苗市场的总收入预计将达到592亿美元①

根据 Zion 市场研究公司的一项调查，2020 年世界疫苗市场的总收入预计将达到 592 亿美元，这将是 2014 年市场规模的近两倍（322 亿美元）（见图 1）。到 2020 年，美国疫苗的总市场规模将达到 180 亿美元。

世界范围内传染病的增加，包括流行性感冒、猪流感、肝炎、结核、白喉、埃博拉、脑膜炎球菌和肺炎球菌疾病，是市场增长的主要驱动力之一。疫苗，也称为免疫接种，将一种弱化形式的疾病注射到人体内，使人体开始产生抗体或对疾病产生免疫力。有效的免疫已经根除了脊髓灰质炎和天花等许多死亡率高的疾病。美国 FDA 最近批准了第一种登革热疫苗，登革热主要流行于热带和亚热带地区。疫苗也可以在感染发生后作为治疗手段使用。这种疗法最近在癌症免疫肿瘤学中变得流行，在 2014 年占免疫疗法的 15%。尽管出现了反疫苗运动，疫苗市场仍在继续增长。在美国，尽管有越来越多的证据证明疫苗的安全性和有效性，但这一运动在人们之间形成了一

① Zion Market Research, Global Vaccine Market Revenue to Reach $59.2 Billion by 2020, May 20, 2019.

种对疫苗的不信任气氛。世界卫生组织将疫苗犹豫不决列为2019年公共卫生面临的十大威胁之一。

肌内注射的疫苗主导着世界疫苗市场，占2017年世界收入的一半以上。其他给药途径包括皮下、口服和静脉注射。

预计到2024年，北美疫苗市场将产生超过240亿美元的收入，主导世界市场。欧洲和亚洲紧随其后，预计分别实现163亿美元和128亿美元的收入。预计在2014～2024年，美国的儿童和成人疫苗市场都将增长（见图1）。成人疫苗市场预计将从2014年的44亿美元增长到2024年的117亿美元。同样，儿童疫苗市场也将显示出类似的增长，从2014年的61亿美元增长到2024年的138亿美元。葛兰素史克公司、默克公司、赛诺菲公司和辉瑞公司等大型制药公司引领着世界疫苗市场。

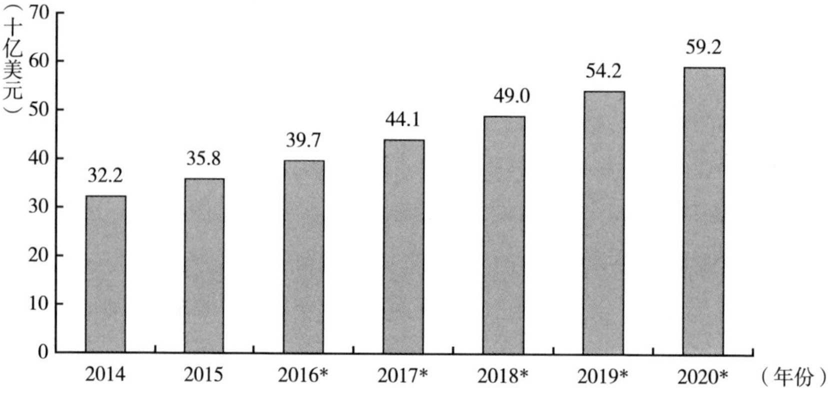

图1　2014～2020年世界疫苗市场的收入

注：* 2016～2020年数据为预测数据。
资料来源：Zion市场研究公司。

十八　2025年世界霍乱疫苗市场规模将达到2.07亿美元[①]

世界霍乱疫苗市场在2017年产生了6500万美元的收入，预计到2025

① Reportlinker, Global Cholera Market Projected to Reach $207 Million by 2025, April 5, 2019.

年将达到2.07亿美元，2018～2025年的年复合增长率为15.6%。

霍乱是一种急性肠道感染，可引起迅速脱水性腹泻疾病，这是由霍乱弧菌的产毒血清群引起的。这种疾病与贫困、卫生条件差和缺乏清洁饮用水密切相关。在历史上，毁灭性的霍乱暴发导致数百万病例和数十万人死亡。目前，霍乱在许多国家仍然是重要的公共卫生问题，在一些地区作为地方病出现，在一些低收入和中等收入国家成为重大流行病。霍乱疫苗可用于控制霍乱，主要推荐给旅行者和生活在霍乱疫区的人们。由于缺乏适当的卫生设施和食用受污染的食物，以及对霍乱预防保健的认识的提高，对霍乱疫苗的需求有所增加。此外，新型霍乱疫苗新方法的开发进一步推动了市场的增长。然而，不利影响的风险和获得监管机构批准的时间预计会阻碍市场的增长。相反，未开发市场中的高增长机会预计将为市场参与公司提供可观的盈利机会。世界霍乱疫苗市场是按产品、最终用户和地区划分的。以产品为基础，市场细分为杜库拉尔（Dukoral）、尚乔（Shanchol）、瓦克斯科拉（Vaxchora）、尤维肖（Euvichol）和尤维肖－普勒斯（Euvichol-Plus）等。根据最终用户，市场可分为医院和诊所、研究和学术实验室等。基于地区，市场遍及北美、欧洲、亚太和拉丁美洲。

十九　2025年世界皮下生物制剂市场预计将达到1710亿美元①

根据nGageIT.设备制造公司的最新报告，世界皮下生物制剂市场在2017年产生了990亿美元，预计到2025年将增长到1710亿美元（见图2），在2017～2024年的预测期内年复合增长率为11.5%。

生物制剂的皮下给药是一个快速增长的市场，受到了世界研究人员和生产公司的极大关注。目前，生物制剂在整个制药市场中占有25%的份额。

① Elizabeth Doughman, Global Subcutaneous Biologics Market Projected to Reach $171 Billion By 2025, April 18, 2019.

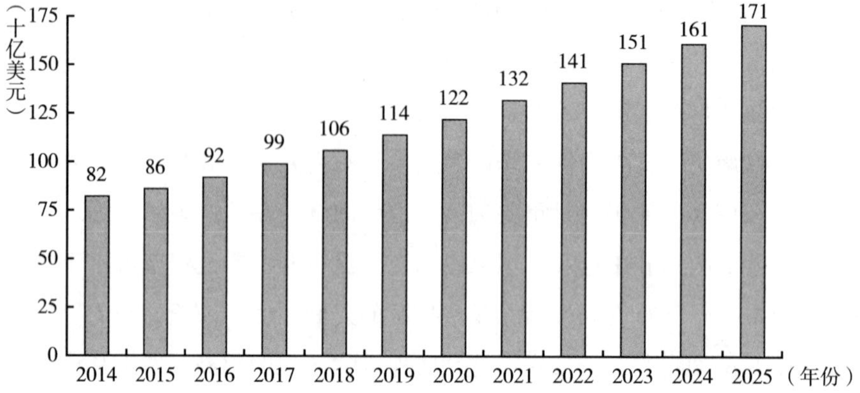

图 2　2014～2025 年预计的世界皮下生物制剂市场

资料来源：nGageIT，Roots Analysis & Statista 2018。

然而，生物制品市场上的大多数治疗剂是为静脉给药而设计的，这需要临床给药环境，并且具有较高的总体开发和治疗成本。因此，皮下给药途径已经成为生物制剂释放的一种有希望的方法。皮下生物制剂市场上的产品提供了许多优于其他输送途径的优势，包括减少用药时间、减少患者在医疗机构的时间、降低医疗成本和提高治疗依从性。

目前有几种经批准的只能静脉给药的治疗剂正在重新配制和评估，以便进行皮下给药。

皮下药物的生物制剂途径通过使用大量可佩戴式注射器、自动注射器、笔式注射器、无针注射器、预填充注射器，对于疫苗、蛋白质、抗体、肽和其他大分子和复杂分子等生物制剂的给药非常有效。

黏性生物制剂在慢性疾病治疗中的应用，自我用药的增长趋势以及对高浓度皮下生物制剂的需求，都是推动皮下生物制剂市场增长的因素。

皮下生物制剂市场根据药物释放系统和应用进行细分。基于药物释放系统，市场可分为预装注射器、可佩戴式注射器、自动注射器和药物重构释放系统。根据用途，市场可分为克罗恩病、类风湿性关节炎、乳腺癌、白血病、淋巴瘤和牛皮癣。就地理位置而言，在美国和加拿大等国家，医疗保健支出巨大，风湿性关节炎和乳腺癌的患病率很高。据 Coherent 市场洞察公司的报道，欧洲的五个国家（德国、法国、英国、意大利和西班牙）显示出巨大的市场增长潜力，而亚太和拉丁美洲等发展中地区则对便捷的药物释放形式有很高的需求。

二十 2023年世界抗冻蛋白质市场的年复合增长率将超过30%[①]

癌症、糖尿病和自身免疫性疾病等慢性病的患病率不断上升，可归因于污染的加剧和久坐不动的生活方式。慢性疾病的发病率不断增加，对制药业创造新药线索的非传统来源的新型治疗剂的需求日益增长。各组织为增加非传统药物来源的受欢迎程度而采取的日益增多的研究举措，正在推动世界抗冻蛋白市场的增长。癌症研究人员面临着获取储存癌症患者活检过程中提取组织的挑战。无论采用何种冷冻方法和储存温度，向癌症组织样品中添加抗冻蛋白都可以提高解冻后的生存能力。我们的分析师预测，到2023年，世界抗冻蛋白市场的年复合增长率将超过30%。

市场概况如下。①随着电子商务渠道的日益普及，零售商利用在线平台扩大它们的地理覆盖面和消费者基础。网上购物的便利性和电子商务平台安全性的提高也促进了世界抗冻蛋白市场的增长。小型和本地市场参与公司通过在全国范围内在线提供其产品，成功地接触到高端客户。更广泛的互联网渗透、消费者对网上零售的信任、更快的运输服务以及消费者选择的分散化，在市场增长中发挥着重要作用。这些优势为供应商创造了一个有利可图的销售渠道。预计这将推动预测期内对抗冻蛋白的需求。②缺乏训练有素的实验室专业人员，从各种动物来源中提取抗冻蛋白并将其注入目标产品中需要生物技术和基因工程工具。为了获得可靠的结果，涉及生物技术和基因工程的实验需要对结果进行准确的分析和解释。实验结果与实验假设的相关性至关重要。因此，涉及蓝色生物技术的实验必须由熟练人员进行。大多数实

① Research And Markets. com. Antifreeze Proteins Market Will Register a CAGR of Over 30 Percent by 2023, June 5, 2019.

验室技术人员并不了解实验室设备的最新技术及其优势。缺乏专业知识会增加错误结果的可能性。这将对预测期内的市场增长产生不利影响。③竞争格局，市场似乎是分散的。几家公司的存在，包括 A/F 蛋白质公司和卡尼卡公司，使得竞争环境相当激烈。电子商务渠道的日益普及和慢性病的日益流行等因素，需要创新生物技术工具，这将为抗冻蛋白生产公司提供重要的增长机会。该市场一些主要的参与公司还有 Kodera Herb Garden 有限公司、赛罗纳生物化学公司和联合利华有限公司。

二十一　2023年世界注意力缺陷多动症药物市场的年复合增长率将达到6%①

儿童多动症发病率的上升是引发注意力缺陷多动障碍药物市场增长的关键因素之一。多动症阳性症状的患者人数的增加正在推动对多动症治疗的需求。根据疾控中心的数据，2016 年大约 9.4% 的 2 ~ 17 岁儿童被诊断患有注意力缺陷多动症（ADHD）。因此，大量患者（年龄在 12 ~ 17 岁）依赖药物治疗。随着该疾病的日益流行，预计这一数字还会进一步上升，从而促进预测期内市场的增长。分析师预测，到 2023 年，注意力缺陷多动障碍药物市场的年复合增长率将达到 6%。

市场概况如下。①政府支持的增加，全球注意力缺陷多动症药物市场目前见证了政府为提高对该疾病认识和资助精神健康治疗领域药物开发的举措数量的增加。此外，疾病控制和预防中心支持国家注意力缺陷多动症资源中心，这是一个旨在帮助患有注意力缺陷多动症的儿童和成人的项目。②NRC 的项目为父母提供信息、资源和建议，帮助他们的患有注意力缺陷多动症的孩子。③患者对注意力缺陷多动症治疗缺乏依从性，神经兴奋剂药物的药理学（药物）治疗被认为是治疗儿童和成人的注意力缺陷多动症的黄金标准。

---

① Reportlinker, ADHD Drugs Market Will Register a CAGR of Almost 6 Percent by 2023, June 13, 2019.

然而，与神经兴奋剂药物（如哌甲酯和安非他明）相关的多种给药方案，以及及时给药和治疗持续时间长，导致患者对这些药物的依从性降低。这导致注意力缺陷多动症药物的消费下降，从而阻碍了市场的增长。④竞争格局：该市场似乎高度分散，包括强生服务公司和 NEOS 在内的数家公司的存在使得竞争环境相当激烈。Amneal P. 制药公司、礼来公司和武田制药有限公司是参与的一些主要公司。

二十二　2024年世界孤儿药物的销售额将达到2620亿美元①

据 EvaluatePharma 公司近期发布的报告：2017 年，世界针对罕见疾病的孤儿药物的销售额达到 1250 亿美元。到 2024 年，该数字预计将达到 2620 亿美元（见图 3），年复合增长率为 11.3%。

在美国，罕见疾病定义为影响不到 20 万名患者的医疗状况。大多数是遗传的，在生命早期出现。罕见疾病的例子包括囊性纤维化、神经胶质瘤、胰腺癌、急性髓性白血病、多发性骨髓瘤、肾细胞癌、卵巢癌和杜氏肌营养不良症。

根据国家转化科学促进中心遗传和罕见病信息中心（GARD）的数据，2500 万～3000 万美国人患有罕见疾病。已鉴定出 7000 多种罕见疾病，其中 95% 是没有经过批准的治疗。

由于这些药物的市场很小，因此在许多情况下，参与这种药物开发的制药公司有资格获得政府提供的财政激励。1983 年的《孤儿药物法》鼓励在美国开发孤儿药，提供了为期 7 年的减税期以及针对特定罕见疾病销售药品的专有权。欧洲、日本、新加坡和澳大利亚也有类似的立法，以鼓励开发治疗罕见疾病的药物。

自 1983 年《孤儿药物法》通过以来，上市的孤儿药数量激增。1983 年只有一种药物被认定为孤儿药，第二年数量就跃升至 40 种。2007 年，市场

① Elizabeth Doughman, Orphan Drug Sales to Reach $262 Billion by 2024, April 8, 2019.

上的孤儿药数量达到 121 种。如今，已有 600 多种孤儿药获得美国 FDA 的批准。根据市场观察（MarketWatch）公司的数据，北美目前在孤儿药市场增长方面居世界首位，其次是欧洲、亚太地区和世界其他地区。该报告估计，到 2024 年，孤儿药将占处方药销售额的 21.7%，而今天这一比例为 17%。预计 2024 年的增长率是非孤儿药市场预测增长率的两倍。市场观察公司指出，占据孤儿药物市场近 50% 份额的主要市场参与公司是诺华公司、霍夫曼罗氏有限公司、塞尔金公司、百时美施贵宝公司、夏尔制药公司、辉瑞公司、索纳菲公司和拜耳医疗保健公司。

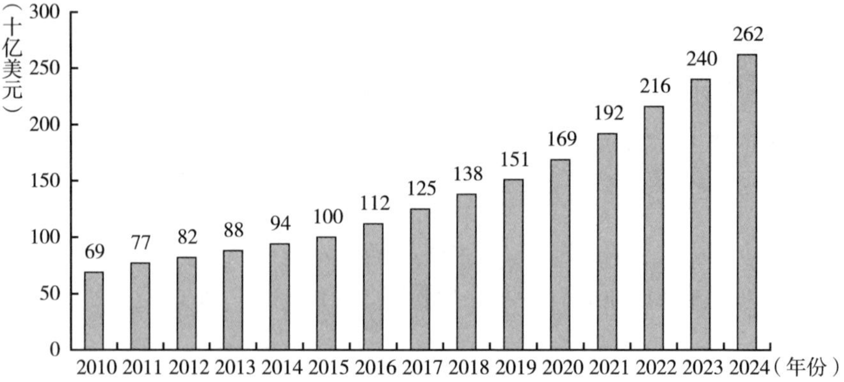

图 3　2010～2024 年世界处方孤儿药物的销售额预测

资料来源：市场观察（MarketWatch）公司。

二十三　2023年世界进行性核上麻痹治疗药物市场的年复合增长率将达到5%①

在预测期内，不断增加的战略联盟有望触发进行性核上麻痹治疗药物市场的增长。市场上的供应商正在结成战略联盟，共同开发药物并使其商业

① ReportBuyer, Progressive Supranuclear Palsy Therapeutics Market Will Register a CAGR of 5 Percent by 2023, May 23, 2019.

化，以将药物转让给大型制药公司，包括学术机构和一些缺少先进生产工艺的小型制药公司。分析人士预测，到2023年，进行性核上麻痹治疗药物市场的年复合增长率将为近5%。

市场概况如下。①战略联盟的增加可能会导致研究的更快完成，从而导致治疗剂的更快批准，从而导致预测期内世界进行性核上麻痹治疗剂市场的增长。②不良副作用，这些药物强烈的不良副作用的存在是目前阻碍市场增长的主要挑战。③竞争格局，市场似乎高度集中，并且有一些市场参与公司。

B.8
世界糖尿病药物开发情况及国际市场概况

徐铮奎*

摘　要： 糖尿病业已发展成为世界一大病种。全球糖尿病人总数超过4亿人且仍在不断增长。迄今为止全球已开发上市的降糖药共有12类近百个品种。2019年国际降糖药物市场规模达700多亿美元，国外有研究者预期到2030年国际医药市场上降糖药物总销售将达950亿美元或更高。

关键词： 糖尿病　降糖药物　胰岛素　国际医药市场

与其他流行性疾病不同的是，糖尿病是一种早在史前时期就被当时人们所认识的疾病。如据西方考古人员报道，在尼罗河畔发掘出土的已有3000年历史的古埃及“泥版”上用楔形文字记载了一些医学古文献，其中提到有些人的尿液里含有糖分，在这些人小便后形成的地上尿液聚集处常常会吸引很多蚂蚁前来舔食，当时古埃及人称这种带甜味的尿液为“蜂蜜尿”。无独有偶，我国古代中医文献里也有类似记述。此外，古印度、古阿拉伯及古希腊的医学文献也有有关病人尿液带甜味（糖尿）的记载。但限于当时医学诊断手段落后，医者并不了解为何这些病人尿液带有糖的病理学原理。但毫无疑问，古时医者很早就知道这是一种疾病的表征。古希腊医生称这种病

* 徐铮奎，无锡市医药科技情报站原情报翻译。

为 diabetes mellitus（糖尿病），该医学名字被人们沿用至今。

直到20世纪30年代，西方医学研究人员哈罗德·希姆沃思医生首先提出：糖尿病可划分成两类即Ⅰ型糖尿病和Ⅱ型糖尿病。前者为先天性，后者为生活/饮食习惯（不良）所导致。临床统计数字表明：Ⅰ型糖尿病约占全体糖尿病人总数的4%～5%，而绝大多数糖尿病人均为Ⅱ型糖尿病。糖尿病在20年前主要集中在欧美发达国家，但过去15年里，中国、印度、巴西、俄罗斯、墨西哥、土耳其和富裕的中东－海湾国家也成为糖尿病高发国家。总体上糖尿病发病率占这些国家成人的12%左右。而农村地区及生活艰苦的最不发达国家一般来说很少有人患糖尿病。虽然糖尿病并非致死性疾病，但它的并发症非常可怕，其中包括：糖尿病视网膜黄斑退化症（此病可导致失明）、糖尿病心血管病（如中风和心肌梗死等）、恶性肿瘤、糖尿病足部溃疡、糖尿病肾病等。这些疾病都会影响人的寿命以及导致生命质量严重下降，故糖尿病必须尽早加以治疗。

一　糖尿病治疗药的开发沿革

在19世纪以前糖尿病无药可治，故绝大多数糖尿病人都会死于糖尿病并发症。直到20世纪初西方医学研究人员通过给糖尿病实验动物模型（狗）体内注射狗胰岛素并立即发现这种方式可显著降低其血糖水平，从而确认：胰岛素可有效治疗高血糖症。此后，欧洲国家制药厂商率先从屠宰场里的大量下脚料——牛胰腺里分离出牛胰岛素结晶并将其作为药品注入糖尿病人体内，从而有效控制其餐后高血糖现象。牛胰岛素即为全球首个真正能有效降血糖的药物。直到20世纪80年代动物胰岛素制剂（主要是牛胰岛素和猪胰岛素两种）一直是世界上最畅销头号降糖药。80年代初，美国科学家率先利用重组DNA技术成功地生产出全球第一支“重组DNA人胰岛素”产品——Humulin，因其蛋白质结构接近人体自然产生的胰岛素，故注入人体后不会产生副作用。重组DNA胰岛素的降糖作用非常优异，且无副作用，故上市后很快就受到全球糖尿病人的欢迎。重组DNA人胰岛素Humulin在其销售高峰年代曾创下年销售 50 多亿美元的骄人业绩。此后，西方制药厂商又相继开发上市了多种“重组 DNA 人胰岛素”新产品如 Humulog（精蛋白锌重组人胰岛素）及最近几年刚上市的 Lantus（甘精胰岛素）等胰岛素生物类似物新产品，尤其是 Lantus 已连续多年位居世界畅销药物排行榜前列，每年国际市场销售额均超过百亿美元。直到现在尽管市场上早已有形形色色近百种口服降糖药产品，但胰岛素始终牢牢占据国际降糖药市场的半壁江山。

（一）口服降糖药的上市历史

与胰岛素早在 20 世纪 20 年代初即已问世不同，口服降糖药的上市历史要稍晚一些。其中开发最早也是目前世界上服用人数最多的化学降糖药为双胍类药物（其代表为二甲双胍）。据西方医药杂志报道，早在公元 15 世纪，法国以及东欧一些国家民间即已盛行利用一种俗名“山羊豆”（山羊们很喜欢嚼食该豆子）的野生植物的种子来治疗糖尿病。20 世纪初，德国化学家率先在山羊豆里分离得到一种双胍化合物，它在实验动物高血糖模型上显示出良好降糖作用。德国药物工程师成功合成出全球第一个双胍类降糖新药“丁苯双胍”，虽然此药有良好降糖效果，但遗憾的是它具有肝毒性，不适合长期服用，故很快被医药工业界放弃。而且随着西方胰岛素提取生产技术的日趋成熟和产量的增加，在很长一段时间里双胍类降糖药物的研制工作陷于停顿状态。直到 20 世纪 60 年代初，法国医药科研人员开发出双胍类新化合物——二甲双胍，此药被国际医药界公认为有史以来最成功的化学降糖药物之一。二甲双胍不仅价格低廉，而且病人耐受性好且无肝毒性，故适合长期服用。在过去几十年里二甲双胍已销售了数十万亿片之多，而且国外医药研究人员不断发现二甲双胍具有令人感兴趣的很多新用途（如抗癌、抗细胞衰老和抑制细胞基因突变等）。因其副作用小，可以长期服用以及病人耐受性好和价格便宜等多种因素，故二甲双胍自 1959 年上市至今一直是世界各国临床医生推荐的一线降糖药物。

（二）磺酰脲类药物

据西方医药杂志报道，磺酰脲类降糖药的开发始于1937年。当时西方医学研究人员利用一种早期开发上市的抗菌药物“对氨基磺酰胺－异丙基硫代二唑”治疗伤寒病过程中意外发现：此药具有显著降低病人高血糖作用。但当时试验参加者并不清楚其原因。直到1946年西方医学研究人员确定：SU芳基化合物能刺激实验动物的β胰岛细胞产生更多的胰岛素从而发挥降低血糖的作用。20世纪50年代初，德国某制药厂商率先开发上市了全球第一只磺酰脲类化学合成降糖新药“甲苯磺丁酰胺”，而紧随其后上市的几只磺酰脲类药物分别是：氯丙酰胺、乙已酰胺和甲苯甲酰胺等。80年代初美国制药厂商开发出第二代磺酰脲类降糖新药，其中包括格列本脲（即当时畅销世界的“优降糖”）和格列砒嗪。90年代美国厂商又推出第三代磺酰脲类降糖新药如格列美脲等，这些药物至今仍为国际市场上的畅销降糖药产品。磺酰脲类降糖药物最大优点是：价格低廉、降糖作用显著以及病人耐受性好等，故它们上市后很快受到医生和病人的欢迎。但磺酰脲类降糖药物最大缺点是：易引起危险的“夜间低血糖症”（如不及时发现会导致病人猝死）。但如果病人（及其家属）能及时发现自己（服药后产生）的低血糖症状并采取口服葡萄糖水措施，磺酰脲类药物还是一种性价比较高的降糖药物。

（三）噻唑烷二酮类

噻唑烷二酮类药物（glitazones）系20世纪90年代中期开发上市的降糖新药。它们主要通过“增强骨骼肌肉对胰岛素的敏感性”以及“降低肝糖原生成量”这两种方式而发挥降糖作用。1996年全球第一只噻唑烷二酮类降糖新药——曲格列酮在美上市。但在短短几年里即有63个糖尿病人在服用曲格列酮后因急性肝衰竭而死亡。故最终此药被迫黯然撤出市场。在90年代后期开发上市的另外两只噻唑烷二酮类降糖药物如罗格列酮和吡格列酮则没有肝衰竭副作用，但这两只新药都有引起病人体液潴留现象（它对心衰病人不利)。另据西方医学杂志报道，罗格列酮可增加糖尿病人心肌梗死的风险，而吡格列酮则有增加病人患膀胱癌的风险。故直到现在为止，这两只噻唑烷二酮类降糖药物始终未曾在国际市场上取得领先地位。至今这类药物所占市场份额极小。

（四）α－葡糖苷酶抑制剂

据西方生理学家研究发现：人类小肠壁上存在复杂的酶系统，其中有些酶负责分解摄入食物中的各种糖物质，如淀粉酶、乳糖酶、麦芽糖酶和异麦芽糖酶等。西方研究人员设想：如能开发出一种药物，它能有效抑制小肠壁上密布的酶系统就能有效降低碳水化合物的吸收速率和餐后高血糖现象产生(这对病人不利)。但显而易见，这种降糖新药是不会改变糖的绝对吸收利用率的（实际上等于延缓吸收葡萄糖)。世界上第一只被开发上市的α－葡糖苷酶抑制剂类新药是拜耳公司研制的“拜糖平”（阿卡波糖)，它一上市立即受到全球糖尿病人的欢迎，受其成功的影响，国外制药厂商又相继开发上市了几只葡糖苷酶抑制剂类新药如伏格利波糖、米格列酮等。它们均为目前国际市场上的畅销降糖药产品。

（五）美格替尼类（meglitnides）

据国外医学杂志介绍，美格替尼类药物的降糖作用与磺酰脲类药物非常相似，它也是通过刺激β胰岛细胞释放胰岛素而发挥降糖作用。但美格替尼的化学结构与磺酰脲类迥然不同。美格替尼属于“苯丙氨酸衍生物类”化合物。目前市场上已有3只美格替尼类降糖药物，即“瑞格列奈”、“米格列奈”和“那格列奈”。上述3只药物均为2000年后上市的新药。

（六）胰高血糖素样肽1受体激动剂（GLP－1）

21世纪初，国外医学研究人员发现：人类肠道里存在一种名为“肠促胰岛素”的肽类物质——GLP－1，但随后又发现，天然GLP－1的半衰期非常短（仅1～2分钟时间)。2005年国外厂商研制出第一只GLP－1降糖新药“艾塞那肽”。2010 年第二只 GLP－1 降糖新药——利拉鲁肽获准在美国上市。第三、第四只 GLP－1 新药——利西拉肽和阿必鲁肽估计很快将投放市场。据介绍，GLP－1 类降糖药物最大的优点是，每周仅需用一次，它们均为注射剂。缺点是具有肠胃道反应（但症状较轻，在用药后很快就会消失）。

（七）DPP－4 抑制剂

随着“肠降血糖素”的作用被医学科研人员所阐明，西方新药开发人员对 DPP－4（二肽基酶－4）新药开发产生浓厚兴趣。因为 DPP－4 抑制剂不仅可以口服，而且还能延长“内源性降血糖素”的半衰期。西他列汀是美国上市的首只 DPP－4 抑制剂类降糖新药。紧随其后上市的是沙格西汀和利那列汀、维格列汀等。虽然 DPP－4 抑制剂有很好的降糖作用，且病人耐受性很好，但国外有报道说，少数糖尿病人在服用了 DPP－4 类降糖新药后引发了急性胰腺炎。据国外咨询公司报道，目前 DPP－4 类降糖药物是国际市场上仅次于胰岛素的畅销降糖药产品。

（八）阿米林激动剂

阿米林又名“淀粉不溶素”，它是人类肠道中天然存在的一种生理性物质。1987 年西方研究人员首次发现人体内存在“内源性神经内分泌激素”——胰岛淀粉样多肽。该生理物质通过等摩尔量的 β 细胞与胰岛素共同分泌。临床研究发现：Ⅱ型糖尿病人的胰岛淀粉样多肽数量减少显著，而Ⅰ型糖尿病人则其体内基本上没有胰岛淀粉样多肽。目前市场上唯一胰岛淀粉样多肽类似物降糖新药是“普兰林肽”。据悉此药系 2015 年首先在美国上市。其作用为降低“餐后高血糖现象”及“胰高血糖素降低”等，副作用包括：体重减轻、胃排空延迟，以及少数病人在服药后会产生恶心等胃肠道反应。

（九）溴隐亭

溴隐亭属于麦角毒素衍生物类老药，其上市历史超过半个世纪。据国外研究人员报道，他们很早就发现服用溴隐亭的病人能显著降低血糖。但是溴隐亭降糖作用的原理并不十分清楚。2009 年美国 FDA 正式批准溴隐亭可作为降糖药物使用，从而使该经典老药迎来“第二春”。

（十）科尔塞维兰（colesevelam）

据西方医药研究人员报道，科尔塞维兰具有双降作用即降低 LDL 与血糖调节作用。但其具体降糖作用机理至今仍不明了。2008 年美国 FDA 正式批准科尔塞维兰作为降糖新药上市。

（十一）葡萄糖钠共转运蛋白 -2 抑制剂

葡萄糖钠共转运蛋白 -2（SGLT -2）抑制剂是一组最新上市的降血糖新药，其作用为：在肾脏内拮抗葡萄糖转运蛋白并促使葡萄糖通过尿液排泄出体外。SGLT -2 抑制剂可显著减少餐后高血糖症状发生。但副作用是：可增加泌尿道（微生物）感染的风险。世界上第一只 SGLT -2 抑制剂类新药——“卡格列净”首先在美国上市。此后又有几只 SGLT -2 抑制剂类新药陆续投放市场，其中包括达格列净、恩格列净和鲁格列净等。由于这类降糖新药市场表现良好，据国外医药媒体报道又有几只 SGLT -2 抑制剂类新药正处于末期临床阶段并有望在几年内投放市场。实际上据西方药理学家介绍，SGLT -2 抑制剂的降糖效果与经典降糖药二甲双胍相似，但价格则悬殊。如若将 SGLT -2 类药物与二甲双胍配伍使用可更好地消除餐后高血糖现象发生。

二　世界降糖药物市场概况

由于目前全球已确诊的糖尿病人总数已突破 4 亿人大关，如加上尚未被确认的高血糖患者，则有专家估计全球糖尿病人有可能已接近 5 亿人之众。降糖药物业已从 20 世纪中期国际医药市场上的小品种发展成为主要医药大类产品。从其发现之日起胰岛素一直是国际医药市场上最重要的降糖药物。

据西方媒体报道，2015 年全球胰岛素市场销售额为 213.64 亿美元，2018 年该市场规模已接近 300 亿美元，估计 2019 年全球胰岛素市场规模将达 310 亿美元，增长势头惊人。国外有人预测：2020 年全球胰岛素市场规模将达 350 亿美元，其原因是：三代胰岛素问世如甘精胰岛素和精蛋白锌胰岛素等均为国际医药市场上畅销不衰的降糖药产品。还有一个不容忽视的因素是，随着生物工程技术的日臻成熟，三代胰岛素制剂的价格已比刚上市时大为下降，并为越来越多的糖尿病人所乐用。国际医药界认为，一代胰岛素系指动物胰岛素（如牛胰岛素或猪胰岛素等），二代胰岛素系指重组 DNA 人胰岛素如 Humulin 等，三代胰岛素为“胰岛素生物类似物产品”（如上面提到的甘精胰岛素和精蛋白锌胰岛素等）。胰岛素畅销于市的另一重要因素是，国外制药厂商已开发上市很多种胰岛素制剂如速效胰岛素、长效胰岛素、中效胰岛素、“预混式胰岛素”（一种药械合一的胰岛素注射剂产品）以及方便易用的“鼻喷雾胰岛素”等多种胰岛素新剂型。它们的问世大大方便了糖尿病人的使用并反过来促进了国际胰岛素市场的高速增长。据国外咨询公司报道，在过去几年里世界市场上胰岛素的年复合增长率高达 10.3%。据保守估计，西方制药厂商的胰岛素制剂产品约占全球 80% 的市场份额。其他数百家制药公司的胰岛素制剂销售额合计仅占国际胰岛素市场剩余的 20% 份额。目前世界上产销规模较大的胰岛素生产商主要有诺和诺德、赛诺菲、武田、施贵宝、诺华、礼来、中国吉林东宝药业公司、Oramed、Biocon 等几家，此外还有数十家小公司也在生产胰岛素制剂。按市场划分，美国、欧洲及亚太地区为世界三大胰岛素销售市场。中东、拉美及非洲胰岛素市场相对较小。但非洲在近几年里胰岛素市场增长较快，并已成为我国胰岛素制剂的主要出口市场。随着更方便易用的胰岛素制剂（如预混式一次性胰岛素注射剂等“药械合一”制剂）大量上市，相信在今后几年国际胰岛素市场将保持高速增长态势。其年复合增长率将保持在 10% 左右。在今后很长时间里，胰岛素销售额将继续占据国际降糖药市场的半壁江山。

据国外医药杂志报道，迄今已上市的降糖药物大致有 12 类，除胰岛素外其他均为口服降糖药物。在口服降糖药产品中，四大品种占据国际口服降糖药市场的97%份额，它们是：DPP－4、GLP－1、SGLT－2和二甲双胍等。至于其他口服降糖药销售额合计仅占国际口服降糖药市场3%的份额。二甲双胍虽然是一只上市历史超过60年的老药，且面临其他后上市的降糖新药的激烈竞争，但此药至今仍为各国临床医生最常用的一线降糖药物。在21世纪头10年里全球二甲双胍销售额确实下滑严重，但在第二个10年里此药销量重新开始回升并占据国际降糖药物市场一定份额，主要原因是：美国和欧洲制药公司陆续开发上市了多只二甲双胍与其他口服降糖新药的合剂如“二甲双胍＋格列齐特”“二甲双胍＋西格列汀”“二甲双胍＋罗格列酮”等，这些新老结合的口服降糖新制剂大大推动了二甲双胍销量的迅速上升。据国外报道，2019年全球二甲双胍总销售额达18亿美元。国内二甲双胍原料药产能估计已为2万吨左右，其中山东省药企的二甲双胍产量约占国内二甲双胍总产量的一半。2019年全球二甲双胍总产量估计有5万吨左右，且仍在稳步增长中，主要原因是二甲双胍价廉物美深受病人欢迎。

据国外咨询公司EvalatePharma预测，按销售额计算，全球口服降糖药市场构成如下：二甲双胍占2.35%，SGLT－2占31%，DPP－4占28%，GLP－1占35%，其他口服降糖药合计占1.18%（见表1）。

表1　全球各种口服降糖药的全球销售额

单位：亿美元

口服降糖药	销售额
二甲双胍	20～22
SGLT－2	135～140
DPP－4	119～126
GLP－1	152～158
其他口服降糖药合计	6.5～8

注：销售额为2022年国际市场销售额预测数字。

必须说明的是，二甲双胍虽然预测销售额数字不算很大，但由于此药价格低廉故其实际产销量是巨大的（就像抗生素里的青霉素原料药一样），21世纪头10年及后来开发上市的3类口服降糖新药如SGLT－2、DPP－4和

GLP-1将成为今后国际市场上增长潜力最大的口服降糖药产品。其中SGLT-2新药开发势头旺盛，如据国外媒体报道，已进入临床1~3期试验阶段的SGLT-2新药有诺华公司的LIK-066、美国IONIS公司的ISIS-388626、我国江苏恒瑞药业公司的henaglifozin等。预期上述新药有望在今后3~5年内投放市场。另据国外媒体报道，非胰岛素类降糖药注射剂新药开发势头同样十分旺盛，这类新药包括礼来公司的LY3298176、杨森公司的JNJ-54728510和山道士公司的SAR425899等。口服降糖新药和注射剂型降糖新药预期在今后几年内陆续上市，这一趋势将不会发生改变。另据国外媒体报道，2019年，DPP-4已成为全球最大口服降糖药产品，2019年全球口服降糖药市场总销售额接近400亿美元。预期到2035年全球仅口服降糖药市场销售额将达750亿美元，增长潜力惊人。2019年非胰岛素类降糖药世界最大生产商为赛诺菲、艾伯特、阿斯利康、礼来、罗氏、葛兰素-施贵宝、强生和武田等。相比之下，我国药企在非胰岛素类降糖药销售额上尚无法与西方大公司匹敌。综上所述，国际降糖药物市场是一潜力巨大的市场。开发降糖新药将为企业赢得更大市场份额，而单靠仿制别人的专利期满降糖药产品是不能在国际市场上赢得先机的。

B.9
维生素 C 需求旺盛，我国出口持续增长

张　伦*

摘　要： 改革开放以后，我国维生素 C 产业走上了快速发展之路，产能和产量逐年不断上升，出口量连年攀升。经过短短 40 余年时间，中国已经成为全球维生素 C 生产和出口的第一大国。由于产品生产成本较低、利润较大，且产品畅销全球，因此市场竞争一直十分激烈。我国维生素 C 已经具有绝对的全球市场竞争优势——拥有自主知识产权、生产成本低廉、产业集中度高、生产技术先进、装置规模大、竞争能力强、市场份额高、拥有国际市场话语权等。据分析，未来一段时期我国维生素 C 市场还会延续剧烈竞争的局面，价格战仍会随时开打，但目前各大维生素 C 生产企业均为实力雄厚的大公司，不会轻易被价格战打垮，更不会退出维生素 C 产业。

关键词： 维生素 C　药品出口　药品市场

维生素 C（Vitamin C）又名抗坏血酸，是一种用途广泛的保健品、药品、食品添加剂及化妆品营养剂。它是活细胞氧化还原反应的催化剂，参与身体内多种代谢，具有促进体内多种激素合成的生理作用，是维持人类健康不可缺少的必需维生素。此外，维生素 C 也是十分重要的食品添加剂和饲料添加剂，长期以来全球每年的使用量近 20 万吨。多年来，国内外维生素

* 张伦，南京制药厂研究所原工程师，专注于药品生产工艺及市场发展等方面的研究。

C 市场需求不断增长，我国维生素 C 产业快速发展，我国已成为全球生产和销售大国，在全球市场占有举足轻重的地位。近年来，我国维生素 C 出口保持稳定增长态势，但是产能过剩，竞争加剧，导致市场波动剧烈。

一 出口长期稳定增长

改革开放以后，我国维生素 C 产业走上了快速发展之路，产能和产量逐年不断上升，出口量连年攀升。1990 年，全国维生素 C 生产能力为 7500 余吨，产量达 6000 多吨，出口量 4300 吨，生产能力利用率为 82.23%。1998 年，我国维生素 C 生产能力已达到 3 万吨，产量 2.58 万吨，出口量 2.35 万吨。进入 21 世纪以后，维生素 C 产业持续高歌猛进，产能和产量不断上升，出口量继续大幅增长。

2002 年，我国维生素 C 生产能力已达到 6 万吨，产量 4.6 万吨，出口量 4.3 万吨。到 2010 年，我国维生素 C 生产能力已达到 16 万吨，产量 12 万吨，出口量 11 万吨。2016 年，我国维生素 C 生产能力已达到 20 万吨，产量达到 15 万吨，出口量达到 13.12 万吨，出口金额为 4.51 亿美元。2017 年，我国维生素 C 生产能力已经达到 20 多万吨，产量 17 万吨，出口量突破 15 万吨大关，达到创纪录的 15.08 万吨，出口金额也达到 8.88 亿美元的历史新高。2018 年，我国维生素 C 产能达 22 万余吨，产量 17 万吨，出口量比上年有所回落，出口金额也比上年有所下降，但仍处在高位，为 8.34 亿美元。

根据中国海关统计数据，2019 年 1 ~ 9 月，中国维生素 C 出口数量为 12.13 万吨，同比增长 12.8%。2019 年 1 ~ 9 月中国维生素 C 出口金额为 4.65 亿美元，同比下降 30.2%，平均出口价格为每公斤 3.83 美元。如今，全球 80% 左右的维生素 C 来自中国，国产 80% 多的维生素 C 用于出口。

国家药品监督管理局网站显示，截至 2020 年 2 月 24 日，我国共有维生素 C 药品生产批准文号 2436 个，维生素 C 原料药生产企业为：上海上药新亚药业有限公司、牡丹江高科生化有限公司、重庆西南制药二厂、郑州拓洋实业有限公司、石药集团维生药业（石家庄）有限公司、河南绿园药业有限公司、河北维尔康制药有限公司、帝斯曼江山制药（江苏）有限公司、山西东进制药有限公司、宜昌人福药业有限责任公司、安徽泰格生物技术股份有限公司、呼伦贝尔北方药业有限公司、华润双鹤药业股份有限公司、东北制药集团股份有限公司、山东鲁维制药有限公司等。主要生产企业为：石药集团、东北制药、华北制药、山东鲁维、浙江江山、山东天力、郑州拓洋等。

二　市场波动十分剧烈

自 20 世纪 70 年代后期中国维生素 C 产业开始发展壮大，到如今经过短短 40 余年时间，中国已经成为全球维生素 C 生产和出口的第一大国。由于产品生产成本较低、利润较大，且产品畅销全球，因此市场竞争一直十分激烈。纵观我国维生素 C 行业的发展历程，自 20 世纪 90 年代起，就历经了数次价格大战，行业的无序竞争使产业陷入维生素 C 价格上升—生产企业扩产投产—供需平衡被打破—价格快速回落—企业被迫减产或退出—供需重新平衡的怪圈。

2009 年，由于国际市场需求旺盛，维生素 C 价格再度高企，我国出口价格达到每公斤 11 美元左右，推动了维生素 C 出口数量猛增，生产企业利润十分丰厚，这也刺激了众多企业纷纷扩大规模，改进工艺。同时有一些新企业转产或新建维生素 C 生产线。当时全国有 6 ~ 7 家企业新上马维生素 C 项目，导致我国维生素 C 生产能力在短时间内再度快速增长，造成行业产能进一步过剩，出口价格又一次大幅下滑，到 2013 年平均出口价格降到了每公斤 3. 46 美元。市场的极度疲软使国外客户、中间商手中囤了大量货品，而市场上却无人问津，生产企业效益大幅下滑，有的处于亏损状况，部分企业被迫停产。以后一段时间，维生素 C 出口价格一直在低位徘徊。2015 年我国维生素 C 平均出口价格为每公斤 3. 51 美元，2016 年平均出口价格为每公斤 3. 28 美元。

自2016年12月起，在维生素C价格长期低迷、全行业出现亏损后，小产能开始逐渐退出生产。以后，全国的环保要求不断严格，尤其是京津冀地区的环保督查趋严，维生素C价格开始复苏。2017年，我国维生素C平均出口价格上升到每公斤5.89美元，有的月份达到每公斤7美元以上。2018年，我国维生素C出口价格维持在每公斤5.7美元左右。到2019年，维生素C出口价格又有所下滑，平均价格在每公斤4美元以下。与此同时，国内市场维生素C价格低迷，2020年2月下旬饲料级维生素C价格只有每公斤20多元人民币。

目前全球维生素C市场每年总消耗量为16万吨左右，我国维生素C的生产能力已超过20万吨，产量达到17万吨左右，出口量15万吨左右，占全球市场贸易量的90%左右。现在中国已经是名副其实的世界维生素C工厂。如今我国维生素C产能（包括在建）主要集中在几大巨头中，全国主要生产企业有石药维生、鲁维制药、帝斯曼江山、东北制药、天力药业、启元药业、郑州拓洋等，其中石药维生的生产能力为4万吨左右，占比最大时达到26%，其次为鲁维制药和东北制药，分别约占18%、13%。这几大企业占据90%的国内市场份额及70%以上的国际市场份额。

长期以来，我国维生素C主要依靠出口，产品的出口依赖度达80%以上，因此市场风险性也非常大，国际国内市场竞争常常达到白热化程度。几次维生素C的市场大战，其根本原因在于生产企业的盲目扩产，产能过剩，国内各企业间经常打价格战，出口价格呈现毫无底线的下跌，这不仅使企业损失惨重，也严重危害了我国维生素C产业的健康发展。

三 全球依赖中国产品

目前我国维生素C已经具有绝对的全球市场竞争优势——拥有自主知识产权、生产成本低廉、产业集中度高、生产技术先进、装置规模大、竞争能力强、市场份额高、拥有国际市场话语权等。现在我国维生素C的产能已经占到全球的90%左右，许多欧美发达国家已不再生产维生素C，转而从中国进口。我国维生素 C 大部分是出口到北美、欧洲等地，占出口总数的60% ~70%，已牢牢占据欧美大部分市场。多年来，位列我国维生素 C 出口前 10 的国家中，有 7 ~8 个是欧美发达国家。

2014 年，我国维生素 C 出口排名前 10 的国家和地区分别为：美国（出口量 28287 吨，占比 23.19%）、德国（出口量 15625 吨，占比 12.81%）、日本（出口量 11037 吨，占比 9.05%）、比利时（出口量 7562 吨，占比 6.20%）、巴西（出口量 4169 吨，占比 3.42%）、越南（出口量 2716 吨，占比 2.23%）、英国（出口量 2445 吨，占比 2.00%）、荷兰（出口量 2384 吨，占比 1.95%）、西班牙（出口量 2368 吨，占比 1.94%）、意大利（出口量 2255 吨，占比 1.93%）。

近年来，亚洲、南美等地对维生素 C 的需求在不断增加，这些地方人口众多，经济在持续发展，人民生活水平在稳步提高。2015 年，我国维生素 C 出口排名前 10 的国家和地区分别为：美国（出口量 26280 吨，占比 21.20%）、德国（出口量 14473 吨，占比 11.67%）、日本（出口量 9915 吨，占比 8.02%）、荷兰（出口量 7689 吨，占比 6.22%）、巴西（出口量 4513 吨，占比 3.65%）、比利时（出口量 3769 吨，占比 3.05%）、印度尼西亚（出口量 3757 吨，占比 3.04%）、韩国（出口量 3059 吨，占比 2.47%）、西班牙（出口量 2793 吨，占比 2.26%）、越南（出口量 2729 吨，占比 2.21%）。河北、山东、江苏、辽宁是我国维生素 C 的出口大省，出口量占全国的近 90%。

四　未来竞争仍然残酷

多年来，维生素 C 市场的数次恶性竞争对行业和企业造成极大的伤害，每次大战开打时业内人士均大声呼吁要加大调控力度，政府有关部门也数次进行调控。现在看来，多次行政手段的调控效果并不理想，近 20 年来，我国维生素 C 产能快速增长的势头如脱缰野马，无法控制。1997 年，全国维生素 C 产能为 3 万吨，到 2002 年产能达到 6 万吨，2010 年产能增长到 16 万吨，目前产能已超过 20 万吨，比 20 年前增加了 6 倍多，20 多万吨的产能在当时看来简直不可想象。低水平产能重复建设加剧了市场竞争，浪费社会资源，而且，当企业疲于应对价格竞争时也无暇分心长远发展。

据分析，未来一段时期我国维生素C市场还会延续剧烈竞争的局面，价格战仍会随时开打。目前我国各大维生素C生产企业均为实力雄厚的大公司，它们有多年的生产历史，装置规模较大，生产水平先进，企业资金雄厚，技术人才众多。这些公司不会轻易被价格战打垮，更不会退出维生素C产业。此外，对于维生素C这样的市场刚需十足、多年出口热销的“万年青”产品，还是会有新的企业为之动心而加入生产行列中。据悉，最近我国还有一些企业新的维生素C项目在运作，如：新合成公司黑龙江维生素C（3万~4万吨）项目投产；安徽泰格公司3万多吨维生素C项目（转产维生素C钠和钙项目）；华北制药在内蒙古投资建设维生素C生产基地；东北制药公司维生素C搬迁建设项目；等等。

最近，国家又出台了一些影响维生素C产业的政策。2019年12月31日，商务部、国家海关总署联合发布2019年第66号公告《公布出口许可证管理货物目录（2020年）》，其中在第五款规定，取消对维生素C、青霉素工业盐等出口货物实施的许可证管理措施。该公告已自2020年1月1日起执行。自2009年以来，我国维生素C和青霉素工业盐一直被列为出口许可证管理商品。如今，经过十年发展，上述商品产业和出口情况均已发生较大变化，出口许可证管理已不再适用，反而在一定程度上降低了企业出口效率，增加了企业出口成本。取消出口许可证管理以后，企业出口会更加方便，有利于企业进一步发展壮大。

2020年1月2日，国家四部门（工业和信息化部、生态环境部、国家卫生健康委、国家药监局）联合发布了《推动原料药产业绿色发展的指导意见》，敲响了原料药产业绿色升级全面深入开展的钟声。该文件的内容主要有：①原料药基本实现园区化生产；②行业绿色生产技术替代；③申报绿色工厂发挥优质企业标杆引领作用；④因原料药问题引起药品短缺的解决；⑤环境敏感区企业升级改造和产业转移等。比如原料药的园区化生产，就这一条就要求现在仍然处在非园区生产和将来要在非园区建厂的企业要重新找出路。这类企业为数不少，有老国有企业，也有民营企业，特别是日子一直过得还算安稳且没有把厂区位置当回事的原料药企业需要认真考虑。当然处于“环境敏感区”的原料药企业更不用说，今后要么搬迁，要么停产。项目升级改造的投入十分巨大，会使企业在今后的市场竞争中较为被动。

可以预料，我国维生素 C 企业间的竞争仍将十分激烈。今后我国维生素 C 产业发展之路究竟如何走？还有待进一步观察。

B.10
抗血栓药物市场回顾及前瞻性分析

蔡德山*

摘　要： 抗血栓、降血压、降胆固醇新品种的不断上市，改变了临床用药的青涩状况。截至2019年底，抗血栓形成药物已有七个大品种顺利通过仿制药一致性评价，它们分别是硫酸氢氯吡格雷、替格瑞洛、利伐沙班、阿哌沙班、华法林、那屈肝素钙注射液、依诺肝素钠注射液，占医院抗血栓形成药物统计数量的18%左右。中国是血栓性疾病高发生率的国家，其最大特点是居民脑中风的发病率明显高于冠心病，脑血栓的致死率几乎占所有疾病的首位，堪称危害健康的第一杀手。在刚性需求的拉动下，抗血栓用药市场逐年增长。随着一致性评价品种的增多和带量采购试点经验的成熟，新一批带量采购势必纳入更多的抗血栓形成药物，也导致市场竞争的加剧。

关键词： 抗血栓药物　心血管药物　医药产业

抗血栓形成药物在我国临床使用上具有举足轻重的地位，是心血管药物市场中的骨干品种之一。抗血栓、降血压、降胆固醇新品种的不断上市，改变了临床用药的青涩状况。中国经济发展进入新常态后，推动了国内心血管药物市场的持续增长。业内专业人士认为，医药产业作为国民经济重要组成部分，在供给侧结构性改革过程中补齐民生短板，实现医药产业在新常态下

* 蔡德山，北京嘉林药业股份有限公司研究员，高级工程师。

的高质量发展是百年大计。

据米内网数据，2018 年中国公立医疗机构终端心血管用药市场销售额达到 1225.96 亿元，同比增长了 6.99%（见图 1）。其中抗血栓形成药品占据了 25.58% 的市场份额。抗血栓形成临床用药市场的快速增长，促进了我国抗血栓形成药物仿制药一致性评价的通关。截至 2019 年底，抗血栓形成药物已有七个大品种顺利通过仿制药一致性评价，占医院抗血栓形成化药统计数量的 18% 左右。

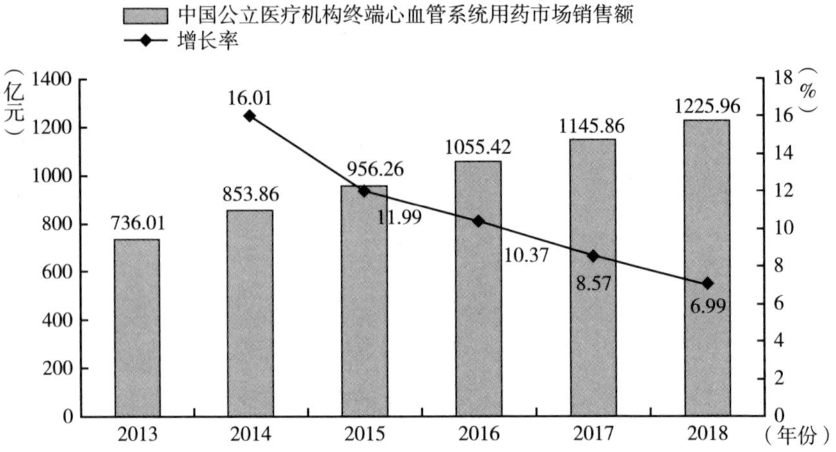

图 1　2013 ~ 2018 年中国公立医疗机构终端心血管系统用药市场

资料来源：米内网数据库。

一　抗血栓形成药物过评品种及市场

中国是血栓性疾病高发生率的国家，其最大特点是居民脑中风的发病率明显高于冠心病。临床显示，脑血栓的致死率几乎占所有疾病的首位，堪称危害健康的第一杀手。在刚性需求的拉动下，抗血栓用药市场逐年增长。

据米内网数据，2018 年，中国公立医疗机构终端抗血栓用药市场销售额达到 313.60 亿元，同比增长 19.46%。图 2 显示：2014 ~ 2018 年的年增长率分别为16.00%、11.57%、14.73%、18.75%和19.46%。

2018年，抗血栓形成药物已占据了中国公立医疗机构终端心血管用药市场的1/4。抗血栓形成口服药物已成为通过仿制药一致性评价中格外活跃的品种。

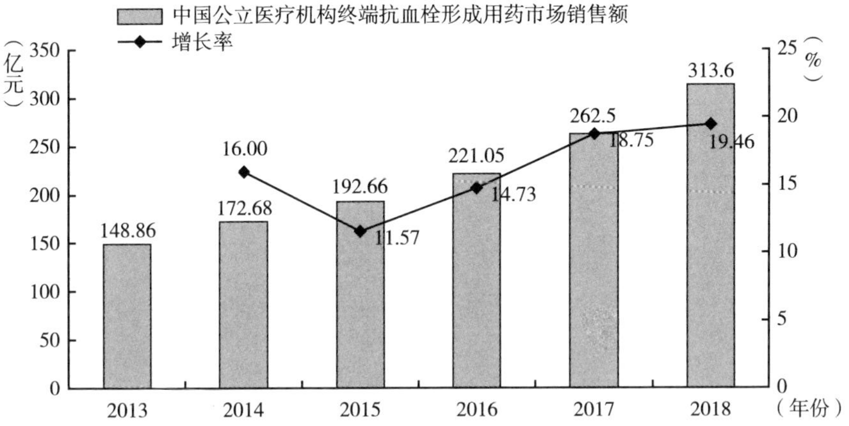

图2　2013～2018年中国公立医疗机构终端抗血栓形成用药市场

资料来源：米内网数据库。

据药闻康策公布的数据，截至2019年12月底，抗血栓药物通过仿制药一致性评价的已有七个品种，分别是硫酸氢氯吡格雷、替格瑞洛、利伐沙班、阿哌沙班、华法林、那屈肝素钙注射液、依诺肝素钠注射液。通过仿制药一致性评价的生产企业有深圳信立泰药业、石药集团欧意药业、乐普药业、正大天晴药业集团、上海汇伦江苏药业、南京正大天晴制药、扬子江药业集团广州海瑞药业、豪森药业、四川科伦药业、齐鲁制药、南京健友生化制药、常州千红生化制药等12家制药公司。

2018年，中国公立医疗机构终端市场七个抗血栓形成药物市场销售额为180.27亿元，同比增长19.72%，占抗血栓形成药物总体市场的57.48%。

在2018年的国家"4+7"带量采购、2019年的25省扩大带量采购中，硫酸氢氯吡格雷片已是备受瞩目的品种。随着一致性评价品种的增多和带量采购试点经验的成熟，新一批带量采购势必纳入更多的抗血栓形成药物，也导致市场竞争的加剧。

二　细化抗血栓形成药物市场

抗血栓形成药物类别主要分为抗血小板聚集、抗凝血、溶栓三个亚类。在国内药品市场中，抗血小板聚集药物占比超过50%，抗凝血类药物和溶栓类药物占比合计不足50%。

抗血小板聚集药物在临床上主要用于预防和治疗动脉血栓，是防止人体血管破裂或内膜损伤后，大量血小板通过血小板糖肽（GPⅡb/Ⅲa）受体与纤维蛋白结合所导致的血栓聚集，是人体循环系统介入治疗后的必须用药，也是老年性高血压预防心血管不良事件发生的基础药物。

抗血小板聚集药物按作用靶点分为ADP受体拮抗剂、环氧化酶抑制剂、血栓素抑制剂、血小板糖肽受体拮抗剂和磷酸二酯酶抑制剂。

随着抗血小板聚集、抗凝血新药的上市，医药市场逐渐升温。抗血小板聚集口服药物是硫酸氢氯吡格雷、替格瑞洛、利伐沙班、阿哌沙班、达比加群、贝前列素钠、阿司匹林、沙格雷酯、西洛他唑等，在临床上治疗和预防用药中占据了重要地位。注射剂类药物主要是低分子量肝素、比伐芦定、替罗非班、奥扎格雷、依替巴肽等。

三　硫酸氢氯吡格雷市场扩容，格局重塑

硫酸氢氯吡格雷是第二代抗血小板P2Y12受体拮抗剂，口服后经肝药酶CYP450代谢生成活性代谢物，与血小板表面ADP受体结合，发挥抑制血小板的聚集作用。

硫酸氢氯吡格雷是赛诺菲和施贵宝联合研发成功的药物。1998年3月美国FDA批准硫酸氢氯吡格雷上市，商品名波立维。施贵宝负责美国市场的销售，赛诺菲负责全球除美国以外的市场的开发。2011年鼎盛时期，硫酸氢氯吡格雷曾创下全球年销售额98.23亿美元的高峰。2018年赛诺菲公司财报显示，2018年全球硫酸氢氯吡格雷销售额为16.33亿欧元，同比增长1.2%。

据国家药监局（NMPA）官网数据，2001 年 8 月赛诺菲的硫酸氢氯吡格雷进入中国市场，信立泰药业早于原研药获准在国内上市，是国内首仿生产者。2019 年 5 月 29 日在 NMPA 批准石药集团欧意药业生产的硫酸氢氯吡格雷片注册后，国内已有赛诺菲（杭州）的“波立维”、深圳信立泰的“泰嘉”、乐普药业的“帅嘉”和石药集团欧意药业的“恩存”上市。

从近几年硫酸氢氯吡格雷在各级医院使用的情况看，基层医疗机构的市场占比越来越大。在分级诊疗的政策下，心血管疾病患者作为庞大的慢病群体，已经明显往基层下沉。随着石药集团欧意药业的“恩存”上市，2019 年硫酸氢氯吡格雷市场形成四家角逐的局面。

据米内网数据，2018 年中国公立医疗机构终端硫酸氢氯吡格雷用药市场销售额达到 122.40 亿元，同比增长 8.71%（见图 3）。赛诺菲占据了 58.47% 的市场份额，信立泰占据了 29.25%，乐普药业占据了 12.27%。

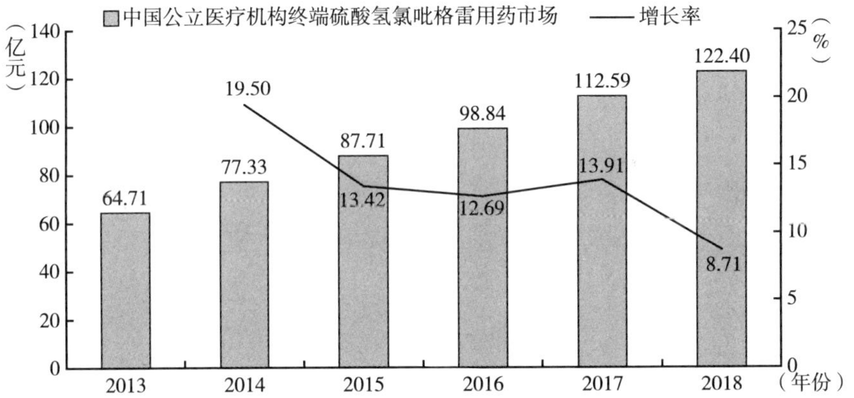

图 3　2013～2018 年中国公立医疗机构终端硫酸氢氯吡格雷用药市场

资料来源：米内网数据库。

2019 年 9 月 5 日，国家启动了“4+7”带量采购扩围，上海阳光医药采购网显示，石药集团所生产的硫酸氢氯吡格雷片以每片 2.44 元的价格中标第二批带量采购，形成了赛诺菲的“波立维”、乐普药业的“帅嘉”和石药集团欧意药业的“恩存”三家集采的格局。

值得一提的是，美国 FDA 对硫酸氢氯吡格雷说明书已更新，增加了有关奥美拉唑和其他的 CYP2C19 酶抑制药会与硫酸氢氯吡格雷相互作用的警告。硫酸氢氯吡格雷不良促进因素还有种族、高龄、体重指数超标、高血糖和高血脂的人，从美国心肌梗死指南看，还是首先推荐使用阿司匹林，这从客观上导致国外硫酸氢氯吡格雷市场下滑。形势的转变，将加剧 2020 年硫酸氢氯吡格雷片剂市场的重新洗牌。

硫酸氢氯吡格雷和阿司匹林联合用药，对于循环系统介入治疗者能够产生 1 +1 >2 的正性防栓、抗栓作用。《ACS 非血运重建患者的抗血小板治疗——中国专家共识》认为，无论介入治疗者危险评估是否高危，均应采用双联抗血小板治疗，从根本上改善目前 ACS 的治疗现状。

四　阿司匹林肠溶剂占抗血小板药物市场份额的10%

阿司匹林小剂量肠溶口服药物是抗血小板聚集的基础用药，是临床上心脑血管疾病的预防性药物。阿司匹林进入体内，通过抑制环氧化酶，小剂量阿司匹林能阻断血栓素的合成，进而阻碍血栓形成。

阿司匹林肠溶制剂改善了对胃部刺激的影响力，成为中国市场廉价的抗血小板、抗血栓治疗预防药物，在预防人体血管介入支架手术期后，是预防血栓再发生事件的药物之一。众所周知，硫酸氢氯吡格雷、阿司匹林、阿托伐他汀（立普妥、阿乐）已是最经典的铁三角组合用药。

据米内网数据，2018 年，中国公立医疗机构终端阿司匹林肠溶片销售额为 22.98 亿元，在基层医疗市场占据 80% 以上的市场份额，并表现出平稳增长趋势。其中，德国拜耳医药的阿司匹林肠溶片占据 90% 以上的市场份额。

据国家药监局官网数据，阿司匹林共有 653 个生产批文，其中阿司匹林肠溶片有 320 个生产批文。仔细分类统计，阿司匹林肠溶片由 238 家企业生产。但是，用于抑制血小板聚集的剂型、规格并不乐观。阿司匹林价格低廉，导致利润空间较小，使国内药企进行仿制药一致性评价的积极性不高。

数据显示：国产阿司匹林肠溶片和拜阿司匹林肠溶片（100mg）相提并论的

品种仅有5家企业生产，分别是石药集团欧意药业、河北瑞森药业、沈阳奥吉娜药业、山西兰花药业和辰欣药业。另外，用于抑制血小板聚集的阿司匹林肠溶片75mg仅有石药集团欧意药业、四川德峰药业和海南碧凯药业3家持有生产批文。可见能通过仿制药一致性评价的厂家和其他心血管用药表现出大相径庭的局面。

2019年12月26～27日，CDE官网新增7条临床试验默示许可记录，将推动永信药品工业（昆山）Mayne Pharma International Pty Ltd申请的阿司匹林100mg肠溶胶囊（5.1类）的实质性进展。国内虽然有10家持有阿司匹林肠溶胶囊批件，而阿司匹林100mg肠溶胶囊仅有永信药品工业（昆山）的“伯基”和天津力生的“益欣雪”两个药物，过评难度较大。

五 替格瑞洛五家，争雄布阵

替格瑞洛（Ticagrelor）是一种新型、具有选择性的抗凝血药，也是首个可逆的结合型P2Y12腺苷二磷酸受体（ADP）拮抗剂，能可逆性地作用于血管平滑肌细胞（VSMC）上的嘌呤2受体亚型P2Y12，对ADP引起的血小板聚集有明显的抑制作用，是急性冠心病治疗领域的新药，受到全球多个治疗指南的推荐，是继硫酸氢氯吡格雷之后市场潜力较大的品种。

2011年7月20日，美国FDA批准了英国阿斯利康的替格瑞洛，商品名Brilinta，现已被10部国际治疗指南推荐用于急性冠脉综合征治疗用药，能有效减少急性冠脉综合征（ACS）患者血栓事件的发生。

2018年，阿斯利康的替格瑞洛销售额为13.21亿美元，同比增长22.43%。研究表明，替格瑞洛对美国居民的疗效并没有其他地域人群的疗效显著，这也是替格瑞洛在美国市场增长缓慢的潜在因素。

2012年12月，阿斯利康的替格瑞洛片进入中国市场，商品名倍林达。2017年7月替格瑞洛被纳入国家医保谈判目录。据米内网数据，2018年中国公立医疗机构终端替格瑞洛片销售额为10.18亿元，同比增长68.95%（见图4）。阿斯利康的倍林达占据99.98%的份额，信立泰首仿的泰仪占0.02%。

2018年，深圳信立泰药业通过专利挑战，以新4类仿制化药获批视同通过一致性评价。2019 年，国家药品审批力度加大后，先后批准了石药集团欧意药业、南京正大天晴制药、上海汇伦江苏药业、南京优科制药、扬子江药业集团广州海瑞药业、中国生物制药正大天晴药业等 7 家上市。替格瑞洛从而成为抗血栓药物中过评企业最多的品种。阿斯利康的倍林达领军市场，替格瑞洛形成 8 家争雄的局面。

2019 年 10 月 14 日，中国生物制药北京泰德制药开发的替格瑞洛片获 FDA 的 ANDA 暂定批准，对未来拓展海外市场带来积极的影响，同时该企业具备弯道超车的有利条件。随着 2019 年 12 月 2 日替格瑞洛化合物发明专利到期和仿制药的正式上市，2020 年替格瑞洛片将形成新的炽热点。

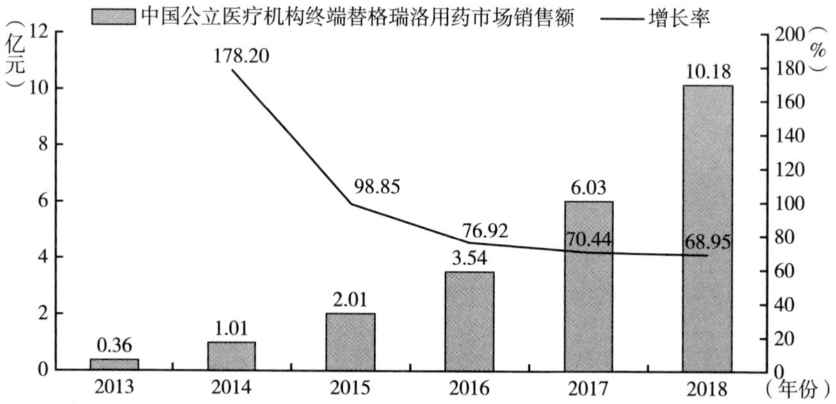

图 4　2013～2018 年中国公立医疗机构终端替格瑞洛用药市场

资料来源：米内网数据库。

六　利伐沙班市场增长54.81%

利伐沙班（Rivaroxaban）是拜耳、强生两家公司开发的第一个上市的口服高度选择性和竞争性的 Xa 因子抑制剂。2011 年 7 月 1 日，利伐沙班获得美国 FDA 批准上市，商品名 Xarelto，是膝关节或髋关节置换术后预防血液凝块、深静脉血栓和肺栓塞的必需用药。之后又批准用于房颤患者发生中风的预防。2018 年全球利伐沙班用药达到 67.65 亿美元的市场规模，比上年的 62.26 亿美元增长了 8.66%。

2009 年 3 月，德国拜耳医药的利伐沙班在中国获批进口，商品名拜瑞妥，同年被纳入《国家医保用药目录》，随后 10 年在国内医药市场独领风骚，也培育了抗血栓 Xa 因子抑制剂小分子药物市场的逐渐成熟。

据米内网数据，2018 年，中国公立医疗机构终端利伐沙班市场销售额为 17.70 亿元，同比增长 54.81%（见图 5）。

2019 年 8 月 2 日，NMPA 批准正大天晴药业的利伐沙班注册。同时有 21 家药企按 4 类仿制药申报上市，石药集团欧意药业、广东东阳光药业、陕西步长高新制药、深圳信立泰药业、扬子江药业集团广州海瑞药业、浙江华海药业、浙江金华康恩贝等 18 家均在审评审批中。2019 年 5 月，浙江海正药业的利伐沙班仿制药获得美国 FDA 的暂时批准，为弯道超车创造了机遇。在利伐沙班的化合专利 2020 年到期后，国内市场将发生井喷。

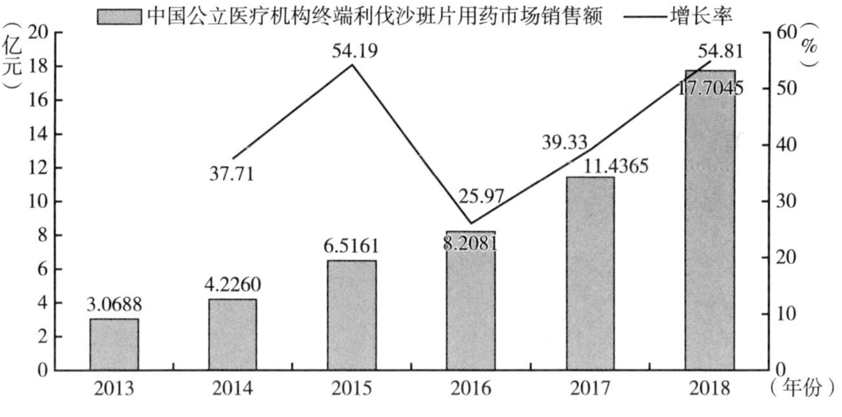

图 5　2013～2018 年中国公立医疗机构终端利伐沙班用药市场

资料来源：米内网数据库。

七　不得不提的阿哌沙班

在口服高度选择性和竞争性的 Xa 因子抑制剂系列药物中，利伐沙班的有力竞争产品是阿哌沙班。2018 年全球阿哌沙班销售额以 98.72 亿美元夺得小分子化药桂冠，但是在中国市场上市较晚，产品开发仍在推进中。

2013 年，美国布迈施贵宝、辉瑞的阿哌沙班在国内获批上市，商品名艾乐妥。2017 年收载入国家医保目录中。2019 年 NMPA 已批准江苏豪森药业、正大天晴药业、科伦药业等 3 家生产文号，其化合物中国专利在 2022 年 9 月 17 日到期后仿制药才可上市正式销售，国产药不上市，原研药不大幅降价，局面难以打开。

八　直接凝血酶抑制剂达比加群酯

达比加群酯是由德国勃林格殷格翰公司研发上市的，商品名 Pradaxa。2018 年全球达比加群酯销售额为 14.86 亿美元，同比增长了 3.34%。2013 年 2 月达比加群酯获准进入中国市场，商品名泰毕全。达比加群酯用于预防成年非瓣膜性心房颤动患者卒中和全身性栓塞。2017 年 10 月在中国扩展适应证，用于治疗/预防剂型深静脉血栓形成及肺栓塞。

泰毕全在体内经酶水解转化为达比加群，直接抑制凝血酶而发挥抗凝血效应。抗凝药特异性逆转剂依达赛珠单抗的出现，带动了达比加群酯市场，达比加群酯能显著降低缺血性卒中风险，是抗凝血治疗、预防潜在致死性血栓领域新的里程碑。

2018 年 6 月 8 日，国家药监局批准了勃林格殷格翰的依达赛珠单抗，商品名泰毕安。2018 年中国公立医疗机构终端达比加群酯销售额超过 7 亿元，同比增长幅度较大。2017 年达比加群酯进入国家医保目录后带动市场上量。2018 年原研专利期满，国内多家已按 4 类化药提交上市申请，主要开发者是正大天晴、成都倍特、江苏豪森等。

九　抗凝血药低分子量肝素开始过评

抗凝血药物根据作用靶点，分为肝素类、直接 Xa 因子抑制剂、直接凝血酶抑制剂、维生素 K 拮抗剂。低分子肝素主要作用于 Xa 因子和凝血酶，是临床治疗中的重要品种，具有作用于 XIIa、XIa、IXa、Xa、凝血酶机制的注射剂，尤其是 Xa 因子抑制剂可阻断两种凝血机制的发生，而且比使用直接凝血酶抑制剂出血风险小，因此 Xa 因子成为开发抗凝血药的关键靶点。

据米内网数据，2018 年，中国公立医疗机构终端低分子量肝素销售额为 87.32 亿元，同比增长 26.27%（见图 6），占据了抗血栓用药市场的 27.84%，具有举足轻重的地位。

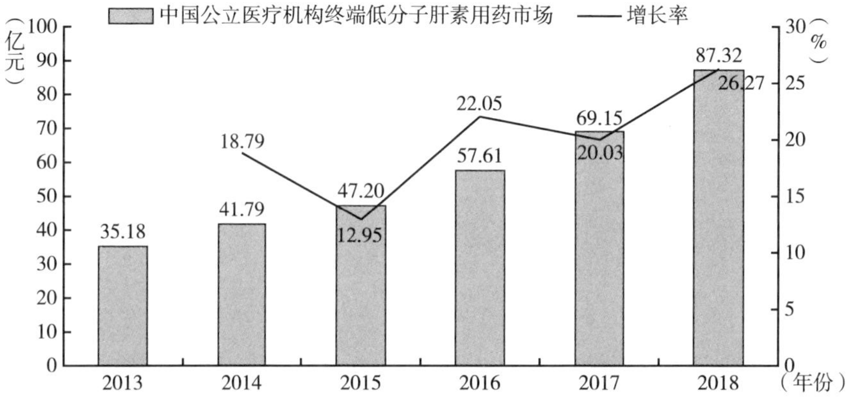

图 6　2013～2018 年中国公立医疗机构终端低分子量肝素用药市场

资料来源：米内网数据库。

根据国家药监局官网数据，低分子量肝素主要品种是依诺肝素钠、那屈肝素钙、达肝素钠、低分子量肝素钙、低分子量肝素钠等 5 个品种。进口原研低分子量肝素由法国赛诺菲、比利时辉瑞、爱尔兰阿斯彭医药、意大利阿尔法西格马等四家占据市场。而西班牙斯德的贝米肝素钠销量较小。

国产低分子量肝素主要是河北常山生化药业、烟台东诚北方制药、南京健友生化制药、常州千红生化制药、杭州九源基因、深圳天道医药、深圳赛保尔生物药业、兆科药业（合肥）、成都百裕制药、江苏万邦生化医药、天津红日药业、齐鲁制药等多家群雄逐鹿。

2019 年 11 月 15 日，南京健友生化制药的那屈肝素钙注射液通过一致性评价。随后 11 月 26 日，千红制药发布公告称，公司生产的依诺肝素钠注射液收到国家药监局颁发的“药品补充申请批件”，批准增加 0.2ml：2000AXaIU 规格、0.6ml：6000AXaIU 规格，且接受该注射液与依诺肝素钠注射液原研进口产品生物等效的结论。

据米内网数据，2018 年中国公立医疗机构终端那屈肝素钙注射液销售额为 10.10 亿元，同比增长 46.50%。依诺肝素钠注射液销售额为 19.58 亿元，同比增长 45.37%。两大过评品种在抗凝血药物低分子量肝素市场中占据了 1/3 的份额，从而在下一步政府带量采购中拉开了抗凝血药物低分子量肝素的新篇章。

B.11

2019年国外新批准上市的新制剂

黄胜炎*

摘　要： 2019年国外批准上市的药物新制剂主要有以下几类。口服制剂：服用方便的口服液、膜剂和口崩片，自微乳化释药系统（SEDDS）技术制备的软胶囊可提高药物生物利用度，复方片、控释单药和复方药制剂可减少给药次数、提高药效和改善患者服药的顺应性。注射剂：药物结晶纳米粒水混悬液可提高药效，含倍他环糊精静脉注射液可提高药物溶解度和稳定性，含透明质酸酶的皮下注射剂可缩短给药时间，3种药物-抗体结合物注射剂可提高药物靶向性从而达到精准治疗目标，预混合药物输液袋方便医务人员用药并可提高用药剂量的准确性；通过局部给药达到全身性治疗的鼻腔喷雾剂。外用制剂：乳膏、复方药物洗剂和外用泡沫剂，用药方便，两种经皮控释贴片使用方便、可控制药物释放。

关键词： 复方制剂　口服制剂　注射剂　外用制剂

2019年国外批准上市的药物新制剂有口服液体制剂、膜剂、口崩片、自微乳化释药系统、复方制剂、控释制剂，复方药物注射剂、药物-抗体结合物注射剂，经皮控释贴片和鼻喷雾剂等。

---

* 黄胜炎，上海医药工业研究院研究员。

一　口服制剂

（一）口服液体制剂

1. 氨氯地平口服混悬液剂

Azurity 制药公司产品（商品名：Katerzia），是迄今美国 FDA 批准的首个氨氯地平（amlodipine）口服混悬液，用于治疗成人和 6 岁及以上儿童高血压和成人冠状动脉疾病。剂量规格：氨氯地平 1mg/mL。

本品向需要或喜欢服用口服混悬液 6 岁及以上患者提供了易使用（简单摇匀即可）的制剂，使儿童适宜剂量达到安全、简便和有效的效果。

2. 秋水仙碱口服液

ROMEG 治疗公司产品（商品名：Gloperba），用于预防成人痛风加重。剂量规格：秋水仙碱（colchicine）0.6 mg/5 mL。

目前，现有的秋水仙碱制剂不能适合医生为处理肾和肝损伤患者药物毒性、不良反应、药物相互作用和与年龄相关健康疾病患者的剂量调节，Gloperba 适应了医疗的迫切需要，尤其是适用于难以吞咽固体药物制剂的老年患者。

（二）口服膜剂

Aquestive 治疗公司的利鲁唑（riluzole）口服膜剂（商品名：Exservan），用于治疗罕见疾病肌萎缩性脊髓侧索硬化症（ALS）。剂量规格：利鲁唑 50mg/张。

利鲁唑口服膜剂将适合 ALS 患者给药的关键需求，这是因为其服用安全、方便，一日 2 次，许多吞咽固体制剂困难的患者也不需用水送服。

（三）自微乳化释药系统（SEDDS）

Clarus 治疗公司的十一酸睾酮（testosterone undecanoate）软胶囊（商品名：Jatenzo），用于治疗男性某些类型的性腺机能减退。剂量规格：十一酸睾酮 158mg/粒、198mg/粒和 237mg/粒。本品是采用自微乳化释药系统制备的口服制剂，可提高药物的生物利用度。

（四）口崩片

大塚制药公司的托伐普坦（tolvaptan）又一剂型，商品名：Samsca © OD Tablets。剂量规格：托伐普坦 7.5mg/片。本品服用方便，起效快。

（五）复方制剂

1. 复方阿莫西林、奥美拉唑、利福布汀控释胶囊

RedHill 生物制药公司产品（商品名：Talicia），用于成人幽门螺旋杆菌感染。剂量规格：阿莫西林（amoxicillin）：250mg/粒；奥美拉唑（omeprazole）：10mg/粒；利福布汀（rifabutin）：12.5mg/粒。

Talicia 系迄今唯一获准上市治疗幽门螺旋杆菌感染、以利福布丁为主治疗的复方制剂，注重对目前常规治疗抗生素耐药性增加的幽门螺旋杆菌和临床治疗迫切的需要。

2. 复方多特格韦、拉米夫定薄膜包衣片

ViiV 保健公司产品（商品名：Dovato），一日 1 次治疗无抗反转录病毒（ARV）治疗史和不知或疑耐多特格韦（dolutegravir）或拉米夫定（lamivudine）成人 HIV -1 感染。剂量规格：多特格韦 50mg/片，拉米夫定 300mg/片。

Dovato 为两药给药方案，减少自开始治疗时接触抗反转录病毒而能保持以多特格韦为主三药复方制剂的疗效和强大抗病毒屏障。

3. 复方艾利卡托（elexacaftor）、特扎卡托、依伐卡托片与依伐卡托片联合包装

Vertex 制药公司产品（商品名：Trikafta），用于治疗 12 岁以上在囊性纤维化跨膜传导调节因子（CFTR）基因中至少含有一种 F508del 突变的囊性纤维化患者。复方片剂量规格：艾利卡托 100mg/片，特扎卡托（tezacaftor）50mg/片，依伐卡托（ivacaftor）75mg/片。单方片剂量规格：依伐卡托 150mg/片。

艾利卡托是新一代校正药物；特扎卡托是第二个 F508del CFTR 校正药

物，协助 CFTR 蛋白到达细胞表面；依伐卡托是体内更稳定的氘水合物。

据预测，本品至 2024 年的年销售额有可能达 42.74 亿美元。

4. 复方二盐酸左西替利嗪、孟鲁司特钠薄膜包衣片

印度 Glenmark 制药公司产品（商品名：Montlezir），处方用药治疗 15 岁及以上患者季节性和常年性过敏性鼻炎。剂量规格：二盐酸左西替利嗪（levocetirizine dihydrochloride）5mg/片，孟鲁司特钠（montelukast sodium）10mg/片。

（六）控释制剂

1. 富马酸地柔西美（diroximel fumarate）控释胶囊

Biogen 公司与 Alkermes 公司联合开发的产品（商品名：Vumerity），用于治疗复发性多发性硬化症。剂量规格：富马酸地柔西美 231mg/粒。

2. 尤帕替尼（upadacitinib）控释片

艾伯维（AbbVie）公司的一日 1 次口服 Janus 抑制剂（商品名：Rinvoq），用于治疗对甲氨蝶呤治疗无效或不能耐受的成人中度至严重类风湿关节炎。剂量规格：尤帕替尼 15mg/片。

3. 硫普罗宁新肠溶包衣控释片

Retrophin 公司产品（商品名：Thiola EC），用于治疗胱氨酸尿症。剂量规格：硫普罗宁（tiopronin）100mg/片和 300mg/片。

4. 复方达格列净、盐酸沙格列汀、盐酸二甲双胍控释片

阿斯利康公司产品（商品名：Qternmet XR），辅以控制饮食和适量运动口服用于改善对Ⅱ型糖尿病成人患者的血糖的控制。剂量规格：达格列净（dapagliflozin）2.5mg，5mg，5mg 和 10mg，盐酸沙格列汀（saxagliptinHCl）2.5mg，2.5mg，5mg 和 5mg，盐酸二甲双胍（metformin HCl）1000mg/片，1000mg/片，1000mg/片和 1000mg/片；

Qternmet XR 是一日 1 次口服含 3 种药物的复方控释片：选择性钠 – 葡萄糖转运体 – 2（SGLT – 2）抑制剂达格列净；二肽基肽酶 – 4（DPP4）抑制剂沙格列汀和多种作用机制的盐酸二甲双胍。

二 注射剂

（一）易使用稳定的胰高血糖素注射液

Xeris 制药公司产品（商品名：Gvoke），用于治疗严重低血糖成人和 2 岁及以上儿童患者。剂量规格：胰高血糖素（glucagon）0.5mg/0.1mL 或 1mg/0.2mL/支自动注射器或预填充注射器，皮下注射用。

Gvoke 是首个获准上市可通过预填充注射器（Gvoke PFS）或自动注射器（Gvoke HypoPen™）的胰高血糖素产品，此创新剂型可以保证可靠的胰高血糖素注射剂易使用，使患者或看护人员能快速简便地给药。

（二）结晶二氧化铪（hafnium oxide，HfO_2）纳米粒水混悬液

Nanobiotix 公司艰苦研究 15 年的放疗增强剂 Hensify©（NBTXR3），用于治疗局部晚期软组织瘤。Hensify 系一结晶二氧化铪纳米粒水混悬液，在患者首次常规放疗前直接注射入患者肿瘤内。当接受离子放射时，Hensify 会增强局部肿瘤内辐射的杀灭作用。释至肿瘤内的 X 线剂量被放大，而通过健康组织的剂量仍保持不变。

（三）采用倍他环糊精磺增溶和稳定药物的静脉注射液

SAGE 治疗公司的别孕烯醇酮（brexanolone）静脉注射液（商品名：Zulresso），用于治疗成年妇女产后抑郁症（PPD）。剂量规格：别孕烯醇酮 5mg/mL。以倍他环糊精磺基丁基醚钠对药物增溶并提高了药物的稳定性。

（四）以透明质酸酶增加药物释放的皮下注射剂

基因泰克公司的复方曲妥珠单抗、透明质酸酶皮下注射液（商品名：Herceptin Hylecta）与其他化疗药联合用药皮下注射治疗某些人罹患 HER2 -

阳性早期乳腺癌，与紫杉醇联合用药或单独用药治疗已接受过一种或多种化疗药给药方案的转移性癌症。剂量规格：曲妥珠单抗（trastuzumab）120mg，透明质酸酶（hyaluronidase PH20）2000 单位/mL。

新制剂包括如同静脉注射用相同的曲妥珠单抗与能促进曲妥珠单抗释放至皮下的重组人透明质酸酶相结合，易使用，给药只需 2～5 分钟，而以往市售的静脉注射剂则需 30～90 分钟。

（五）复方注射剂

默沙东公司的复方亚胺培南、西司他丁、瑞勒巴坦（relebactam）注射剂（商品名：Recarbrio），用于治疗疑革兰氏阴性菌感染 18 岁及以上复杂性尿路感染（cUTI）和复杂性腹内感染（cIAI）。剂量规格：亚胺培南（imipenem）500mg/单剂瓶，西司他丁（cilastatin）500mg/单剂瓶，瑞勒巴坦 250mg/单剂瓶。

（六）药物－抗体结合物注射剂

1. 维恩吐单抗（enfortumab vedotin-ejfv）冻干粉针

Astella 制药公司产品（商品名：Padcev），用于治疗先前接受过 PD－1/L1 抑制剂和先以含铂药物治疗（新辅助疗法）或后（辅助疗法）手术，或处于局部晚期或转移性状况患者的局部晚期或转移性尿道癌。

维恩吐单抗系采用 Seattle Genetics 公司专利连接剂技术将抗连接素 4（Nectin－4）单抗附着微管破坏剂——甲基奥瑞他汀 E（monomethyl auristatin E，MMAE）组成的药物－抗体结合物，靶向许多实体瘤上表达的细胞粘连分子连接素 4，形成抗体－药物结合物－连接素 4 复合物后内化，通过蛋白水解断链释出 MMAE，破坏细胞内的微管网，继而导致细胞周期停止和凋亡细胞死亡。剂量规格：维恩吐单抗 20mg/瓶和 30mg/瓶。

2. 德放曲珠单抗（fam-trastuzumab deruxtecan-nxki）冻干粉针

阿斯利康公司和第一三共公司联合开发的产品（商品名：Enhertu），用于治疗先前在转移性的情况下接受过两种或两种以上抗 HER2 为主的药物治疗的不可切除或转移性 HER2 阳性乳腺癌成人患者。剂量规格：德放曲珠单抗 100mg/瓶。

本品采用第一三共公司的抗体 - 药物结合物（ADC）专利技术制成，含有附着新型拓扑异构酶 I 抑制剂（DXd）的人源化 HER2 抗体（通过四肽有效载荷），可提高对癌细胞的摧毁，减少全身性的药物不良反应。

3. 维泊珠单抗（polatuzumab vedotin-piiq）冻干粉针

基因泰克公司产品（商品名：Polivy），与苯达莫司汀（bendamustine）、加妥昔单抗（rituximab）联合用药治疗先前至少使用过两种药物的成人复发性或难治性弥漫性大 B 细胞淋巴瘤（DLBCL）。注射用 Polivy 以无菌注射用水复溶后，最后浓度为 20mg/mL，每一单剂瓶可抽出维泊珠单抗 140mg。

维泊珠单抗系一靶向 CD79b 的抗体 - 药物偶联药物（ADC），当结合于 CD79b 维泊珠单抗被内化，连接剂被溶酶体蛋白酶断裂可在细胞内释放微管破坏剂 MMAE，后者结合于微管和通过抑制细胞分裂和诱导凋亡来杀灭分裂细胞。

（七）预混合万古霉素输液袋

Xellia 制药公司的预混合万古霉素输液袋（商品名：Soluxion），用于治疗成人和 1 个月以上儿童的败血症、感染性心内膜炎、皮肤和软组织感染、骨感染和下呼吸道感染。剂量规格：万古霉素（Vancomycin）500mg/100mL，1g/200mL，1. 5g/300mL 和 2g/400mL/袋。易使用的万古霉素注射液系一万古霉素美国专利制剂，提供了在单剂柔软袋内装预混合的药物溶液，室温（高达 25°C）可储存 16 个月。

三　鼻腔喷雾剂和吸入剂

（一）鼻腔喷雾剂

1. 盐酸依氯胺酮鼻喷雾剂

强生制药公司产品（商品名：Spravato），与口服抗抑郁药联合用药治疗试用其他抗抑郁药治疗但无效（耐药性抑郁症）的患者。盐酸依氯胺酮（esketamine hydrochloride）溶液储存在鼻喷雾剂器具有塞玻璃瓶内，每一释药器喷射 2 次药物水溶液 0.2mL（pH 4.5），总共可释药 32.3mg。

2. 胰高血糖素鼻腔粉末喷雾剂

礼来公司产品（商品名：Baqsimi），首个无注射剂时紧急治疗严重低血糖的胰高血糖素产品。剂量规格：胰高血糖素（glucagon）3mg/剂。

Baqsimi 是粉末喷入鼻腔用药，通过刺激肝脏释放储存葡萄糖进入血流来增加血糖浓度。

（二）复方药物吸入剂

阿斯利康公司的复方布地奈德（budesonide）、格隆溴铵（glycopyrronium）、富马酸福莫特罗（formoterol fumarate）（商品名：Breztri Aerosphere），用于解除慢性阻塞性肺病症状。全球首次由日本厚生劳动省批准释放 3 种药物成分的揿压式定量吸入剂，采用了创新的气微球（Aerosphere）释药技术，获得在统计学上显示显著改善 8/9 患者肺功能的主要成果。

四　外用制剂

（一）乳膏

1. 曲发罗汀（trifarotene）乳膏

Galderma 公司产品（商品名：Aklief），外用治疗痤疮。剂量规格：曲发罗汀 0.005%。曲发罗汀是迄今唯一批准选择性靶向视黄酸受体（RAR）γ 的外用类维生素 A，是美国 FDA 20 余年来批准治疗痤疮类维生素 A 的首个新分子。

2. 新乙醇酸乳膏

先进皮肤护理技术领先者 SkinCeuticals 公司在美国上市了夜间校正乳膏

（商品名：Glycolic 10 Renew Overnight），可实际释放 10% 乙醇酸（glycolic acid）至皮肤产生可量化的容光。

乙醇酸被广泛认为是达到皮肤实现容光焕发的黄金标准。然而，高浓度乙醇酸会造成对皮肤的刺激。通过制剂专家努力，新制剂能稳定地和实际释放 10% 乙醇游离酸值（FAV）。

（二）复方药物洗剂

Ortho 皮肤科药物公司的复方丙酸卤贝他索、他扎罗汀洗剂（商品名：Duobrii），用于局部治疗成人斑状银屑病。剂量规格：丙酸卤贝他索（halobetasol propionate）0.1mg，他扎罗汀（tazarotene）0.45mg。

Duobrii 系一外用洗剂，两种作用机制的药物结合使用可提高制剂的疗效，减少药物的不良反应。

（三）外用泡沫剂

Foamix 制药公司的 4% 米诺环素外用泡沫剂（商品名：Amzeeq），用于治疗成人和 9 岁及以上儿童中度至严重痤疮。剂量规格：微粉化米诺环素（minocycline）40mg/g。

美国 FDA 批准米诺环素外用泡沫剂上市是皮肤科用药的一个重要里程碑，是米诺环素制剂近 50 年来最显著的进步。Foamix 制药公司利用专利技术平台 MST™ 技术开发的米诺环素外用制剂使用方便，一日 1 次的给药方案可用于保持皮肤的米诺环素稳定。

（四）经皮贴片

1. 阿塞那平经皮贴片

久光制药公司全资子公司 Noven 制药公司产品（商品名：Secuado），首个和迄今唯一批准的用于治疗成人精神分裂症经皮贴片。剂量规格：阿塞那平（asenapine）3.8mg/24 小时，5.7mg/24 小时和 7.6mg/24 小时。

处方：

阿塞那平剂量	经皮系统中阿塞那平总含量	贴片尺寸
3.8mg/24 小时	6.4mg	$20cm^2$
5.7mg/24 小时	9.6mg	$30cm^2$
7.6mg/24 小时	12.8mg	$40cm^2$

2. 盐酸罗匹尼罗经皮贴片

久光制药公司产品（商品名：Haruropi Tape），用于治疗帕金森病。剂量规格：盐酸罗匹尼罗（ropinirole）8mg/5.33 cm^2，16 mg/10.67 cm^2，24 mg/16.00 cm^2，32 mg/21.33 cm^2，40 mg/26.67 cm^2。

久光制药公司采用经皮释药系统技术（TDDS）制备的全身性经皮帕金森病治疗贴片，作用持久，可保持稳定的血药浓度，成为治疗帕金森病的新制剂。

五　眼科药物制剂

（一）复方药物滴眼液

Aerie 制药公司的复方奈他舒地（0.02%）、拉坦前列素（0.005%）滴眼液（商品名：Rocklatan），用于降低开角性青光眼或眼内高压的眼内压。剂量规格：奈他舒地（netarsudil）0.20mg/mL，拉坦前列素（latanoprost）0.05mg/mL。

本品为一日 1 次的 Rho 激酶去甲肾上腺素转运体抑制剂与拉坦前列素复方制剂，具有 4 重作用：①通过小梁网增加液体外流；②通过葡萄膜巩膜途径增加外流；③减少眼内液体产生；④降低巩膜外层静脉压。

（二）眼用凝胶

博士伦公司的 0.38% 氯替泼诺碳酸乙酯眼用凝胶（商品名：Lotemax SM），用于治疗眼科手术后的炎症和疼痛。剂量规格：氯替泼诺碳酸乙酯

(loteprednol etabonate) 0. 38mg/g。博士伦公司在 20 多年前就推出了氯替泼诺碳酸乙酯眼用凝胶，但他们不停步地改进制剂以适合患者需求的变化，采用亚微粒（SubMicron，SM）技术将药物黏附于眼睛表面，然后渗透入眼睛关键的组织，由此开发了此新制剂，眼用凝胶中的亚微粒有助于增加药物渗透入眼房水。

科技创新篇

Technological Innovation

B.12
创新是制药企业的核心竞争力

任武贤*

摘　要：　本文通过分析当前国际国内形势，提出科技创新将成为中国未来发展的主旋律，强调创新同样是制药企业的核心竞争力所在，对于药企而言，把握医药行业发展的方向和特点，匹配市场需求，聚焦自身优势领域，保证研发投入的力度和连续性至关重要。创新是引领高质量发展的第一动力，医药行业更是如此。把创新作为企业发展的主旋律，从管理创新、研发创新、营销创新、生产创新、投资创新等五个方面提出了具体的创新思路，介绍了做法。

关键词：　科技创新　营销模式　研发型生产企业　核心竞争力　制药企业

* 任武贤，亚宝药业集团股份有限公司董事长，高级工程师。

当今世界，科技创新已经成为提高国际竞争力的关键支撑。中国要强大、民族要复兴、人民要幸福，科技强国梦就必须要实现。

2019 年政府工作报告的一个关键核心点就是科技创新。报告中关于科技创新的内容占了很大篇幅，体现了中央政府对于科技创新的重视。同时在融资方面，报告提出要“有效缓解实体经济特别是民营和小微企业融资难融资贵问题”。国家为企业发展提供资金支持，实质上是为了帮助企业充分发挥技术创新主体、技术创新主力军的作用，促进我国经济高质量、可持续发展。

对于医药行业而言，近两年，“三医联动”改革正在进行，国家出台了一系列管理措施及规章，如医保方面的“4 +7”集采招标，医疗方面的分级诊疗，医药方面的仿制药一致性评价，等等。可以预见的是，一致性评价工作没有回头路，将是未来 3 ~ 5 年的核心工作，同时带量采购将成为医保药品采购的常态化操作方式。受此影响，医药行业进入巨大的变革和结构调整期，低水平粗放式非规范的经营将被快速分化而退出竞争，转型、创新、高质量发展的趋势已成为未来行业的主流。

总而言之，当前的国际国内形势和行业政策表明，科技创新已成为我国发展的主旋律，也是制药企业的核心竞争力所在。因此，作为医药企业，2019 年亚宝药业把创新作为工作重点和整体思路，不遗余力地加大创新力度，引领企业不断向前发展。

一　管理创新

通过近几年的运作，亚宝药业业务结构稳定，业务定位清晰，发展重点明确，集团化管控下的事业中心运作制得以充分运行和贯彻，在组织管理上为战略实施提供了有效的保障。

一方面，利用互联网和信息化技术，提高管理效率。近年来，亚宝药业围绕“互联网 +”和“两化融合”，以深化供应链协同运营管控能力、实现产业链协同服务、提升智能决策辅助管理能力为目标，实施了一系列集成整合项目。目前公司已搭建起亚宝 E 家平台、人力资源信息平台、文档管理及安全平台、PRM 和 MRM 营销资源管理、全闭环的 ERP 管理、在线招标采购、数据分析平台和移动办公平台等数字化系统。这些平台的集成化应用，进一步优化了集团业务流程，改善了经营管理模式，强化了过程管控，优化了资源配置，提高了企业管理效率和决策水平，使公司综合竞争力大幅提升。

另一方面，公司鼓励学习其他企业的成功经验，创新工作方法。公司在管理中要求每一个部门都找到自己的对标单位，学对标、赶对标、超对标，并在超越中不断更新对标。从而将他人的有益经验与自己的工作实际相结合，通过学以致用、活学活用，不断总结思考，持续完善创新，推动亚宝各系统的快速发展。

未来，公司将以项目管理及数据管控为抓手，进一步加强执行和落实考核，打造高效、高能、卓越的人才管理团队，全面提升公司管理水平。

二　研发创新

对于药企而言，把握医药行业发展的方向和特点，匹配市场需求，聚焦自身优势领域，保证研发投入的力度和连续性至关重要。为此，亚宝药业以临床需求为导向，以急速推进研发项目进度为目标，加强研发团队建设，促进研发质量和效率的全面提高。

仿制药研发方面，2019 年，公司拿到 6 个仿制药批件：苯磺酸氨氯地平片通过仿制药一致性评价，成为山西首个通过一致性评价的品种；索拉非尼片获美国 FDA 暂时批准文号，有望实现国内仿制药前三名；苯甲酸阿格列汀片获药品注册批件，为国内首仿第一家。此外，公司还拿到依达拉奉、甲苯磺酸索拉非尼、苯甲酸阿格列汀 3 个原料药批件。未来，公司将着重对有成本优势和技术壁垒的产品进行仿制。一方面根据公司的原料优势、资金优势、设备优势、人才优势以及市场形势来进行综合判断；另一方面用技术占领市场，选择一些高难度的、有技术壁垒的产品进行仿制。

创新药研发方面，公司多个创新药项目进展良好，其中，SY－004已进入多中心II期临床试验阶段。未来，亚宝的最终目标是实现原始创新。很多跨国公司的成功经验证明，原始创新的风险虽然大，但一旦成功，其效益也是不可估量的，将会推动企业实现跨越式发展，因此，公司将通过加强合作来促进自身研发能力的提升；同时，我们要做me-too、me-better创新药。另外，505（b）（2）类产品能够形成独家和市场竞争力，未来我们也会加大这类产品的研发力度，一方面做复方产品，另一方面改变剂型。

大健康产品研发方面，2019年，亚宝特殊医学用途配方食品的研发实现全路径打通，完成了首个特殊医学用途全营养配方粉TY002注册申报成功，并顺利通过注册现场核查。公司将继续做好特医相关研究和注册申报，挺进特医市场竞争领域。

三　营销创新

在医药行业变革加剧的大环境下，亚宝药业营销板块在“优化商业、拓展终端、强化品牌、大品种运作”的战略方针指导下，积极创新营销模式，取得了一定成果。

一方面，加强终端队伍建设。2019年营销板块进一步加强药店、医院以及诊所三大终端的建设，尤其是在强化第三终端学术培训、拓展基层终端市场等方面开展了大量工作。

另一方面，创新“学术推广＋代理商推广”的营销模式。处方板块一是布局专家网络，全年开展1000多场次各类学术活动，有力地提升了处方各品种的品牌知名度；二是全年开展百场代理商培训活动，极大地提高了代理商的专业能力，同时拉近了代理商和企业之间的距离，奠定了双方长期合作的基础。特医板块则通过打造标杆医院，完善亚宝特医专家网络，建立战略合作客户等方式，形成直营和招商并行共赢的成功运营业务模式。

亚宝药业目前拥有多个独家品种。在营销方面，未来亚宝药业还将进一步解放思想，加大创新力度，做大做强独家品种，充分挖掘现有资源优势和潜力。

四 生产创新

质量是企业的生命线，近年来，公司围绕国际化质量体系建设这一大目标，以及建设技术型生产企业的总方针，推动生产创新，全面提高生产系统的质量管理水平。

首先，国际化质量体系建设顺利推进。2019 年，亚宝药业生产系统九大生产基地全部通过 GMP 复认证，其中亚宝北京生物制药零缺陷通过美国 FDA 复认证。2018 年以来，亚宝药业着手在各生产公司内部全面推行 cGMP 管理，截至目前，四川公司、芮城工业园两大生产公司已实现 cGMP 内审达标，公司质量体系与国际接轨的步伐进一步加快。

其次，大力建设技术驱动的研发型生产企业。生产中心与研发密切配合，开展了 26 个品种的中试放大及验证，共计完成中试 60 批次，验证 34 批次。针对在产的 6 个品种，开展了质量标准升级工作，进一步提升了产品质量，提高了市场满意度。针对大品种产品，公司组织了专门的队伍和人员进行质量攻关，这项工作在今后还会进一步加强。

另外，各生产公司通过降低采购成本，人工成本，工艺优化，设备改进等多种方式来综合控制生产成本。公司生产逐步向机械化、自动化转变，不断引进先进设备，淘汰落后工艺，大幅提高生产效率。同时，公司进一步认识到未来是信息化和智能化的时代，信息化和智能化也会是我们生产未来的整体方向。

五 投资创新

公司积极利用上市公司平台和专项基金平台，创新投资并购模式，加大投资并购力度，通过收购创新药、独家品种、特色产品，投资国际创新药、创新药研发公司，以及对新兴领域进行跨界投资等方式，进一步激发资本活力，促进企业快速成长。2019 年，公司实现参股生物新兴领域项目一家，参股具有特色和独家产品的项目一家。

总之，创新是引领高质量发展的第一动力，医药行业更是如此。未来，我们将更加重视创新、用好创新，把创新作为企业发展的主旋律，推动亚宝各项工作迈上新台阶，创造亚宝更加美好的未来。

B.13

仿制药一致性评价申报资料常见问题案例解析

余　立*

摘　要： 不少仿制药一致性评价申报者研发与撰写经验不足，对官方申报要求理解不到位，导致申报资料不尽如人意，资料有发补甚至退审的风险。本文以申报资料中常见问题为切入点，解读官方发布的申报要求，并根据笔者多年研发与审评经验给出一些参考建议，为申报者规范撰写仿制药一致性评价申报资料提供参考建议，以供申报者不断改进、完善申报资料。

关键词： 仿制药　一致性评价　申报资料　撰写规范

仿制药一致性评价工作有几个关键节点，申报资料的撰写就是其中之一，申报者的研发理念、产品设计与变更思路、专业技术水平、实验所用方法、研究考察数据和最终结论等都需要依靠这份申报资料充分表达出来，通过它将信息尽可能多且正确地转达给审评人员。一份完美的申报资料应该是能够让审评员清晰地看懂申报者想要传达的信息。可遗憾的是，有些申报资料中存在重大缺陷与错误，有些虽无重大缺陷但一般的遗漏与错误数量太多，也会让审评员不能获悉全部信息，导致无法评价，只能发补询问申报者或退审，使申报进度大受影响甚至成年累月的辛苦付诸东流。

* 余立，北京市药品检验所原所长助理，主任药师。

仿制药一致性评价申报资料与新药和仿制药新申报资料相比有以下几个独特的地方：①仿制药一致性评价的品种是已获得批准文号的产品，许多还都一直在产在销；②均有经过审评被批准的注册处方工艺，有些还有各方面的变更申请批准历史；③这些品种都有当年申报的一些研发数据，尽管用现在的理念来审视，当年的实验设计和实验记录不是那么完美规范，但有些却是经过多年实践证明结论是正确可行的；④具有多年生产、上市、销售与临床使用的各类数据，可用来说明产品的有效性与安全性。因此，仿制药一致性评价申报资料在这些方面就有了与普通仿制药新研发申报资料不同的特点与要求。

一　准确领会仿制药一致性评价工作的申报要求

2016 年 8 月 17 日，国家食品药品监督管理总局出台了《化学药品仿制药口服固体制剂质量和疗效一致性评价申报资料要求（试行）》（以下简称“申报资料要求”），指导申报者结合仿制药一致性评价的特点进行完整规范的品种申报，同时方便审评机构进行快速立卷审查和整体审评，其中就有针对一致性评价品种上述特点的申报指导。

例如：“申报资料要求”中的项目（一）概要部分，包括①历史沿革；②批准及上市情况；③自评估报告；④临床信息及不良反应等都体现了对一致性评价品种特殊性撰写的指导。这些信息对于进行一致性评价是比较重要的，有些还关乎某个仿制药品种值不值得做评价，该不该改工艺处方，能不能被批准等。但是，有些申报者对此缺乏正确和深刻的理解，不领会其重要性，常有遗漏或者信息偏离，将国家指导要求与自家品种特点的结合变通性差，加之表达技巧与方式不讲究，阐述问题分析推理的逻辑性差，往往让阅读者不知所云，查找困难。委外进行申报的品种由于 CRO 有时与生产企业沟通不好，对产品历史情况了解不够，这个问题尤为突出。

比如，对于“历史沿革”部分，在“申报资料要求”后附说明中已经给出了项目撰写提示，说明提示为“说明同品种原研产品上市背景信息，包括品种治疗领域、国内外上市情况。还要提供包括原研药或国际公认的同种药物以及仿制药的质量概况或文献资料来论证本品剂型、处方组成、生产工艺、包装材料选择和确定的合理性”。这部分内容很丰富，基本应该把该品种的背景信息都简要提到，但有些申报者三言两语就写完了，连说明中点到的内容都没有写全，认为详细内容在后面各章节都有，这里不需要赘述。

个人建议：①不要怕重复！其实这段就像科技论文的摘要，品种概况及结论性信息在这里都应该点出，同时标注出详细信息在后面章节的链接。②因为涉及内容方面较多，自己可以增加小标题，将各方面分别概述，但小标题最好按要求说明的内容顺序来排。③除申报产品的剂型情况外，可以延展包括原研相同活性成分的其他剂型/规格及国内（国家局网站截图）的批准上市情况、专利情况等，因为这些对于说明申报剂型的合理性等都有一定的佐证作用。④质量概况、国内外药典标准收载情况、处方组成对比、工艺对比、包材对比等可以用对比表说明，质量标准对比不仅可以把各标准规定情况列出来，还可以增加申报者对仿制品标准质控水平的简要评价一栏，而不是让审评者去判断；可以延展增加有效期的比较以间接概括说明仿制品与参比制剂的稳定性情况等。⑤可以采用时间轴插图以更清晰地表达历史沿革变化情况。

关于“批准及上市情况”部分。后附说明中提示“介绍批准的再评价品种 INN 名、通用名、商品名等名称以及上市后变更情况。说明再评价品种具体的已上市信息。包括剂型、规格、批准时间（批准文号）、执行标准、标准号、有效期等内容，并提供相关的证明性文件。以及简要说明本再评价品种自批准上市以来的生产销售、相关变更及质量稳定性情况，相关变更提供最新有效证明性文件”。

对于这部分笔者想给申报者的建议是：在所有变更列出之后再把技术变更从所有变更中抽提出来单做个时间轴，单独地区分表述，因为技术审评更关注技术变更，同时标注变更的程度是属于重大还是中等、微小变更，经过哪一级部门批准，简要说明做过哪些技术研究。另外，这部分要求汇报的质量稳定性情况不仅要综述稳定性试验结果，还可侧重稳定生产、批间差异、返工或召回批次等情况，以及近年来市场抽验结果也可以在这部分进行汇报。建议做个质量检测结果变动趋势图形象表达。

关于“自评估报告”部分，试行要求后附的说明中提示“申请人应对此次一致性评价具体内容的相关研究进行全面论述。结合每项研究内容，对处方工艺研究、关键步骤和中间体的控制、原辅料、包装材料进行分析，重点针对与参比制剂一致性相关的质量研究情况、体内评价研究结果等的分析，提出对本品种与参比制剂质量和疗效一致性的综合评价结果。申请人应保证该品种研发过程及结果和申报资料的科学性、完整性和真实性”。

这部分常见的问题是没有支持的笼统虚空评价，比如这部分就直接写“经过对比研究，认为我们产品质量与参比制剂一致”。建议按上述说明提示逐项给出项目研究小结和结论（优于或不劣于），最后做品种综合评价结论。同时不要遗漏做科学性、完整性和真实性保证承诺。

关于“临床信息及不良反应”部分。常见问题也是只是泛泛地讲，比如“我公司产品在临床广泛大量使用多年，不良反应很少”之类，建议可以提供医保目录收载情况，说明是否在基药目录中，在国内三甲医院使用情况，市场占有率排名，省市县销售分布图等，数据来源最好使用官方网站公布的截图。

不良反应信息部分建议包括信息来源（医院及患者反馈、持证人报告系统、各种权威网站等）、年生产销售的总量分母情况、文献报告常规不良反应和本产品有无新增不良反应种类。有申报者在此部分只简单写“我公司非常重视收集本产品的不良反应情况，但本品临床使用安全性良好，近5年来不良反应发生率几乎为零，且个别反应均为极轻微不良反应”或简单报告“近5年来共发生不良反应xxx例”，没有汇报信息来源、没有总量分母情况、没有分级的不良反应信息总结是无法说明问题的。

二　仿制药一致性评价申报资料中常见问题

除上述问题外，申报资料中常见的一些主要问题可以简要归纳为四个方面：错、缺、浅、乱。

（一）常见问题“错”

不需要解释就可以理解，不过有些发生在根本上的错误却是最容易导致被退审的。例如：申报者按照没有处方或工艺修改的情况进行评价和申报，但只要将现在生产所用处方或工艺与最初批准注册的工艺处方进行对比就会发现两者之间存在差异。发生这种错误的原因之一是申报单位从最初投产伊始就没有完全按照批准的注册处方工艺执行，企业自始至终都是用自行修改过的处方工艺在生产，自己感觉从来没变过。这种情况有企业解释：是因为那个批准注册的处方工艺根本就不合理，无法生产或不是最佳方案，所以在一开始正式投产时就给改了，当时不愿或不认为有需要去进行全面研究和补充变更注册。这种情况申报者却在 8. （3.2.P）制剂药学申报资料部分中，8.2.2. （3.2.P.2.2）制剂再研发章节按处方、工艺无改变的品种处理，不提供处方工艺研究资料，造成申报资料缺失一大块非常重要的章节。有企业认为：我们的这些工艺处方虽然与当年批准的注册处方工艺有所不同，也没有进行过变更补充申请，但其间经历了再注册，应该算是合法有效的工艺处方。但事实上，各省局再注册时并没有对工艺处方变更研究进行系统技术审评，有些品种现行的工艺处方在任何时期、任何档案中都没有系统的变更研究和存档资料。所以，在一致性评价工作中把这部分工作进行规范补课是完全必要的，不能永远让其缺失空白。

发生这种错误的另一个原因是产品申报年代较早，单位生产与研发相关者几易其人，产品也可能在公司间或集团内部调整数次进行转让和产地变更，以前管理不严、存档不全不规范，使该企业现在做一致性评价工作的人员找不到头、寻不着根，更有甚者有企业申报资料撰写者询问可否现在的申报资料中可以不附原始批准处方工艺，理直气壮地说因为找不到，自己都没看到过。这里面确实存在客观的困难，但更多的是主观的不负责任与低水平认知，不应幻想这种关键文件的缺失是能被允许审评通过的！

还有的企业自己的评价品种是薄膜衣片，参比制剂是普通素片或相反。但通篇申报资料采取鸵鸟政策，避而不谈这个差异，总说仿制品与参比制剂均为片剂，在处方表述上也给缺省薄膜衣组成，工艺不体现薄膜包衣过程。这种根本的缺失属于原则性错误，是重大缺陷项。

（二）常见问题“缺”

申报资料中“缺”的表现形式可以概括为“限度制订无依据、试验研究缺过程、验证或稳定性考察少数据”。比如，在杂质谱研究中，企业仿制品与参比制剂相比有新增杂质，这对于用不同来源、不同制备方法的原辅料生产出的制剂来说本属正常，但申报者对新增杂质的检测方法选择、建立与验证，限度制订，给出的依据常常不充分甚至不给，不少申报者仅依据自制3批的样品杂质考察结果，迁就现有水平制订限度，不结合给药途径、每日给药剂量和杂质的毒理学数据以及稳定性数据给出综合考量依据。特定杂质的规定更是人云亦云，不结合自己的原辅料及工艺特点，该增订的不增订（比如自己工艺特殊的试剂残留、自己原辅料引入的工艺杂质），不需检查的杂质（制备过程中根本未用到，无引入途径）又照猫画虎把国外药典标准照搬在自己的质量标准中，申报者在这种情况下自然对杂质检查的限度制订依据只能说出一条“参照国外药典”，其余的都说不出来。殊不知即使是原研标准——BP/EP/USP等这类国外主流药典，也不过是我们制订仿制药标准的参考文献而已，仅供参考使用，对其标准制订一定要知其然并知其所以然，在总体水平不低于现有标准基础上还要结合自身特点进行补充和调整。每当发现这类问题，申报者还总是强调CDE要求仿制药标准就高不就低，从严不从宽，不把国外标准检查的杂质都放在自己仿制药质量标准中就怕审评通不过。其实这是对审评要求的一种曲解，高和严是建立在科学基础上的，最适合的才是最合理、最科学的。对各种杂质进行深入全面研究分析并不代表最终质量标准中一定都要作为特定杂质列出。这种做法是事倍功半，表面上看起来似乎制订出一个全球最严标准，但暴露出对什么是质量控制水平的高和严没有深刻正确理解，浪费了研发与质控资源，对药品质量控制没有太多益处，缺乏实际意义。

（三）常见问题“浅”

申报资料容易犯的“浅”的错误，表现在对于某项研究或某个问题往往只是蜻蜓点水说两句留八句，惜墨如金不给说透，比如：“我们采用了优化后的 USP 方法进行检验，经方法学验证可行”。至于都优化了什么，为什么优化，只能考验审评员的找不同能力。建议如果是修改一个方法或限度，申报资料一定要给出修改理由即修改的必要性；修改方案与验证或说明即修改的正确性，以及新旧方法或限度的对比即修改的非劣性。

申报资料的“浅”和“缺”还表现为按照指导要求，凡是让做的研究也都做了，但仅仅是把实验步骤、结果和图谱写出来了，而对结果的分析不深入，结论不明确。比如：仿制品的 BCS 分类，有时从不同网站查询出来的结果不一致，申报者就把几条查询结果列出来，没有自己的补充实验，自然也给不出自己的分析判断和结论。申报资料“浅”和“缺”的问题常常导致发补。

对于杂质谱研究，建议通常也要给出至少 4 个方面的结论，即仿制药与参比制剂比较有否新增杂质？新增杂质的量有多少？仿制品还能否桥接参比制剂的文献安全性结论？能否套用已有检验方法与限度规定？目前不少申报者都会遗漏一二。

如果申报者增项采用新建立检查方法，申报资料就要体现出整体着眼、细节着手的实验设计思路与研究手段。以色谱条件建立为例，色谱柱的选择，流动相组成确定，pH 值的范围、柱温的规定与否，都应该呈现摸索研究过程，而不是像某些申报者直接给出最终结果。项目设置、限度制订以及实验结论的做出等都常见缺乏支持依据，研究过程，实验数据，特别是一些所谓的小项目的研究与规定（比如：溶液的颜色、酸碱度等）以及委外的研究，往往没有完整的试验或摸索过程，就凭几张图、几批样品的考察数据就能直接确定检查方法和限度规定。

（四）常见问题“乱”

申报资料的“乱”表现在叙述乱、推理逻辑乱，“因为”与“所以”

常常并不成立，比如："因为我们用新建的方法检验3批样品，结果某杂质含量均在0.3%左右，所以将限度由原来的0.1%放宽到0.5%"。"因为我们的3批样品均为微黄色粉末，所以我们将性状描述由原来的白色粉末改为白色至微黄色粉末。"可以想象，这样的"因为""所以"是不会被认可的。但也许由于你所用的新方法灵敏度提高了，检出能力加强了，同一批样品用旧方法检测杂质水平可能是0.01%，但用新方法就能检出0.2%，这种伴随方法改进所做的相应调整也许是合理的，但申报者的表达却是混乱的，分析是肤浅表象的。还比如，明明在分析方法验证时进行的是强制降解试验，目的是要考察方法的专属性，可结果分析却拐到了"本品在酸性条件下不稳定，可生成杂质A"上，至于专属性如何却一字不提。

另外，建议申报者在撰写仿制药一致性评价申报资料时要围绕几个关键词：仿制药、参比制剂、比较研究。抓住资料表达重点：差异处、变化处、制剂特点处。掌握换位思考，假设自己是审评员，那么希望得到哪些信息，撰写资料时做到规范不机械，特殊问题关键研究内容没要求也要提供，不需要的条目，要求上有提纲不要删去，并注明不需提供的原因。必要时借鉴PPT制作的一些手法，比如，用时间轴表达沿革演变，用叠加形式进行图谱对比，用柱形图进行质量对比，用趋势图展现稳定性情况，等等。

B.14

高端药用辅料的研发进展报告

涂家生* 杨倚天

摘　要： 本文旨在探讨高端制剂药用辅料（高端辅料）的研发方式和质量提高关键点，并对高端辅料的创新进行展望。高端制剂是相对于传统制剂具有更高技术含量、更优疗效、更小副作用、不易仿制等优点的制剂，而其核心就是关键辅料。近年来，我国高端辅料的发展得到关注。本文阐述了高端辅料的创新方式，对学术界、工业界和政府监管的共同创新进行了展望。

摘　要： 高端制剂　高端药用辅料　剂型创新

一　高端制剂的起源与发展

高端制剂是相对于传统制剂而言的一类可定时、定位、定量递送药物的制剂。高端制剂一般具有效益/风险比高、仿制难度高的特点，一方面，高端制剂往往是从临床需求出发，经设计、试验得出，患者获益明显；另一方面，高端制剂采用的药用辅料和/或制剂生产技术含量高，往往存在技术壁垒和/或知识产权堡垒，难以仿制。根据新版《药品注册管理办法》，高端制剂可以是注册分类2类和3类。

美国是高端制剂的强国，其管理往往按505（b）（2）和仿制药管理，

---

* 涂家生，中国药科大学理学博士，药剂学教授、博士生导师。

美国 FDA 对于高端制剂的仿制，通常公布仿制指南个论。随着新药研发难度和风险的加大，越来越多的企业加大了高端制剂的研发，FDA 批准数量逐年增加（见图 1）。①

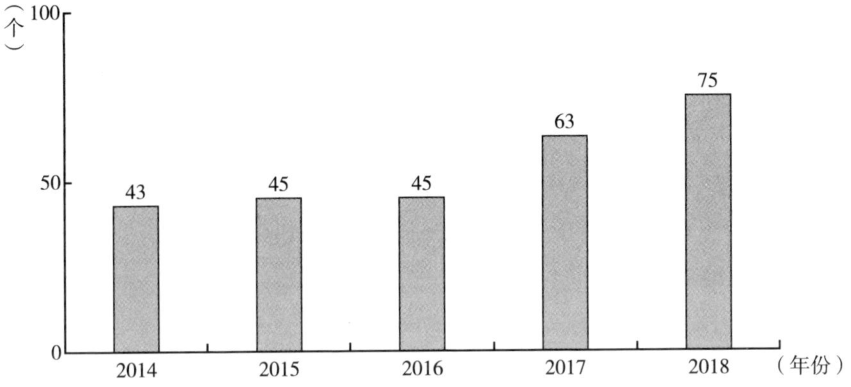

图 1　2014 ~ 2018 年 FDA 批准的 505（b）（2）的数量

高端制剂中的关键辅料（以下简称高端辅料）是高端制剂的核心，也可称为功能性辅料。一个功能性辅料的问世，往往可以催生一批高端制剂。功能性辅料可以是新化合物实体（包括已有辅料合成的新化合物实体），也可以是预混/共处理辅料。2014 年美国批准重组人玻璃酸酶，使蛋白类药物（特别是单抗药物）皮下注射成为可能，FDA 批准的 BASF 的 Soluplus 是一种适宜于连续生产的具有增溶能力的药用辅料，随着 US FDA、USP 推动连续生产，该辅料的作用将显现。预混/共处理辅料是几种已有辅料的物理混合物，预混辅料是通过简单的物理混合得到，而共处理辅料是通过诸如喷雾干燥、冷冻干燥、共结晶的技术得到。目前，国外大药用辅料企业在大量研制共处理辅料。如 Ashland 生命科学公司的 Benecel™ DC HPMC 是一种共加工的辅料，具有优异的流动性和改善的可压缩性，特别适合直压。②

近现代药物剂型的发展自 20 世纪 50 年代始，可粗略分成 3 个代表

① https：//www. fda. gov.

② https：//www. ashland. com/，Benecel™ 甲基纤维素和羟丙甲纤维素。

阶段。

一是1950～1980年，此时新型制剂研发重点在于解决给药便利性的问题，此阶段出现利用溶出、扩散、渗透等机理开发的缓释制剂，从而延长给药间隔，提高患者依从性。

二是1980～2010年，新型制剂的目的从时间上的精准上升到时间空间全方位精准给药、按需“精准”给药，如脉冲释药系统、pH与温度敏感释药、靶向纳米制剂等；例如，首个采用OROS™控释技术的抗精神病药物帕利哌酮缓释片，于2007年获得FDA批准上市①；MiddleBrook制药公司的阿莫西林控释片，采用其1日1次脉冲释药系统（Pulsys）②。

三是2010年至今，在上一代剂型基础上，克服处方限制（精准释药、纳米粒特性控制、刺激敏感型给药等）和克服生理限制（各种生理屏障，例如，酮洛芬微乳经皮给药制剂，通过改善药物透过皮肤的能力加强吸收效果③）成为进一步研发目标，药物研发已进入制剂创新时代。④

高端制剂作为药物创新的前沿研究方向，催生出创新制剂新药。创新制剂新药（CRS）相比于化合物新药（NCE），具有更灵活的审批流程（BE可行）、更短的研发时间（2～8年）、更低的研发投入（0.2亿～0.5亿美元）以及更高的成功率，风险获益更加可控，市场周期更持久。

目前研发出的高端制剂包括脂质体、长效缓释微球、白蛋白纳米粒、聚合物胶束、口服缓控释制剂、缓控释贴剂等。高端制剂可以明显提升药物在临床上的治疗价值，突破药物研发的成药性限制（以BDDCS系统分类）⑤，大幅提高有效活性成分在临床上合理有效应用的可能性，为发展高质量创新

① Fowler J. A., Bettinger T. L., Argo T. R., “Paliperidone Extended-release Tablets for the Acute and Maintenance Treatment of Schizophrenia,” *Clinical Therapeutics*, 2008, 30 (2): 0-248.

② Amoxicillin Pulsatile — MiddleBrook, Drugs in R & D, 2007, 8 (6): 395-399.

③ Paolino D., Ventura C. A., Steven Nisticò, et al., “Lecithin Microemulsions for the Topical Dministration of Ketoprofen: Percutaneous Adsorption Through Human Skin and in Vivo Human Skin Tolerability,” *International Journal of Pharmaceutics*, 2002, 244 (1-2): 21-31.

④ 闻晓光、奚凤德、陆平等：《新型制剂的研发与创新》，《科技导报》2016年第11期。

⑤ Benet L. Z., Hosey C. M., Ursu O. et al., “BDDCS, the Rule of 5 and drugability,” *Advanced Drug Delivery Reviews*, 2016: S0169409X16301491.

药物提供工具。

虽然近年来对于高端制剂的科学探索成为我国各高校、研究机构涉足的热门领域，但我国高端制剂发展仍然受到很多因素的制约，如技术成熟度、配套研究（辅料、包材）、生产场地建设、质量控制标准等。其中，辅料作为高端制剂体现临床价值的依托，当仁不让成为未来的行业发展重心之一。

二　我国药用辅料行业及高端辅料研发现状

多年来，由于医药产业生产技术和创新力的影响，我国存在重原料、轻药用辅料的现象①。目前，我国辅料在整个药品制剂产值中占比在1%～2%，而国际上药用辅料这一数值可达到3%～5%，预计2025年全球药用辅料市场将达到97亿美元。②

尽管近年来随着药品审评审批制度改革的进展，药用辅料的品种数不断增加，质量得到长足提高，但辅料行业“小、散”的局面没有根本改观。

我国药用辅料的准入制度已经完成了从注册制向备案制、关联审评的转移。2016年3月，国务院办公厅印发的《关于促进医药产业健康发展的指导意见》提出，应发展技术精、质量高的医药中间体、辅料、包材等配套产品；2016年8月，国家食药监总局发布《关于药包材药用辅料与药品关联审评审批有关事项的公告》，提出将辅料包材的单独审批改为关联审评审批，正式引入DMF制度，与国际接轨；2017年11月146号文与2019年7月56号文，将辅料关联审评审批的要求进一步细化。目前药审中心（CDE）平台登记的辅料有近2000条目（见表1），涉及的品种数只有不到400种，同一DMF下分规格的情形不多见，显示我国药用辅料仍然是粗放型，药用

① Bob Pollock, Novel Excipients-FDA Evaluates a Novel Program, https://www.lachmanconsultants.com/2019/12/novel-excipients-fda-evaluates-a-novel-program/, 2020-4-28.

② Fowler J. A., Bettinger T. L., Argo T. R., “Paliperidone Extended-release Tablets for the Acute and Maintenance Treatment of Schizophrenia,” *Clinical Therapeutics*, 2008, 30 (2): 0-248.

辅料功能相关性指标的设置或标示范围广，说明很多辅料的功能性不能保证批间一致，与药品质量一致性要求、高端辅料的精确设计存在一定的差异。

表 1　CDE 平台原料药、辅料、包材备案总结

单位：种

种类	标识状态		合计
	A	I	
原料药	985	2563	3548
药用辅料	175	1659	1834
药包材	449	4198	4647

注：A 为激活状态；I 为未激活状态。

高端辅料的研发呈加速趋势，目前，国内开展高端药用辅料研发的企业包括湖南尔康制药有限公司（小分子辅料和合成辅料等）、安徽山河药用辅料有限公司（纤维素衍生物、淀粉衍生物等）、南京威尔药业有限公司（水溶性辅料、高纯度表面活性剂、高纯度注射用辅料等）等。我国功能性高端辅料的研发实力得到显著提升，目前，从关于功能性生物材料的 SCI 论文的发表数量看，来自中国大陆的论文数占比已经上升到 30%，2018 ~ 2019 年 Advanced Functional Materials（SCI 影响因子）发表论文数中国大陆学者占比已经上升到近 40%，显示大量高端辅料有待于产业化，转化仍然是我国高端辅料的瓶颈。资本的介入对药用辅料的质量提升和高端辅料的产业化具有重大意义。

三　高端药用辅料的情形

（一）全新辅料品种的开发

国内外药物制剂的迅猛发展离不开新辅料的开发和应用，不论从临床价值还是从经济价值的角度来看，优良的新辅料品种的开发，都可能比一种新药的开发更具有意义，因为新辅料品种的出现，是研发新剂型和制剂的基础甚至是前置条件，又可以通过取代旧辅料品种而提高现有制剂的性能和质量。2019 年 10 月，FDA 声明将评估 IND、NDA 和 ANDA 申请中新辅料品种的安全性，以鼓励制剂厂商应用全新辅料；但同时又称，ANDA 申请中不允许使用需要进行临床研究的辅料，而通过 505（b）（2）途径申请是可以的。[①]

此外，高端辅料的研发对于我国医药行业有突破进口垄断的现实意义。例如，PEG 化磷脂是纳米脂质体制剂必不可少的辅料，国际上能够稳定供给的企业数量不多，处于垄断状态，进口单价按克计算，居高不下。[②] 早在 2016 年，医药工业“十三五”规划标志——《医药工业发展规划指南》，已经提到需重点发展 PEG 化磷脂、抗体修饰用磷脂等功能性合成磷脂等面向高端制剂的辅料。[③]

高端辅料进口的高价格亦是我国机构、高校等对脂质体药物研究开发的桎梏。若能自行研发成功或开发出替代种类，将大大降低制剂研发和产业化成本。

（二）特殊组合辅料

辅料的开发周期较长，投入较高，能够作为研发起步跳板的参比产品较少；由于其具有广泛应用的固有属性，因此安全性考察严格，程序冗繁；最后上市还需向药品生产企业推广产品，但是要说服应用传统辅料进行多年稳定生产的厂家变更选择并非易事，这就更增加了新型辅料投资的变现难度与回报风险，新型辅料开发的脚步也随之放缓。

---

① Bob Pollock, Novel Excipients - FDA Evaluates a Novel Program, https://www.lachmanconsultants.com/2019/12/novel-excipients-fda-evaluates-a-novel-program/, 2020-4-28.

② Laine A. L., Houvenagel S., Broo A., et al., Developing an Injectable Co-formulation of Two Antidiabetic Drugs: Excipient Impact on Peptide Aggregation and Pharmacokinetic Properties, Int J Pharm, 2020, 576: 119019.

③ EUDRAGIT© FL 30 D - 55: The Gold Standard for Enteric Release Has Gone Platinum, https://healthcare.evonik.com/product/health-care/en/, 2020-4-28.

鉴于此，现今辅料厂商与制药公司更倾向于合作，在研发新药的同时，配套研发与之形成组合产品的辅料，作为新药上市申报的一部分。这与同时开始兴起的药物－医疗器械组合产品异曲同工。例如，使用羟丙基－β－环糊精作为辅料，开发稳定的钠葡萄糖共转运蛋白2抑制剂（达格列净）和治疗性脂化肽的胃肠外共制剂。①

特殊组合药用辅料的研发，既为新型高端制剂的成药性限制突破提供了有力支持，也可以激发辅料行业创新的动力，因为高端制剂的研究已经盛行数十年，正是由于成果转化和工业化的困难才迟迟不见市场蓬勃，特殊组合药用辅料的出现，可以特异性地补全研发至上市之间的技术桥梁，每种高端制剂产品均可选择配套研发与之对应的特殊药用辅料（如聚乳酸PLA等注射用控制材料），市场潜力巨大。Evonik公司研制的EUDRAGIT FL 30 D－55用于肠溶衣的新型组合聚合物可设计用于诸如多颗粒、片剂等剂型的高度柔性和易于加工的肠溶衣，以降低配方复杂性、QC测试时间和总体监管风险，助力制剂进入市场。②

（三）辅料制备技术迭代

高端制剂的上游概念是新型给药系统（DDS），包括缓控释给药、靶向给药、透皮给药、生物黏附给药、无针粉末喷射给药和其他给药系统，基于不同给药系统进行相应辅料的配套开发是促使新型DDS形成高端制剂产品，并实现产业化、规模化的关键。③

但是，由于高端制剂的制剂过程复杂、辅料与API稳定结合较难控制，因此需要突破技术瓶颈。例如，长效药物微球可以长时间发挥体内疗效作用，减少给药次数，降低药物毒副作用，提高患者的顺应性，而相分离法和

---

① Tiwari G., Tiwar R., Sriwastawa B., et al., "Drug Delivery Systems: An Updated Review," *Int J Pharm Investig*, 2012, 2 (1): 2－11.

② Kankala R. K., Lin X. F., Song H., et al., "Supercritical Fluid-Assisted Decoration of Nanoparticles on Porous Microcontainers for Co-Delivery of Therapeutics and Inhalation Therapy of Diabetes," *Acs Biomaterials Science & Engineering*, 2018.

③ 《新辅料和新技术在结肠定位制剂中的应用》，《中国药科大学学报》2017年第2期。

乳化液中干燥法存在产品产率和包封率较低、重复率较差的缺陷，而新兴的超临界流体制备微粒的技术具有绿色环保、制备方法种类多、粒径易调节和后续分离纯化容易等特点，使得制剂产品的产率和稳定性获得保障，有利于后续的深入研究和成果转化。①

另外，对于不同给药途径和释药部位的给药系统，引入新技术，对于提高局部给药浓度、减少给药量和次数，从而减少不良反应并提高患者依从性有重要意义。例如，近年来口服结肠定位释药系统（OCDDS）中采用了多种新型辅料，如酶特异性材料、复合材料、联合应用型材料等，同时应用了较多新技术，如纳米技术、微型海绵技术、前体药物技术、电喷雾技术和微孔渗透技术等，提高了 OCDDS 的稳定性和可靠性。②

因此，对于已投入初期产业化的高端制剂，针对其制备过程的技术进行优化，是基于历史技术进行的迭代研究，可以提高产品的应用标准和行业竞争力。

（四）预混/共处理辅料

不同辅料由于其形态学参数（如分子排列状态、颗粒状态、堆密度等）的差异，其颗粒流动性、可压性、稀释性、崩解性、润滑性、吸湿性等均有各自特点，这些特性相互作用、相互配合，共同影响产品的最终性能。通过物料间分子水平上的相互作用，发挥协同效果，克服辅料各自不利因素。例如，乳糖和纤维素联合，产品可压性好，口感好，成本低廉；微晶纤维素与微粉硅胶联合，产品流动性好，湿法制粒影响小，片剂成型好，脆碎度小。

对于高端制剂，利用相似的研发思路也是可行的，将多种单一辅料按一定配方比例，以一定的生产工艺预先混合均匀，作为一个辅料整体在制剂中使用，具有特定的配方组成、多种功能的集合、时间和成本的节约等特点，是新型药用辅料研发应用的优选路径。

---

① 国家药典委员会：《关于〈预混与共处理药用辅料质量控制指导原则〉草案的公示》，2020年4月28日。

② ICH Q8（R2），Pharmaceutical Development.

2019 年 7 月 26 日，国家药典委员会官网发布《预混与共处理药用辅料质量控制指导原则》公示稿，对预混/共处理辅料的监管方面作出规定，供业内参考。①

四　高端药用辅料面临的挑战

（一）研发周期长，适用面窄，见效慢，企业积极性不高

药品生产企业往往优先选择已有辅料，以避免因辅料的准入问题导致药品注册失败。尽管我国科研人员在创新研究中已经进入先进行列，但新辅料的产业化在全球处于落后的地位。

（二）高端辅料的质量标准建立困难

药用辅料往往是多组分，其中不同组分往往有其特殊的功能。高端辅料往往是针对特定制剂定制，其质量标准应确保制剂质量的稳定，其功能相关性指标尤为重要，然而，很多功能相关性指标的检测技术并不完善。因此，高端辅料的分级更精准的要求与落后的功能相关性指标检测技术成为建立高端辅料质量标准的主要矛盾。

在制定高端辅料质量标准时应考虑以下几点。

1. 该种辅料关键质量属性的确定

辅料特性包括粒度、黏度、杂质等物理、化学或生物特性，其中某种属性对于某种制剂是关键的，若能找出并明确该属性，制定相应的控制指标、方法和限度标准，那么对于辅料在应用中的效果及制剂质量均有保证。②

---

① Yu L. X., Amidon G., Khan M. A., et al., "Understanding Pharmaceutical Quality by Design," *Aaps Journal*, 2014, 16 (4): 771 -783.

② 庄芮、杨超、常远：《中国进口贸易 70 年变迁与未来发展路径思考》，《国际贸易》2019 年第 4 期。

2. QbD 理念的贯彻

作为 QbD 理念的载体，ICHQ8、Q9、Q10 指导原则的重点包括目标产品质量概括 QTPP、关键质量属性 CQA 和关键物料属性 CMA 等，参考这些指南并制定辅料控制策略，是建立质量标准的手段。①

（三）高端制剂的特点是生产难度高

高端辅料要求的功能相关性指标范围窄，技术复杂，难以仿制，例如，PLGA 是一种重要的生物相容性、生物降解性辅料，在缓释微球上具有重要的意义，由于嵌段方式、光学结构的影响因素多，至今没有仿制成功与原研制剂的 PLGA，目前国内外只有很少的仿制品。

辅料的生产大多是从粗品到精品的转变，是从实验室向产品线的跨越，这是需要研发环节和生产环节，即学术界与工业界的协同，而真实世界数据（RWD）就是其中的纽带。自 2016 年起，FDA 在充分考虑 RWD 的基础上，至少批准了 9 个用于罕见病治疗新药的上市申请。②

学术界首先应保持对高端辅料技术升级的追求，这是一切产品诞生的起点和行业发展的内部动力；研发的投入应有针对性、有目的性，盲目创新是低效率的，这就需要参考工业界获取的 RWD：若旧技术暴露问题太多，则需将新技术开发作为重点；若对于产品功能性指标的鉴别与检测的工具方法欠缺，则需以产品质量维护和验证技术为主；如此等等。

工业界的任务是将技术按研发成果的各项要求转化为产品，并在实际生产销售过程中根据产品的各方面表现作出反馈，回传给学术界。这就需要工业界对于生产环节质量的高水平把控，以及上市后 RWD 的全面收集和分析，以获得真实世界证据（RWE）来引导学术界的研究方向。③

---

① 袁妮、张海军：《真实世界研究思考丨浅谈真实世界证据在罕见病药物领域的应用》，2020 年 4 月 28 日。

② 国家药品监督管理局：《真实世界证据支持药物研发与审评的指导原则》，2020 年 4 月 28 日。

③ 智研咨询集团：《2018～2024 年中国药用辅料行业深度调研及投资前景分析报告》，2020 年 4 月 28 日。

五　高端药用辅料的创新展望

（一）技术多环节创新

新思想、新理念和新技术，并不代表就可以化作推动整体行业发展的动力，实现产业化、规模化和市场化才是评价创新成果的真正指标。为了将技术转化为可以立足市场的产品，需要基于该技术的临床定位（与历史技术纵向对比）和市场预期（与竞品横向对比），跟进开展针对其应用目标的深化研究（见图2）。[①]

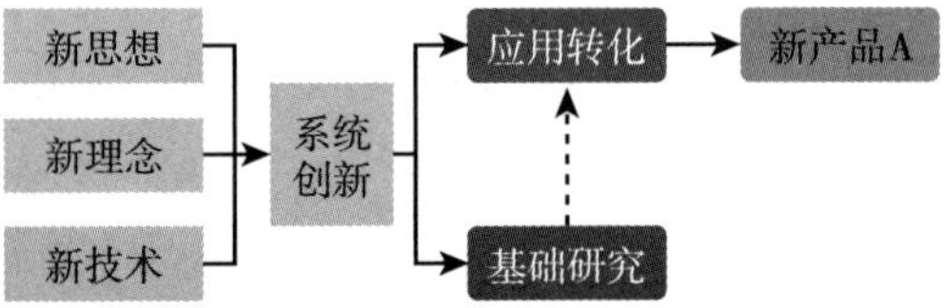

图2　技术环节创新示意

当前制剂的创新理念逐渐从单一技术、单一目标向集成与系统创新转变。同样地，与制剂的发展相互影响、相互促进的辅料行业，也需要包容考虑到在实际应用中的需求，除了对研发保持投入，还需要将技术的产品转化能力作为现实目标。

新技术在基础探索环节，可转化率非常低，此时的研究重点在于技术的突破性；由此蜕变为新产品之间，经过应用基础和转化工程研究，后经临床评价，形成新辅料产品。因此，对于高端辅料转化工程环节的创新，可以实现资源的合理配置，提前判断上市后风险和产品维护重点，提高技术转化的成功率。[②]

① 邹宜谊、陈云、邵蓉等：《共同审评审批制度下药用辅料质量监管的思考》，《中国新药杂志》2019年第4期。

② 刘昌孝：《创新释药技术，领引高端制剂发展》，《科技导报》2011年第27期。

（二）商业模式创新

新技术需要商业化，成果得到变现，才能反过来激发创新研究的动力；产品需要新技术，才能提高竞争力，扩大影响规模。

过于追求技术突破，势必导致研发与生产链接的断裂，为了配合频繁的基础研究迭代，需要投入大量的深化研究和转化工程资源，这是不现实的，如果产品因不断更新而市场周期太短，没有足够的反馈空间，研发就失去了商业基础；过于追求市场利益，为了极限利润而过度拉长产品周期以榨干剩余价值，之后再进行新产品投放时已失去创新红利，被竞品抢占市场。

美国国防高级研究计划局（DARPA）达帕的创新模式，倡导扁平化结构，以项目为主导，通过将社会各方面的资源进行高效整合，实现对科技创新的引领、规划与管理。①

高端辅料行业的创新重点可从关键技术突破与深化的“基础创新”过渡到注重战略规划和资源汇合的“系统创新”，将产业领域的表现作为行业方向的决定项，以技术融合为起点，进行跨专业、跨学科、跨领域的沟通协作，组合各方的观点、能力、概念和资产，实现市场扩张，激发技术变革（见图3）。

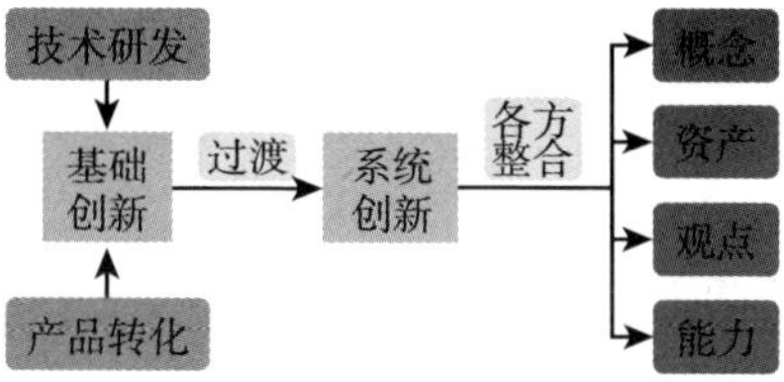

图3　高端辅料行业的创新示意

① 施绿燕、柳涛、朱佳娴：《药品上市许可持有人制度下药品上市后监管风险分析及监管对策研究》，《中国药事》2019年第8期。

B.15

高通量筛选与AI辅助进化平台发展状况分析

凯莱英医药集团（天津）股份有限公司

摘　要：　酶作为大自然馈赠的天然催化剂，在化工及制药行业中具有广泛的应用价值。绿色环保的生物酶催化技术在全球制药领域中占据举足轻重的行业地位。本文介绍了酶的定向进化技术以及高通量筛选（High throughput screening，HTS）和AI辅助进化等前沿技术。其中高通量筛选技术的建立革命性地改变了传统筛选方法，能快速找到所需的有益突变，使酶的筛选更加灵敏、高效、快捷，让制药领域工程酶的筛选变得更容易。以分子建模和计算模拟平台为核心的AI辅助技术，让研究人员能够利用计算机辅助分析与仿真软件进行酶结构模拟，预测出影响酶多种特性的关键结构区域，从而实现生物酶的定向进化与改造。

关键词：　绿色制药　生物酶催化　生物酶　人工智能　高通量筛选

酶是一种极为高效的特殊催化剂，可以说是大自然馈赠给人类的礼物，其化学本质是具有催化活性的蛋白质或核酸。在生物催化技术发展早期，从生物体内提取的酶通常不稳定，再加上生产成本高昂，新酶的开发速度受到限制，距离产业化还非常遥远。为了解决酶的稳定性和成本等诸多问题，学术界做了相当长时间的努力和探索，科学家们利用酶工程技术对酶进行改造，以使其从实验室研究迈向产业化应用。直到1993年，Frances H. Arnold教授首先提出酶定向进化的概念以及将易错PCR（error-prone PCR）方法用于天然酶的改造或构建新的非天然酶。自此，酶分子定向进化技术得到前所未有的发展和进步。酶的定向进化是新酶发现的一个重要来源，对于扩大酶的应用范围发挥重要作用。

一 酶的定向进化

2018年诺贝尔化学奖一半授予了美国科学家Frances H. Arnold，以表彰她在酶定向进化领域（Enzyme Directed Enzyme Evolution）的杰出贡献（见图1）。虽然“酶的定向进化”是一项生物技术，但其核心是利用生物酶高效催化化学反应，创造一种清洁绿色的工业生产模式。

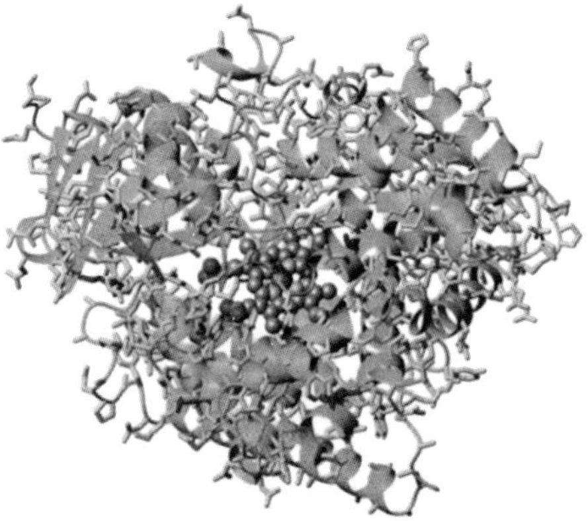

图1 酶定向进化举例（细胞色素P450进化后的P411突变体三维结构示意）

资料来源：Scientific Background on the Nobel Prize in Chemistry 2018。

酶的定向进化通过随机突变、基因重组、定向筛选等方法对酶进行改造，通过人为创造出特殊的进化条件，模拟自然进化机制，在体外改造基因，并定向选择出所需性质的突变酶。即使我们对其分子特征一无所知，也可以对筛选或选择系统中反映出的酶特性进行物理性质的改造，这也是酶定向进化过程的奇妙之处。酶的定向进化是酶工程技术中的一个重要分支，由于它独特的优势，已成为生物酶催化领域上游核心技术之一。

关于酶定向进化的流程，简单地说，首先在酶的基因中引入随机突变，接着将这些突变的基因插入细菌中，细菌利用这些基因作为模板产生随机突变的酶，从而表达出酶蛋白突变体库；然后对酶的变化进行测试，定向筛选出满足人为设定标准的酶蛋白突变体；最后从保留的酶蛋白突变体中提取基因进行下一轮随机突变。这样循环往复，直到找到最合适的酶突变体，最终获得最有效的化学反应的催化方法（见图 2）。

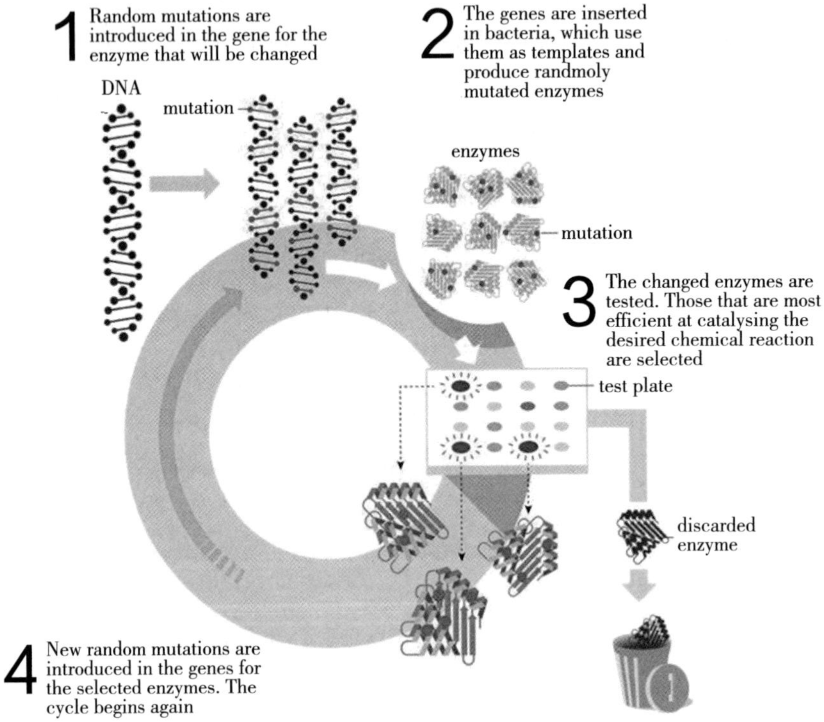

图 2　酶定向进化流程示意

资料来源：Scientific Background on the Nobel Prize in Chemistry 2018。

酶的定向进化为化学行业带来了革命性的发展，一些自然界原本不存在的化学反应得益于该项技术而出现，如 Arnold 实验室利用酶定向进化技术改变了细胞色素 P450 酶的氨基酸组成，使其能够催化全新的化学反应。另外，通过酶定向进化得到的酶还能够引入自然界原本不存在的化学键，如

Arnold 实验室利用酶定向进化改造海洋红嗜热盐菌中的细胞色素 C 酶，获得了碳－硅键连接，且大幅提高了合成反应的效率。由于使用定向进化技术开发的酶可以在较温和的条件下催化化学反应，不再需要有毒重金属或大量有机溶剂，因此为化学合成提供了一条绿色发展路径。酶的定向进化通过改善酶对有机溶剂的抗性、热稳定性，对非天然底物的亲和力等性质，使其能够满足工业生产的各种需要，其成果已广泛应用于制药等领域。

酶的定向进化技术改善了酶的筛选和改造效率，从而使生物酶催化技术极大地提高了化学药物合成的效率。在诺贝尔化学奖颁奖发布会上，瑞典皇家科学院秘书长 Göran K. Hansson 曾评价：酶的定向进化是一种更安全、更绿色的化学。由于酶定向进化技术的快速发展，生物酶催化技术解决了化学合成和生产的诸多问题，创造出举世瞩目的产业神话。

二 高通量筛选与 AI 辅助进化平台

与此同时，随着生物信息学和计算机辅助设计等技术的不断发展，酶的定向进化以及生物酶催化技术的应用价值进一步提高。如上所述，酶的定向进化包含两大重要步骤，一是酶突变体库的建立；二是从庞大的突变体酶库中筛选出最适突变体。目前，基因突变库的建立方法包括易错 PCR（error-prone PCR）、DNA 重排（DNA shuffling）、序列饱和突变（Sequence Saturation Mutagenesis，SeSaM）、StEP 等。在定向进化中，尽管突变具有随机性，但选择特定方向的突变限定了进化趋势，同时控制实验条件来限定突变种类能加快酶朝特定方向的进化速度。

虽然构建海量突变体库的技术已较为成熟，但从浩如烟海的酶库中筛选出“最佳种子选手”已成为决定酶定向进化成功的关键因素。近年来，随着高通量筛选技术的发展，一系列 HTS 的建立革命性地改变了传统筛选方法，能从基于随机诱变创建的庞大突变体库中（$\sim 10^{4-6}$）快速找到所需的有益突变，使酶的筛选更加灵敏、高效、快捷，让适用于制药领域的工程酶的筛选变得更容易。高通量筛选是酶进化的重要部分，决定了酶进化的效率和能力，能为合成反应快速找到开锁的“金钥匙”，助推项目高效推进。

常见的酶的高通量筛选法有比色法和荧光检测法，其原理是参加催化反应的底物含有生色基团或荧光基团，通过监测反应过程中的颜色和荧光变化就能有效地监测酶促反应的进行。此外基于反应的热力学变化还有红外检测的高通量筛选技术，复杂仪器，如高效液相色谱、质谱、毛细管电泳等设备也可用于酶的筛选。

除了酶的高通量筛选外，酶计算机辅助分析与仿真软件的应用也为生物酶催化技术插上科学的翅膀。软件强大的计算分析能力缩短了实验室生物酶定向进化筛选周期。由于酶定向位点的不确定性和分子结构的复杂性，生物酶分子动力学模拟或生物酶仿真分析对计算资源要求非常高，必须依赖高性能的计算资源，甚至需要超级计算资源才能缩短仿真分析的时间，缩短生物酶的研发周期。随着大数据技术不断深入应用，已有越来越多的企业引入大数据技术开展酶分子的定向进化研究。

目前，行业领先的医药公司还会采用高通量筛选与 AI 辅助技术相结合的方式进行生物酶的进化与改造。以凯莱英医药集团（以下简称“凯莱英”）为例，其生物工程团队利用定点突变、多点突变和饱和突变等理性设计方法或易错 PCR、DNA shuffling、交错延伸 PCR 等非理性设计等方法建立了庞大的基因突变库，经过多年的实践和优化，目前生物工程团队利用 QPix 高通量克隆筛选系统，结合智能成像分析和精准自动化等功能，能保证每天准确挑取数以万计的克隆，整个筛选过程极为高效、敏捷。除此之外，凯莱英还具备多种样品制备和孔板处理的能力，加上各种数据追踪和检测工具，大幅简化了对复杂和重复过程的控制和管理（见图 3）。

在此基础上，凯莱英搭建了综合的分子建模和计算模拟平台，让研究人员能够利用计算机辅助分析与仿真软件，进行结构模拟，预测出影响酶多种特性的关键结构区域，从而实现生物酶的定向进化改造。凯莱英的酶进化技术平台集合了智能化、高通量和多手段等特征，能在最短时间内获得化学反应最适合的酶，为客户提供综合技术解决方案（见图 4）。

制药企业使用定向进化技术开发的酶能在较温和的条件下催化反应过

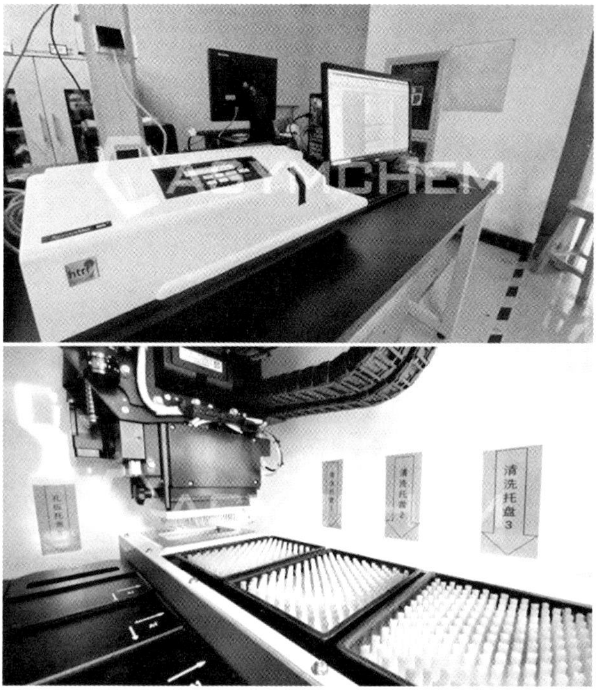

图3　酶高通量筛选平台

资料来源：凯莱英提供。

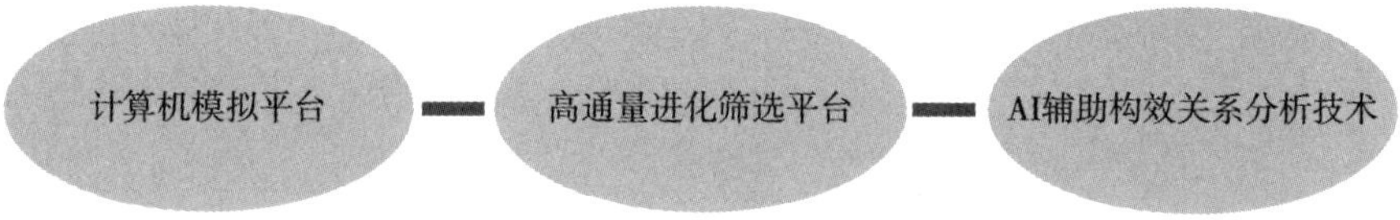

图4　智能化的酶进化平台

资料来源：凯莱英提供。

程，有效减少了有毒重金属或大量有机溶剂的耗用，为化学合成提供了绿色环保的发展路径。酶的定向进化通过改善酶对有机溶剂的抗性、热稳定性以及对非天然底物的亲和力等性质，使其能够满足医药化学反应效率要求，显著降低生产成本。

酶的定向进化为化学行业带来了革命性的发展，经过定向开发形成的生物酶，能加速催化化学反应，大幅提高合成反应效率。酶的定向进化技术使制药工艺更绿色、更安全、更有效，而高通量以及人工智能辅助的实现更令此项技术如虎添翼，有效解决了化学合成与放大生产中的诸多问题，引领行业的绿色变革与进步。

绿色制药篇

Green Pharmaceuticals

B.16 制药工业废水处理技术与实践

任南琪　陈兆波*

摘　要： 制药工业废水水质复杂，处理难度大，且处理技术种类繁多，为制药工业废水处理工艺流程合理确定带来了一定难度。本文首先针对发酵类、提取类、中药类、生物工程类、混装制剂类和化学合成类制药工业生产工艺及排污节点，分析各自车间废水水质特征。其次，以发酵类工业废水治理工程技术规范为依托，本着高浓度及特殊废水车间预处理、再混合统一处理的原则，提出了制药工业废水通用的治理技术路线，并建立了通用的数学模式（$P_{通用}$），确定了高浓度废水及特殊废水（i）的车间预处理技术路线（X_i），以及不同条件下生化处理工艺流程（Y_{aj}）。最后，给出了通用的治理技术路线

* 任南琪，哈尔滨工业大学教授；陈兆波，大连民族大学教授。

（$P_{通用}$）在部分企业实际应用案例，总结了技术参数、运行效果和处理费用，证实了$P_{通用}$的合理性与有效性。同时，本文也对几种新技术在制药废水处理新建或改扩建中的应用前景进行了展望。

关键词： 制药工业　工业废水处理　通用治理技术模式

一　引言

随着《中华人民共和国水污染防治法》（2018 年 1 月 1 日施行）和《中共中央国务院关于全面加强生态环境保护坚决打好污染防治攻坚战的意见》颁布实施（2018 年 6 月 16 日），以及国务院提出的“碧水保卫战”三年攻坚计划的逐步推进，国家以最严格的制度和最严密的法治为生态文明建设提供可靠保障。

制药行业是我国国民经济的重要组成部分，但制药生产属于重污染行业，对水环境造成的严重影响已经成为全球关注的热门问题。制药行业被列为“水十条”（国发〔2015〕17 号）专项整治十大重点行业之一。

制药工业废水属于难处理的工业废水之一，其因药物种类不同、生产工艺不同，具有成分差异大、组分复杂、污染物量多、COD 高、难降解物质多、毒性强等特点。2008 年 6 月 25 日，生态环境部和国家质量监督检验检疫总局发布了制药工业水污染物排放标准，将制药工业废水分为发酵类（GB 21903－2008）、化学合成类（GB 21904－2008）、提取类（GB 21905－2008）、中药类（GB 21906－2008）、生物工程类（GB 21907－2008）和混装制剂类（GB 21908－2008）。2014 年 10 月 24 日，生态环境部又发布了发酵类工业废水治理工程技术规范（HJ 2044－2014），对发酵类工业废水治理工程设计、施工、验收和运行管理提出了技术要求。然而，迄今为止，尚无其他类制药工业废水治理工程技术规范的颁布和实施。

笔者在负责制定化学合成类制药废水排放标准（GB 21904－2008）及编制说明过程中，与其他类制药工业编制组进行了广泛的交流与沟通，并结合笔者课题组多年的研究成果与实际工程经验，现对制药工业处理技术及实践进行总结分析，期望为制药工业企业废水达标排放（或回用）、节能降耗提供有益的参考。

二　制药工业生产工艺、排污节点及废水特征

（一）发酵类

发酵类制药指通过发酵的方法产生抗生素或其他成分，然后经过分离、纯化、精制等工序生产出药物的过程，按照产品种类分为抗生素类、维生素类、氨基酸类和其他类。[①] 发酵类制药典型生产工艺及废水主要产生环节如图1所示。

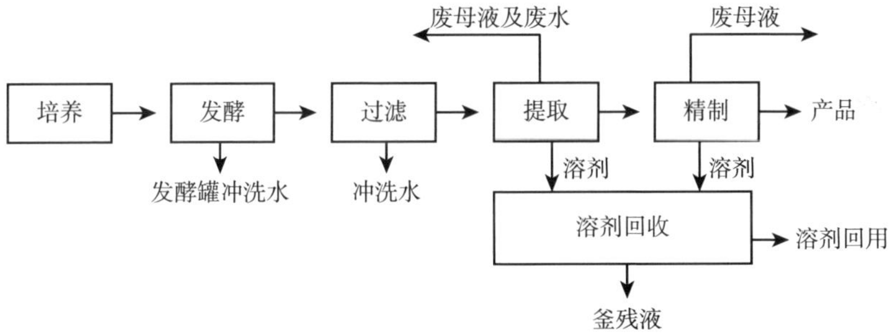

图1　发酵类制药典型生产工艺与废水产生环节

如图1所示，发酵类制药工艺废水主要为发酵和过滤工段冲洗水、提取或

① 《发酵类制药工业水污染物排放标准（GB21903－2008）》，中国环境科学出版社，2008。《制药工业水污染物排放标准－发酵类》编制说明（征求意见稿），chrome－extension：//ibllepbpahcoppkjjllbabhnigcbffpi/http：//www. mee. gov. cn/gkml/zj/bgth/200910/W020071023543140659743. pdf。

精制工段的废母液、树脂再生废水等。发酵类制药工艺废水不包括溶剂回收产生的高浓度釜残液、废溶剂、废菌丝菌渣、基因工程药物过程中的母液等。

（二）提取类

提取类药物包括生化药物、以植物提取为主的天然药物和海洋提取药物等。提取类药物包括氨基酸类药物、多肽及蛋白质类药物、酶类药物、核酸类药物、糖类药物、脂类药物以及其他类药物。① 提取类制药主要生产工艺及污染物排放节点如图 2 所示。

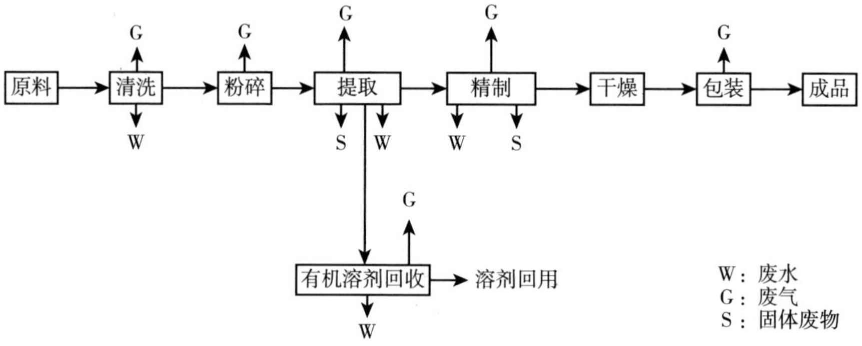

图 2　提取类制药排污节点

注：提取过程 可为酸解、碱解、盐解、酶解及有机溶剂提取等。
精制过程 可为盐析法、有机溶级沉淀法、等电点沉淀法、膜分离法、层析法、凝胶过滤法、离子交换法、结晶和再结晶等几种工艺的组合

提取类制药工业各车间含有盐析废水、酒精废水、含油废水、高浓度有机废水、难降解有机废水、高浓度氨基酸废水和高浓度含磷废水等。

（三）中药类

中药分为中药材、中药饮片和中成药。生产中药饮片一般工艺流程

① 《提取类制药工业水污染物排放标准（GB21905 - 2008）》，中国环境科学出版社，2008。《制药工业水污染物排放标准 - 提取类》编制说明（征求意见稿），chrome - extension：//ibllepbpahcoppkjjllbabhnigcbffpi/http：//www.mee.gov.cn/gkml/zj/bgth/200910/W020071025264350933485.pdf。

为：原料（药材）→除杂→挑选→制片→包装。中成药是中药材进行炮制（前处理）后，经浓缩、提取、精制、成品等流程而形成的。中药废水主要来源于提取、分离、浓缩和精制等工序。图 3 分别为水提和醇提工艺流程及排污节点①。

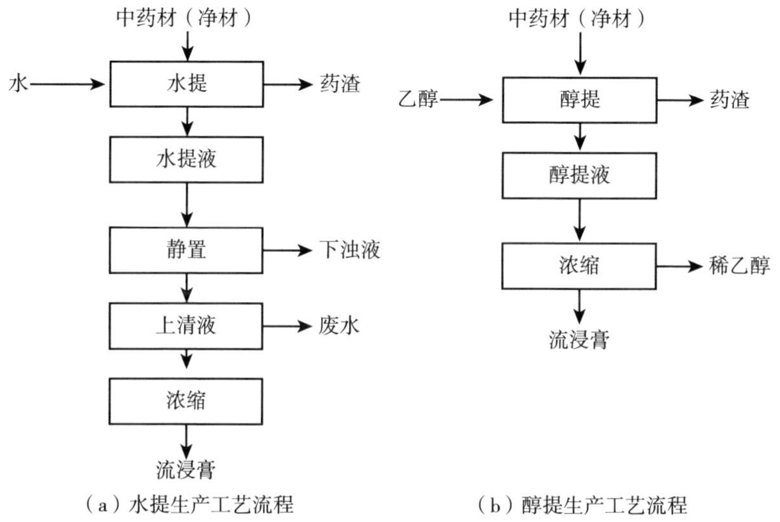

图 3　中药类制药排污节点

中药废水水质成分复杂，废水中动植物的碎片、溶解性物质、胶体和固体物质的浓度很高。废水 pH 值波动较大，有的废水排放温度较高，带有颜色和中药气味。

（四）生物工程类

生物工程类药物涉及基因工程、DNA 重组、外源基因重组、克隆后表达的设计与构建、重组外源基因的生物细胞的大规模培养以及外源基因表达

① 《中药类制药工业水污染物排放标准（GB21906 - 2008）》，中国环境科学出版社，2008。《制药工业水污染物排放标准 - 中药类》编制说明（征求意见稿），chrome - extension：//ibllepbpahcoppkjjllbabhnigcbffpi/http：//www.mee.gov.cn/gkml/zj/bgth/200910/W020071025264350992676.pdf。

产物的分离纯化、产品质量控制等过程。生物工程类制药工业主要的废水产生点及大致的污染物浓度如表 1 所示①。

表 1　生物工程类制药工业主要的废水产生点及大致的污染物浓度

排放源	废水名称		排放量*（m^3/d）	排放浓度				
				COD	BOD_5	NH_3-N	SS	pH
生产车间	生产废水	生产过程排放废水（高浓度废水）	0.82	几千到15000	7000	~10	200	6~9
		设备洗涤水						
		设备地面冲洗水	26.67	150	50	—	100	6~9
		洗瓶水	35	<100	<50	—	<70	6~9
	水处理排污水		5.5	<100	—	—	<70	6~9
	生活污水		15.8	300	150	25	250	6~9
综合楼	质检、实验		7	~1000	~200	—	100	6~9
	生活污水		11	300	150	25	250	6~9
未预见排污水			12	~150	~50	—	100	6~9
合计			113.8	~276	~123	~6	~125	6~9

注：*该排放量为某重组尿激酶企业的数据。

生物工程类制药的高浓度废水出现在发酵环节，但相比传统抗生素发酵来看，生物工程类制药的发酵规模比较小，废水产生量小得多，根据企业调研，该部分废水通常作为废液委托有资质单位处置，一般不在厂内处理。在基因工程制药中，由于盐析、沉淀、酸化等是通常必需的步骤，所以酸洗废水是其一股重要的废水。除此之外，生产工艺的设备洗涤水、反应过程的产生水、冻干粉针剂生产中的水蒸气冻冰后通常溶解后作为废水排放。

（五）混装制剂类

混装制剂类药物是指通过混合、加工和配制等操作方式、工艺用各种

① 《生物工程类制药工业水污染物排放标准（GB21907－2008）》，中国环境科学出版社，2008。《制药工业水污染物排放标准－生物工程类》编制说明（征求意见稿），chrome－extension：//ibllepbpahcoppkjjllbabhnigcbffpi/http：//www.mee.gov.cn/gkml/zj/bgth/200910/W020071025264351050724.pdf。

原料药制成的药物成品。混装制剂类药物包括片剂、胶囊剂、颗粒剂、注射液（水针）、输液、粉针剂、冻干粉针剂、缓释/控释片等。现以注射剂类（输液）为例，进行混装制剂类制药工业生产工艺及排污节点分析（见图4）。①

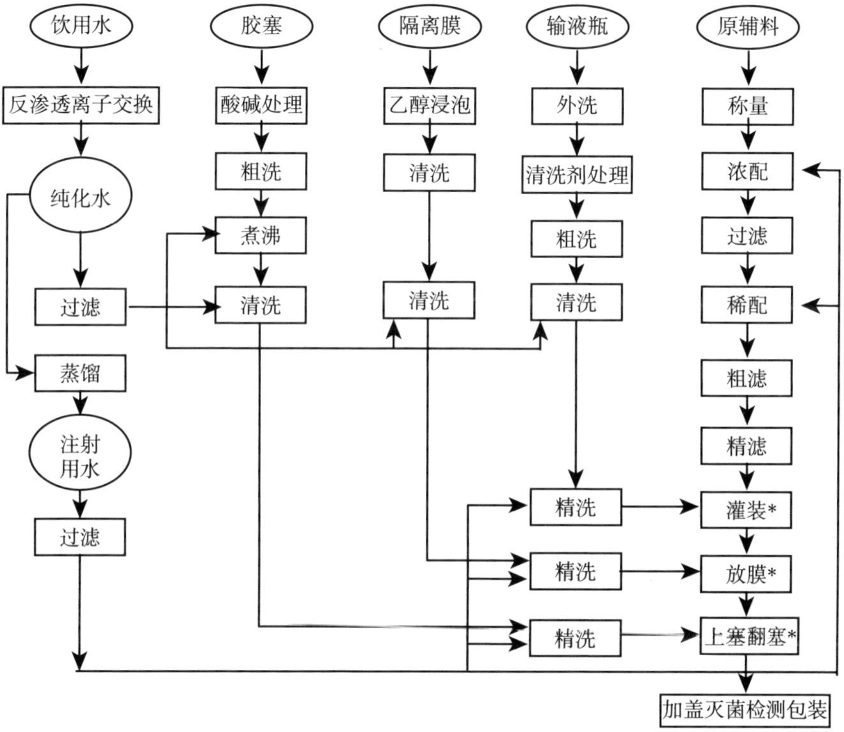

图4　注射剂类（输液）（玻璃瓶）生产工艺流程

生产过程包括原辅料的称量、浓配、稀配、瓶外洗、粗洗、精洗、灌封等。输液容器一般有直接水洗、酸洗、碱洗，最后用注射用水洗净。天然胶塞经酸和碱处理后，用饮用水洗至洗液呈中性，在纯化水中煮沸，再用流动

① 《混装制剂类制药工业水污染物排放标准（GB21908－2008）》，中国环境科学出版社，2008。《制药工业水污染物排放标准－混装制剂类》编制说明（征求意见稿），chrome－extension：//ibllepbpahcoppkjjllbabhnigcbffpi/http：//www.mee.gov.cn/gkml/zj/bgth/200910/W020071025264351121989.pdf。

注射用水清洗。隔离膜先用药用乙醇浸泡或放入蒸馏水中煮沸，再用注射用水动态漂洗。

生产过程中主要污染源是纯化水和注射用水制备过程产生的酸碱废水，以及输液瓶、胶塞、隔离膜等清洗过程中产生的清洗废水。

（六）化学合成类

化学合成类药物是指采用生物的、化学的方法制造的具有预防、治疗和调节机体功能及诊断作用的化学物质。在药物合成中有 80% ~95% 的化学反应需要加催化剂，如加氢、脱氢、氧化、还原、脱水、脱卤、缩合、环合等几乎都要用催化剂，其中钯、铂、镍、汞、镉、铅、铬、铜、锌是常用的催化剂。醇、乙酸、乙醚、氯甲烷、四氢呋喃、丙酮、硝基苯、喹啉、甲苯、苯、二氯甲烷、氯仿、乙腈等是常用的溶剂[①]。因此，化学合成类制药废水水质复杂。

现以氢化可的松为例说明化学合成类制药废水生产工艺及排污节点（见图 5）。从图 5 中可以看出，生产废水主要污染物为氢化可的松等半合成抗生素及降解产物、洗涤残液、废母液和废溶剂等。

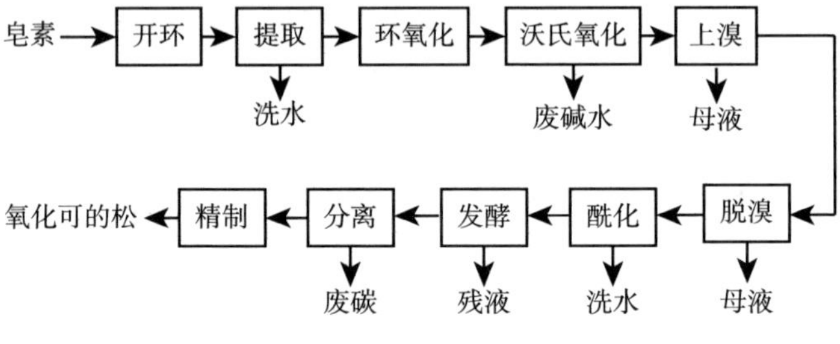

图 5　氢化可的松生产工艺流程

① 《化学合成类制药工业水污染物排放标准（GB21904 - 2008）》，中国环境科学出版社，2008。《制药工业水污染物排放标准 - 化学合成类》编制说明（征求意见稿），chrome - extension：//ibllepbpahcoppkjjllbabhnigcbffpi/http：//www.mee.gov.cn/gkml/zj/bgth/200910/W020071023543140721501.pdf。

三　制药工业废水通用的治理技术路线

笔者根据各类制药工业废水水质特性，提出了制药工业废水处理通用的工艺流程，如图6所示。

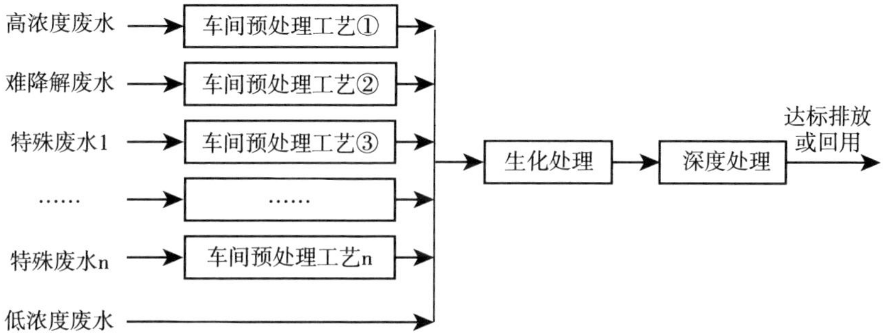

图6　制药工业废水处理通用的工艺流程

笔者也建立了制药废水通用的数学模式：$P_{通用} = \Sigma X_i + Y_{aj} + Z$。

其中，$P_{通用}$为制药工业废水处理通用的工艺流程。X为车间预处理工艺；i为特殊废水，包括高浓度废水和低浓度废水，$i=1$，2，…，n。X_i表示第i种废水的车间预处理工艺i（具体工艺见表2）；ΣX_i表示各种特殊废水车间预处理工艺之和。Y为生化处理工艺。a为生化工艺进水种类，$a=1$，2，3；$a=1$时为高含盐难降解废水（对应于Y_1，见图7）；$a=2$时为高氨氮难降解废水（对应于Y_2，见图8）；$a=3$时为难降解废水或其他废水（对应于Y_3，见图7或图8）。j为预处理后废水COD浓度，$j=1$，2；$j=1$表示预处理后废水COD浓度小于3000mg/L时，采用水解酸化工艺；$j=2$表示预处理后废水COD浓度大于3000mg/L时，采用厌氧工艺。Z为深度处理工艺，可根据具体实际情况采用混凝沉淀（HJ 2006－2010）、气浮（HJ 20072010）、过滤（HJ 2008－2010）、膜分离（HJ 579－2010）、生物滤池（HJ2014－2012）等一种或几种工艺的组合。Z也可采用吸附或化学氧化等技术（其设计和运行参数需通过实验来确定）。

本数学模式的其他说明：图 7 和图 8 中厌氧工艺可采用 UASB（HJ 2013－2012）、EGSB（HJ2023－2012）或完全混合式厌氧反应器（HJ 2013－2012），好氧工艺可采用传统活性污泥法（HJ 576－2010）、SBR（HJ577－2010）、生物接触氧化法（HJ2009－2011）、氧化沟（HJ578－2010）、MBR（HJ2010－2011）、内循环好氧生物流化床（HJ2021－2012）等。水解酸化反应器设计和运行参数见 HJ2047－2015。

本数学模式的边界条件：进入完全混合式厌氧系统废水的硫酸盐浓度宜小于 1500mg/L，进入 UASB 和 EGSB 反应器废水的硫酸盐浓度应小于 1000mg/L。进入厌氧反应器废水 COD 浓度宜控制在 10000mg/L 以下，进水 SS 宜控制在 1000mg/L 以下。当进水 COD 和 SS 无法满足上述工艺条件时，可设置预酸化等处理设施。

（一）高浓度及特殊废水车间预处理技术（X_i）

制药工业高浓度及特殊废水车间预处理技术（X_i）如表 2 所示。

表 2　制药工业高浓度及特殊废水车间预处理技术（X_i）

特殊废水种类（i）	车间预处理工艺（X_i）	发酵类	化学合成类	中药类	提取类	混装制剂类	生物工程类
高氨氮废水（氨氮浓度大于 500mg/L）	汽提、蒸发、吹脱等	√	√	√			
难降解有机物废水	化学氧化（臭氧氧化、二氧化氯氧化、Fenton 氧化）、铁碳微电解、精馏等	√	√	√	√	√	√
溶剂含量高于 5% 或回收收益高于处理成本的高浓度有机废水	精馏、物理分层、焚烧等	√	√	√	√		
高含盐废水（硫酸盐和氯离子浓度大于 5000mg/L）	蒸发、盐析等	√	√	√		√	√
含大量悬浮物及大分子胶体有机物的废水	混凝沉淀/气浮	√	√		√	√	√

续表

特殊废水种类(i)	车间预处理工艺(X_i)	发酵类	化学合成类	中药类	提取类	混装制剂类	生物工程类
含重金属的酸性废水	石灰+铁盐法、硫化法+高密度泥浆法(HDS)		√			√	√
含硫(S^{2-})废水	锰盐催化氧化、化学混凝、酸化回收硫化氢工艺		√				
含磷废水	二级中和二级絮凝沉淀工艺	√			√	√	
含酚废水	臭氧氧化法、过氧化氢氧化法		√				
活性氯废水	亚硫酸盐还原法		√				
氯乙烯废水	汽提		√				
脱脂废水	酸提取和气浮等		√				
聚氯乙烯离心母液	脱气、沉淀、过滤、降温等		√				
含油废水	隔油池		√		√		
高浓度氨基酸废水	浓缩、结晶、过滤			√	√		

表2中，高浓度釜残液、废溶剂、废菌丝菌渣、基因工程药物过程中的母液等“制药工业污染防治技术政策”和“危险废物名录”中做出单独规定的污染物不得进入废水处理系统。

含有抗生素药物活性成分、生物毒性或生态风险的特殊废水，应按照相关部门规定单独处理。

车间预处理工艺可以是一种或几种工艺的组合。

（二）生化处理工艺流程（Y_{aj}）

高含盐难降解制药工业废水生化处理的工艺流程（Y_{1j}，图中虚线方框内所示）如图7所示。

高氨氮难降解制药工业废水生化处理（Y_{2j}，图中虚线方框内所示）的工艺流程如图8所示。

如果制药废水中既无高盐也无高氨氮浓度（Y_{3j}），亦可采用图7或图8所示工艺流程，其中图8中二级缺氧池可选用。

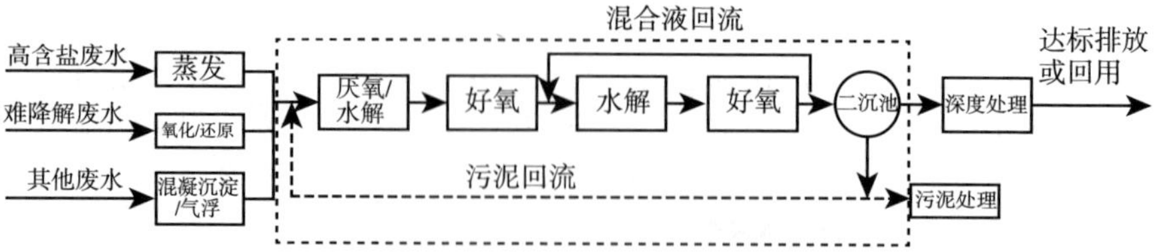

图7　高含盐难降解制药工业废水生化处理工艺流程（Y_{1j}）

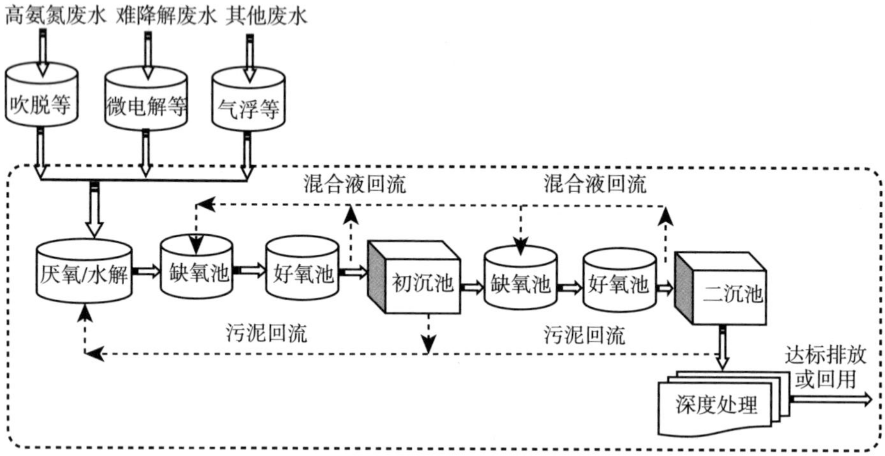

图8　高氨氮难降解制药工业废水生化处理（Y_{2j}）的工艺流程

四　制药工业废水通用的处理技术（$P_{通用}$）应用案例

现总结了制药工业废水通用的处理技术（$P_{通用}$）在部分企业中应用的实际工程案例（见表3）。

从表3中可以看出，各个企业在选择制药工业废水处理技术时，均符合本文提出的“制药工业废水通用的处理技术路线”（$P_{通用}$）、“高浓度废水及特殊废水车间预处理技术”（X_i）以及“混合废水的生化（Y_{aj}）及深度处理（Z）工艺流程”，即证明了本文提出的“制药工业废水通用的处理技术路线”（$P_{通用}$）的合理性和有效性。但由于制药废水水质十分复杂，制药企业所选择的各个构筑物又不同，且所选择的工程设计参数又差别很大，所以

表 3　制药工业废水通用的处理技术（$P_{通用}$）在部分企业中应用的实际工程案例

序号	企业名称	废水类型	产生工段	主要污染物	污染物特点	主要处理工艺	技术参数及运行效果	水运行费用（元/m^3）	参考文献
中药类									
1	河南郑州某中药企业	洗药、泡药废水	前处理车间	泥沙	SS 高：13850 ~ 14520mg/L	预处理（格栅 + 调节池）+ 混凝沉淀池 + ABR + UBF + 曝气沉淀 + A/O + 深度处理（二沉池 + 曝气生物滤池 + 过滤器 + 清水池）	设计处理规模：120m^3/d； 两级混凝沉淀池：HRT = 0.9h； UBF：HRT = 4.9 d； VLR = 4.75kgCOD/（m^3 · d）； COD 去除率：99.75%； BOD_5去除率：99.84%； SS 去除率：99.76%； NH_4^+-N 去除率：92.8%	25.3	[13]
		煎煮废水、部分提取液、冲洗排放废水	提取车间	含中药有效成分残留物、木质素、纤维素、半纤维素、老化的大孔树脂、有机溶剂（乙醇）、甙类、蒽醌类、生物碱及其水解产物等	pH 低：1.0 ~ 2.0； 高 COD：33260 ~ 34100mg/L； 高 BOD_5：9980 ~ 10230mg/L； NH_4^+-N：88 ~ 96mg/L				
2	某制药企业	大颗粒悬浮药渣废水	预处理工艺	大颗粒悬浮药渣	悬浮物比重较轻，难于沉淀的有机物含量高；SS ≤ 3000mg/L	预处理（格栅）+（隔渣池）+ 调节池 + 混凝沉淀池 + ABR（折流式厌氧反应器）+ 接触氧化工艺 + 脱色池 + 沉淀过滤池	处理规模：500m^3/d； 综合调节池：HRT = 9.5h； ABR：HRT = 25.7h； VLR = 1.85kg COD/（m^3 · d）；接触氧化池：HRT = 16.7h； VLR = 1.0kgCOD/（m^3 · d）；化学脱色池：HRT = 0.95h	1.28	[14]
		中药提取类废水（浆状废水）	提取车间（煎熬工艺）	果实类中药材有效成分（难生物降解的大分子有机物）	成分复杂； pH = 6 ~ 9；COD ≤ 3000mg/L；BOD_5 ≤ 1000mg/L；NH_4^+-N ≤ 100mg/L；色度 ≤ 100；TP≤2.5mg/L				

续表

序号	企业名称	废水类型	产生工段	主要污染物	污染物特点	主要处理工艺	技术参数及运行效果	水运行费用（元/m^3）	参考文献
3	昆明某中药厂	原药洗涤水、原药药汁残液	前处理工艺	中药材悬浮物（中草药提取原浆）	pH = 7.8； COD≤667mg/L； BOD_5≤307mg/L； NH_4^+ - N≤110mg/L； SS≤440mg/L； TP≤15mg/L	格栅 + 预沉调节池 + DAT - IAT 工艺	DAT - IAT 反应池：Q = 7.5m^3/h； HRT = 21h； COD 去除率：92%； BOD_5去除率：93%； SS 去除率：88%； NH_4^+ - N 去除率：84%； TP 去除率：96%	0.489	[15]
		过滤、蒸馏、萃取过程废水	煮提工艺	从药材中煎出的各种蛋白质、糖类、生物碱、木质素、纤维素、鞣质、色素以及其他水解产物					
		设备洗涤水、地板冲洗水	成型工艺						
4	浙江某制药公司	层析出流出液、层析水洗液、树脂清洗液、乙醇回收残液	提纯车间、纯化车间	高浓度废水（层析液、树脂、乙醇）	pH = 7 ~ 8； COD = 20000 ~ 25000mg/L； NH_4^+ - N ≤ 50mg/L	混合 + IC 反应器 + 活性污泥 + 预沉池 + MBR 膜反应器 + 高级氧化池 + 二沉池	总设计水量：400m^3/d（高浓度废水 120m^3/d，低浓度废水 140m^3/d）；IC 反应器： Q_{In}为 16 ~ 18m^3/h； COD_{In} 为 6000 ~ 8000mg/L； HRT = 18h； VLR = 8.6 kgCOD/(m^3 · d)； 高浓度废水调节池： HRT = 24h； 低浓度废水调节池： HRT = 24h； MBR 池：HRT = 40h	4	[16]
		车间设备清洗水、地面清洗水、生活用水	洗润车间	低浓度废水（植物提取、制剂残渣）	pH = 7 ~ 8； COD = 1500 ~ 2000mg/L； NH_4^+ - N≤50mg/L				

续表

序号	企业名称	废水类型	产生工段	主要污染物	污染物特点	主要处理工艺	技术参数及运行效果	水运行费用（元/m^3）	参考文献
5	某中药产业园	中药材（含草药）的前处理水、驴皮清洗水	前处理车间（清洗、粉碎、烘制）	泥沙、驴皮、驴毛等杂质	SS = 3000mg/L	格栅 + 调节池 + 混凝沉淀池 + 预酸化池 + UASB + 缺氧 + 好氧 + 二沉池 + 曝气生物滤池	设计水量 1200m^3/d；UASB 采用脉冲布水，好氧采用可提升曝气系统）；调节池：HRT = 24h；UASB 池：HRT = 12h；VLR = 3.5kgCOD/m^3·d；缺氧池：HRT = 10.44h；好氧池：HRT = 37.73h；曝气生物滤池（水力负荷）：2.10m^3/m^2·h）出水：COD = 83mg/L；BOD_5 = 17mg/L；NH_4^+ − N = 6mg/L；SS = 43mg/L；pH = 7.2	1.807	[17]
		提取废水（熬胶浓缩水、工艺废水）	酒精醇提醇沉工艺	中药材	COD = 300000mg/L				
			煮提工艺（阿胶熬制）渗滤工序	中草药、驴皮	COD，BOD_5，NH_4^+ − N 的质量浓度分别为 12000mg/L、4000mg/L、60mg/L				
6	成都某药厂	药材清洗水、设备清洗水、浓缩冷凝液、洗罐废水地坪冲洗水、碱水煮泡液、提取液	预处理车间（冲洗车间）	水牛角、板蓝根、黄芩苷、金银花、双黄连等	COD、BOD_5、NH_4^+ − N、SS 的质量浓度分别为 7900mg/L、3300mg/L、53.0mg/L、450mg/L	格栅 + 集水池 + 絮凝沉淀 + 预酸化调节池 + UASB + 生物接触氧化 + 二沉池 + 微絮凝 + 曝气生物滤池	设计水量：2500m^3/d；集水调节池：HRT = 20.9h；预酸化调节池：HRT = 12h；UASB：HRT = 31.3h；VLR = 3.9 kgCOD/（m^3·d）；生物接触氧化池：HRT = 28.8h；COD 去除率：98.7%；BOD_5 去除率：99.1%；NH_4^+ − N 去除率：84.9%；SS 去除率：88.9%	–	[18]
			提取车间（溶解工艺浓缩工艺灭菌工艺）						

续表

序号	企业名称	废水类型	产生工段	主要污染物	污染物特点	主要处理工艺	技术参数及运行效果	水运行费用（元/m^3）	参考文献
7	西安某中药注射剂企业	高浓度废水	提纯工艺	食用明胶成分、中药残余有机物	Q_{In} = $10m^3/d$；pH = 5～14；COD = 180000～240000mg/L；TN = 2400mg/L；SS = 936mg/L；NH_4^+ - N = 450mg/L；TP = 18.66mg/L	稀释 + UASB + 厌氧处理 + Fenton 氧化的组合处理工艺	处理规模：$500m^3/d$；生物接触氧化池：HRT = 38.5h；曝气生物滤池：HRT = 8.1h；MLSS = 3000mg/L；出水：pH = 7.45～8.98；COD = 30mg/L；SS = 16mg/L；NH_4^+ - N = 0.48mg/L；TP = 0.46mg/L	2	[19]
		低浓度废水	冲洗车间	中药材残渣	Q_{In} = $490m^3/d$；pH = 5～14；COD = 2450mg/L；TN = 50mg/L；SS = 220mg/L；NH_4^+ - N = 25mg/L；TP = 2mg/L	综合废水（处理过的高浓度废水与低浓度废水混合）多段生物接触氧化 + 曝气生物滤池 + 消毒的组合处理工艺			
8	陕西某中药企业	洗药和泡药废水	预处理车间（清洗、软化、切制、泡制）	泥沙、中药材动植物或者天然矿物质（植物的根、叶、茎等和动物的皮、毛、骨等）	—	—	—	1.91	[20]

续表

序号	企业名称	废水类型	产生工段	主要污染物	污染物特点	主要处理工艺	技术参数及运行效果	水运行费用（元/m^3）	参考文献
8	陕西某中药企业	煎煮废水	提取车间	无机盐的细微颗粒和植物类悬浮物	COD = 2500mg/L; BOD_5 = 1000mg/L; SS = 430mg/L; TN = 150mg/L; TP = 2mg/L	一级处理系统（机械格栅 + 集水井 + 提升 + 调节池）	设计处理规模：1500m^3/d； 调节均合池：HRT = 10.4h； 一级缺氧池：HRT = 8.4h；一级好氧池：HRT = 25.8h；二级缺氧池：HRT = 2.37h；二级好氧池：HRT = 7.76h；COD 去除率≥95%；SS 去除率≥88.4%； BOD_5去除率≥95%； TN 去除率≥86.7%； TP 去除率≥80%	1.91	[20]
		水提液、醇提液		人工合成的有机物和天然有机物（有机酸、糖类、纤维素、蛋白质、生物碱、醇类化合物，无毒色素）		二级处理系统（水解 + 两级 A/O + 二沉池）			
		工艺废水	蒸发、浓缩、制剂工艺	药渣等杂质					
9	桂林某制药厂	原料洗涤水	前处理车间(清洗、蒸煮)	银杏叶	COD = 1000 ~ 2860mg/L; BOD_5 = 400 ~ 872mg/L; SS = 250 ~ 770mg/L; 色度≤640倍	格栅 + 水解酸化 + SBR + 漂白池 + 滤池	设计处理规模：200m^3/d；水解酸化池：HRT = 2h；SBR 反应池：HRT = 24h；出水：COD = 16 ~ 96mg/L；BOD_5 = 16 ~ 18mg/L；SS = 8 ~ 28mg/L；色度 = 8 倍；pH = 7.73	0.76	[21]
		提炼、浓缩废水	提取工艺	银杏黄酮					
		设备清洗水	冲洗车间	残液					

续表

序号	企业名称	废水类型	产生工段	主要污染物	污染物特点	主要处理工艺	技术参数及运行效果	水运行费用（元/m^3）	参考文献
10	西安碑林药业	低浓度废水	前处理车间（洗药、泡药）	动植物的碎片，微细颗粒及胶体（蝉蜕、胖大海种子、木蝴蝶、菊花、玄参等）	废水颜色深，含盐量高，温度高； pH = 7 ~ 8； COD = 4000mg/L； NH_4^+ − N = 400 ~ 500mg/L	水解酸化法 + A/O 法 + 沉淀处理	设计处理规模：450m^3/d；调节池：HRT = 5h； 水解酸化系统： pH = 6 ~ 6.5； HRT = 10h； VLR = 3.4 kgCOD/(m^3 · d)； 生物接触生化池去除率：70% ~ 80%； 沉降池：HRT = 1.5h； 出水 COD ≤ 270mg/L； 出水 NH_4^+ − N ≤ 25mg/L	5.5	[22]
		工艺废水（提取液）	生产车间（提取、分离和浓缩）	苷素、皂戟、氨基酸及有机酸					
			辅助工段	中药材：蝉蜕（甲壳质、蛋白质、氨基酸、有机酸）；胖大海种子（西黄芪胶粘素、半乳糖和阿拉伯糖）木蝴蝶（木蝴蝶甲素、木蝴蝶乙素）；菊花（黄酮类、木犀草素、挥发油、氨基酸绿原酸等）；玄参（黄酮类和有机酸）					
		清洗废水（车间、设备及生活水）	冲洗车间	药渣残留液					

续表

序号	企业名称	废水类型	产生工段	主要污染物	污染物特点	主要处理工艺	技术参数及运行效果	水运行费用（元/m^3）	参考文献
11	江西省某药业有限公司	高浓度废水（药材清洗废水、减压浓缩冷凝水、精馏塔釜底残液、提取设备清洗废水）	生产车间	中药材残渣	COD＝5000mg/L；BOD_5＝1392mg/L；SS＝400mg/L；NH_4^+-N＝90mg/L；pH＝5～10	高浓度废水处理系统［格栅＋调节池＋预曝气池＋絮凝沉淀＋水解酸化＋上流式厌氧污泥床反应器（UASB）］	高浓度调节池：HRT＝7.5h；低浓度调节池：HRT＝7.5h；絮凝反应池：HRT＝20min；水解酸化：HRT＝8h；UASB 反应器：HRT＝30h；UASB 沉淀池：HRT＝3.5h；预曝气池：HRT＝3.5h；接触氧化池：HRT＝10h；二沉池：HRT＝2.6h；COD 去除率：95.72%；BOD_5去除率：95.76%；SS 去除率：86.5%；NH_4^+-N 去除率：80%	3.62	［23］
		低浓度废水（洗瓶清洗废水、车间清洗废水、纯水设备浓水等工艺废水及职工生活废水）	清洗车间	—	COD＝298mg/L；BOD_5＝156mg/L；SS＝229mg/L；NH_4^+-N＝18.8mg/L；pH＝6～9	混合废水处理系统（预曝气＋接触氧化＋二沉池）			

续表

序号	企业名称	废水类型	产生工段	主要污染物	污染物特点	主要处理工艺	技术参数及运行效果	水运行费用（元/m^3）	参考文献
12	成都某中药产业园	生产车间废水生活废水	前处理车间 水解车间 提取车间 制剂车间 注射剂车间	中药材糖类、木质素、蛋白质、色素、纤维素等	COD = 7900mg/L； BOD_5 = 3300mg/L； SS = 450mg/L；色度 = 220 倍；动植物油 = 12mg/L； $NH_4^+ - N$ = 35mg/L； TP = 8mg/L；pH = 6 ~ 11	改良式物化预处理（格栅 + 集水调节池 + 絮凝沉淀池 + 预酸化调节池）+ 生化处理（UASB + 接触氧化池 + 二沉池）+ 深度处理工艺（微混凝反应池 + 曝气生物滤池）	设计水量：2500m^3/d；集水调节池：HRT = 20.8h；预酸化调节 HRT = 12.3h；UASB：VLR = 3.9kgCOD/（m^3·d）；HRT = 31.3h；接触氧化池：VLR = 0.64 kgCOD/（m^3·d），HRT = 28.8h；出水 COD = 65 ~ 90mg/L；BOD_5 = 11 ~ 20mg/L；SS = 30 ~ 50mg/L；色度 20 ~ 35；动植物油 = 2 ~ 4mg/L；NH_4^+ − N = 3 ~ 6mg/L；TP = 0.2 ~ 0.4mg/L；pH = 7 ~ 8	3.24	[24]
化学合成类									
1	某氧氟沙星制药企业废水	氧氟沙星废水	酸化工序	甲苯、二甲胺、三乙胺、盐分	低 COD = 600 ~ 1200mg/L；高凯氏氮 = 200 ~ 1200mg/L；盐分	混凝沉淀池 + 调节池 + EGSB + 泥法池 + 好氧 + A/O	处理能力：300m^3/d； 混凝沉淀：氟去除率：64.35%； EGSB：COD 去除率：72.46%； 有机氮水解率：90.26%； 泥法池：COD 去除率：62.17%； 有机氮水解率：80.41%	38.32	[25]
			环合工序	甲醇、DMF、氟化物	高 COD = 40000 ~ 60000mg/L；高凯氏氮 = 1000 ~ 2000mg/L；含氟化物 = 50 ~ 80mg/L				
			水解工序	醋酸、硫酸、乙醇、乙酸乙酯	高 COD = 13000 ~ 15000mg/L				

续表

序号	企业名称	废水类型	产生工段	主要污染物	污染物特点	主要处理工艺	技术参数及运行效果	水运行费用（元/m^3）	参考文献
2	洛阳市某精细化工有限公司	诺氟沙星中间体制药废水	缩环合、乙基化、螯合反应	高浓度有机污染物	COD = 5100mg/L； TN = 66mg/L； NH_4^+ − N = 32mg/L； TP = 3 ~ 6mg/L； SS = 180mg/L	调节池 +（Fe − C）微电解 + 混凝沉淀池 + 斜管沉淀池 + ABR + 生物选择池 + 改良 CASS	处理能力：80m^3/d； ABR（HRT = 12h）； CASS： COD 去除率：80% 以上； NH_4^+ − N 去除率：85% 以上	−	[26]
			合成工艺	硝基苯类、苯胺类、挥发酚、有机氟化物					
3	江苏某医药公司工业废水		造影剂污水	乙醇、碘类物质、盐分	COD = 5500 ~ 6000mg/L；TN = 40 ~ 70mg/L； NH_4^+ − N = 5 ~ 15mg/L；TP = 3 ~ 6mg/L； SS≤500mg/L	调节池 + 水解酸化池 + UASB + 高效厌氧反应器 + 二级生化池 + MBR 膜系统	处理能力：4000m^3/d； 水解酸化池（HRT = 14.3h）： COD 去除率：10%； 厌氧处理系统（HRT = 34h）： COD 去除率：65% 以上	5.88	[27]
			抗肿瘤车间	有机溶剂、少量中间体					
			麻醉剂车间	聚乙二醇 400、氟离子					
			中试及生物车间	发酵液、微量抗生素类物质					
4	东北制药原料药厂区制药废水		VC 生产及少量其他产品		COD = 2000 ~ 3000mg/L；BOD_5 = 500 ~ 1000mg/L； SS = 200 ~ 600mg/L	预处理 + 水解酸化 + UNITANK − BAF	处理能力：30000m^3/d	−	[28] [29]

续表

序号	企业名称	废水类型	产生工段	主要污染物	污染物特点	主要处理工艺	技术参数及运行效果	水运行费用（元/m^3）	参考文献
5	浙江某制药公司制药废水		合一车间	头孢拉定、盐酸、二氯甲烷、酰氯、丙酮	COD = 28000mg/L	二氧化氯催化氧化预处理 – 水解酸化（兼性厌氧）+ 接触氧化 + 混凝沉淀池	处理能力：150m^3/d； 催化氧化：COD 去除率 90%； 兼性厌氧池（HRT = 48h）：COD 去除率：50%； 接触氧化池（HRT = 36h）：COD 去除率：65%； 混凝沉淀池（HRT = 5h）：COD 去除率：15%	3.61	[30]
			合三车间	盐酸、烧碱、无机盐、碘海醇、异丙醇、甲醇					
			东方车间	头孢拉定、丙酮、三乙胺、丙酮	毒性大、盐含量高				
6	江西某制药公司	工艺废水（高浓度）		6 – 氨基青霉烷酸、氨苄西林三水酸、哌拉西林、二苯甲酮腙、托西酸、三聚甲醛、二异丙胺、溴化钾、硫酸、氯化铵、溴素、磷酸二氢钾、锌粉	高 COD = 35000 ~ 50000mg/L；NH_4^+ – N = 300 ~ 800mg/L；TP = 10 ~ 20mg/L；SS = 4000 ~ 6000mg/L；SO_4^{2-} = 7000 ~ 11000mg/L；毒性大	调节池 +（Fe – C）反应池 + Fenton + 混凝沉淀池 + 水解酸化池 + IC 反应器 + A/O – BAF	处理能力：1050m^3/d； Fe – C + Fenton + 混凝沉淀组合工艺：COD 去除率：67%；NH_4^+ – N 去除率：30%；水解酸化池（HRT = 10 ~ 14h）：COD 去除率：20%；IC 反应器：COD 去除率：80%；A/O：COD 去除率：78%；NH_4^+ – N 去除率：75%；BAF：COD 去除率：65%；NH_4^+ – N 去除率：60%	16.87	[31]
		混合废水（低浓度）			COD = 1000 ~ 3000mg/；NH_4^+ – N = 20 ~ 40mg/L；TP = 1 ~ 10mg/L；SS = 1500 ~ 2000mg/L；SO_4^{2-} = 2500 ~ 3000mg/L				

续表

序号	企业名称	废水类型	产生工段	主要污染物	污染物特点	主要处理工艺	技术参数及运行效果	水运行费用（元/m^3）	参考文献
7	江西某制药企业		102 车间	二氯甲烷、乙酸乙酯、丙酮	COD = 25000 ~ 30000mg/L; NH_3 - N = 900 ~ 1000mg/L; TP = 800 ~ 900mg/L; pH = 1.5 ~ 2.5	MAP 沉淀 + CaO 脱硫 + (Fe - C) 反应池 + Fenton 混凝沉淀池 + SABR - O_3 氧化塔 + 好氧 + A/O + 气浮	处理能力:800m^3/d	14.82	[32]
			103 车间	乙酸乙酯、石油醚、盐类	COD = 60000 ~ 65000mg/L; NH_3 - N = 2000 ~ 2500mg/L; TP = 2000 ~ 2500mg/L; SO_4^{2-} = 10000 ~ 15000mg/L; pH = 3.5 ~ 4.5				
			105 车间	乙酸乙酯、甲苯、二氯甲烷	COD = 5000 ~ 10000mg/L; NH_3 - N = 150 ~ 200mg/L; TP = 50 ~ 60mg/L; SO_4^{2-} = 1200 ~ 1500mg/L; pH = 1.0 ~ 1.5				
			106 车间	四氢呋喃、磷酸氢二钾	COD = 45000 ~ 50000mg/L; NH_3 - N = 800 ~ 1000mg/L; TP = 6000 ~ 6500mg/L; SO_4^{2-} = 1200 ~ 1500mg/L; pH = 11 ~ 14				

续表

序号	企业名称	废水类型	产生工段	主要污染物	污染物特点	主要处理工艺	技术参数及运行效果	水运行费用（元/m^3）	参考文献
7	江西某制药企业		107 车间	硫酸、溴化氢	COD = 65000 ~ 70000mg/L; NH_3 - N = 300 ~ 350mg/L; TP = 3 ~ 6mg/LSO_4^{2-} = 120000 ~ 130000mg/L; pH = 0.5 ~ 1.5	MAP 沉淀 + CaO 脱硫 + (Fe - C) 反应池 + Fenton 混凝沉淀池 + SABR - O_3 氧化塔 + 好氧 + A/O + 气浮	处理能力:800m^3/d	14.82	[32]
			108 车间	盐酸、氯化镁					
提取类									
1	河南某中药企业生产废水		前处理车间	木质素、纤维素、半纤维素、有机溶剂（乙醇）、蒽醌、生物碱、水解产物	COD = 1200mg/L; BOD_5 = 520mg/L; NH_3 - N = 5mg/L; SS = 80mg/L; TP = 2.5mg/L; pH = 5 ~ 6	水解酸化 + SBR 反应器 + 混凝沉淀深度处理	处理能力:600m^3/d;水解酸化:HRT = 11.8h;COD 去除率:35%;SS 去除率:40%;SBR 运行周期:8h;COD 去除率:85%;SS 去除率:20%;混凝沉淀池:COD 去除率:20%;SS 去除率 50%	1.51	[33]
			提取车间						
2	山东某有限公司	肝素钠生产废水			COD = 66.8mg/L; SS = 626mg/L; 石油类 = 31.2mg/L	水解酸化 + 接触氧化	COD 去除率:88.5%;SS 去除率:90%;石油类去除率:90.3%	1.89	[4]
3	山东某制药股份有限公司	七叶皂苷钠废水			COD = 4490mg/L; SS = 99.6mg/L	水解酸化 + 厌氧浮动生物膜反应器 + 接触氧化 + 深度处理	COD 去除率:61.6%;SS 去除率:96%	2.89	[4]

续表

序号	企业名称	废水类型	产生工段	主要污染物	污染物特点	主要处理工艺	技术参数及运行效果	水运行费用（元/m^3）	参考文献
4	鲁南某制药集团		洗药车间 煎煮车间 制剂车间	糖类、苷类、蒽醌、木质素、生物碱、蛋白质、色素	COD = 5000 ~ 8000mg/L；BOD_5 = 2700 ~4300mg/L；NH_3 - N = 21 ~ 60mg/L；SS = 310 ~ 550mg/L	水解酸化 + UASB 厌氧反应器 + 接触氧化 + 深度处理	处理能力：2000m^3/d；水解酸化：COD 容积负荷 = 5 kgCOD/（m^3·d）；BOD_5 容积负荷 = 2.5 kgBOD_5/（m^3·d）；UASB：COD 容积负荷 = 3.1 kgCOD/（m^3·d），BOD_5 容积负荷 = 2.9 kgBOD_5/（m^3·d）	0.61	[34]
5	广东云浮某制药厂		清洗车间 煎煮车间 浓缩车间	糖类、苷类、蒽醌、木质素、生物碱、蛋白质、色素	COD = 4200mg/L；BOD_5 =1460mg/L；SS = 386mg/L；NH_3 - N =28mg/L	ABR + 生物接触氧化 + BAF 工艺 + 曝气生物滤池	处理能力：2000m^3/d；ABR：HRT = 24h；容积负荷 = 3.2 kgCOD/（m^3·d）；生物接触氧化：HRT = 22h；容积负荷 = 0.8 kgCOD/（m^3·d）；曝气生物滤池：容积负荷 = 0.12 kgBOD_5/（m^3·d）；水力负荷 = 1.85m^3/（m^2·h）	1.86	[35]
6	某中药制药厂废水		提取生产线废水 GMP 生产线废水	乙醇、丙酮、酸类	COD = 9825mg/L；BOD_5 =4230mg/L；SS =1600mg/L	调节 + 混凝沉淀 + ACS 厌氧 + A/O + 混凝沉淀的处理工艺	处理能力：200m^3/d；混凝沉淀池：COD 去除率：14.5%；BOD_5 去除率：19.2%；SS 去除率：80.6%；ACS 厌氧池：	4.02	[36]

续表

序号	企业名称	废水类型	产生工段	主要污染物	污染物特点	主要处理工艺	技术参数及运行效果	水运行费用（元/m^3）	参考文献
6	某中药制药厂废水		生活污水	乙醇、丙酮、酸类	COD = 9825mg/L；BOD_5 = 4230mg/L；SS = 1600mg/L	调节 + 混凝沉淀 + ACS 厌氧 + A/O + 混凝沉淀的处理工艺	COD 去除率：90.8%；BOD_5 去除率：87%；SS 去除率：65.2%；A/O（HRT = 36h）：COD 去除率：90.1%；BOD_5 去除率：95.9%；SS 去除率：67.7%	4.02	[36]
7	某生物制品有限公司	氨基酸生产废水			COD = 500mg/L；BOD_5 = 300mg/L；SS = 170mg/L	纳滤	COD 去除率：98.5%；BOD_5 去除率：99.1%；SS 去除率：96.9%	15	[4]
8	四川某生物制药有限公司	胰酶生产废水				蒸发浓缩	出水：COD = 20.98 ~ 37.14mg/L；BOD_5 = 4.80 ~ 7.75mg/L；SS = 6.5 ~ 8.0mg/L；动植物油：0.398 ~ 0.887mg/L	37.5	[4]
混装制剂类									
1	江西某医药集团	综合废水（提取、洗药、洗瓶、设备、车间废水）	提取工艺	混装制剂残渣	Q = 80m^3/d；pH = 6.5 ~ 8.0；COD = 500 ~ 1500mg/L；SS = 50 ~ 80mg/L；NH_3 − N = 30 ~ 70mg/L	调节池 + A/O + 沉淀罐 + BIOFOR 反应器 + 清水池	BIOFOR 反应器：COD 去除率：75%以上；NH_3 − N 去除率：50%；COD 总平均去除率：72.45%；NH_3 − N 总平均去除率：56.8%	0.5	[37]
			冲洗工艺						

续表

序号	企业名称	废水类型	产生工段	主要污染物	污染物特点	主要处理工艺	技术参数及运行效果	水运行费用（元/m^3）	参考文献
2	沈阳东药集团	制剂废水	片剂车间 水针剂车间 粉针剂车间	维生素产品（Vc、左卡尼汀）；抗生素产品（磷霉素、氯霉素、黄连素等）；脑血管药物（吡拉西坦等）；化工类产品（丙炔醇等）	pH = 5.6；COD = 230 ~ 790mg/L；BOD_5 = 140 ~ 380mg/L；P = 1mg/L；SS = 40mg/L；无机盐浓度 = 750mg/L；石油类 = 15mg/L；NH_3 − N = 25mg/L	格栅 + 沉砂 + 初次沉淀（隔油）+ 调节池/事故池 + 水解酸化 + 接触氧化 + 二次沉淀	处理规模为 4500m^3/d；调节池（HRT = 12h）；水解酸化池（HRT = 6h）；接触氧化池（HRT = 16.8h）；出水 COD ≤ 80mg/L；COD 去除率：80% 以上	—	[14]
3	A 制药公司	综合废水（工艺用水和纯化水）	预处理工艺	混装制剂类制药有机物	pH = 6 ~ 9；COD = 800mg/L；SS = 200mg/L	格栅 + 沉砂 + 初次沉淀 + 调节池 + 复合折流式水解酸化反应池 + 接触氧化池 + 二次沉淀	水解酸化：HRT = 6h，T = 25 ℃；生物接触氧化池：HRT = 12h	—	[38]
4	长春市某药厂	综合废水（生产废水、检验废水、生活污水）	固体制剂车间排水 冲洗车间	硫酸双肼屈嗪（苯酐、活性炭、水合肼、乙醇、三氯氧磷、硫酸、甲苯、三氯化磷、液氯）	pH = 6 ~ 9；COD = 400mg/L；BOD_5 = 60mg/L；NH_3 − N = 30mg/L；SS = 80mg/L；COD、BOD_5、SS 和 NH_3 − N 排放量分别是 43.8 t/a、6.57 t/a、8.76 t/a、3.29 t/a	预处理（格栅）+ 集水池 + 调节池 + 兼氧池 + 中间水池 + MBR 池 + 消毒池 + 清水池	处理规模为 300m^3/d；Q = 109500 t/a；兼氧池/MBR 池出水氨氮 = 6mg/L；COD 去除率：90%；BOD_5 去除率：90%；SS 去除率 ≥95%	—	[39]

续表

序号	企业名称	废水类型	产生工段	主要污染物	污染物特点	主要处理工艺	技术参数及运行效果	水运行费用（元/m^3）	参考文献
5	江西某医药集团	生产废水	生产车间	医药保健品、外用消毒用品原料	pH = 6.5 ~ 8；COD = 500 ~ 1500mg/L；BOD_5 = 60mg/L；NH_3 - N = 30 ~ 70mg/L；SS = 50 ~ 80mg/L	调节池 + A/O + 沉淀罐 + BIOFOR 反应器	处理量 80m^3/d 出水 COD = 200 ~ 250mg/L；NH_3 - N = 18 ~ 25mg/L；总工艺：COD 去除率：94%；NH_3 - N 去除率：83%；SS 去除率：63.7%；A/O 系统：COD 去除率：75%；NH_3 - N 去除率：55%；BIOFOR 反应器：COD 去除率：72.45%；NH_3 - N 去除率：56.8%	—	［40］
发酵类									
1	某制药公司	高含盐废水	高浓度废水 低浓度废水	淀粉、糖类、有机酸、菌丝体、蛋白质	有机物、SS、NH_3 - N、硫酸 水量大、浓度不断变化	水解酸化预处理 + ABR1 + 微氧生物脱硫 + ABR2 + A/O	废水产量：400 m^3/d 废水产量：1100 m^3/d	3.39	［41］
2	沈阳红药安徽制药有限公司	高浓度废水			COD = 12000mg/L；BOD_5 = 8000mg/L；SS = 5000mg/L；	预处理 + QIC 反应罐 + CASS 反应池 + 深度处理	设计水量：200 t/d 出水水质：COD < 120mg/L；BOD_5 < 40mg/L；SS < 60mg/L	0.65	［42］
3	某生物制药厂	高氨氮废水	发酵液离心上清液 污冷凝水 洗涤废水	氨氮、TKN	SS、氨氮浓度较高	吹脱 + 脱磷 + Fenton 氧化	设计处理量：102 m^3/d	0.79	［43］

续表

序号	企业名称	废水类型	产生工段	主要污染物	污染物特点	主要处理工艺	技术参数及运行效果	水运行费用（元/m^3）	参考文献
4	某国药厂	高浓度综合废水	制药产生的废水 锅炉除尘废水 冲地废水 动力损耗和生活污水		废水COD高、悬浮物含量高、氨氮含量高、色度浊度高	混凝沉淀+管式膜pH+过滤+水解酸化+IC反应器+两段A/O工艺+沉淀池+脱色池	日处理量:986.3 t/d 出水COD值为93~111mg/L	0.67~0.8	[44]
5	江西某化工企业	难降解废水	调节池1车间废水 调节池2车间废水 调节池3生活污水	三氯甲烷、四氢呋喃等有机物	盐度高，色度深，毒性大，COD浓度高达11000mg/L	铁碳反应池+Fenton+深度处理	出水水质：COD < 120mg/L；NH_3-N < 25mg/L	16.3	[45]
6	某制药公司	高浓度废水/低浓度废水	提取工序废水 洗板框压滤机废水 回收工序废水 冲洗废水		水质变化大COD=650~11000mg/L；BOD_5=550~6500mg/L；SS=60~400mg/L；NH_3-N=90~2902mg/L	混凝沉淀+PW处理池+后处理	日处理量：200t/d 出水水质：COD < 100mg/L；BOD_5 < 20mg/L；SS < 70mg/L；NH_3-N < 15mg/L	4.46	[46]

续表

序号	企业名称	废水类型	产生工段	主要污染物	污染物特点	主要处理工艺	技术参数及运行效果	水运行费用（元/m^3）	参考文献
7	江西某制药公司	高浓度废水/低浓度废水	丁醇提取下脚液；洗罐、洗板框废水；设备冲洗废水		COD 浓度高达 18000mg/L；BOD_5 浓度高达 7200mg/L	预处理 + 一级 A/O + 二级 A/O + MBR	出水水质：COD < 100mg/L；BOD_5 < 20mg/L		[47]
生物工程类									
1	江西省南昌市某制药厂	综合废水（生产车间、生活污水）	生产车间；办公车间	有天然有机物、多糖类、甙类、蒽醌类、生物碱及其水解产物等	COD、NH_3 - N、SS、水温均高；pH = 4.0 ~ 5.0；废水排放量 160 m^3/d	内循环厌氧反应器 IC + 生物接触氧化 + 二沉池混凝沉淀	出水 COD < 60mg/L；出水 NH_3 - N < 15mg/L；出水 NH_3 - N < 60mg/L；总工艺：COD 去除率：99.25%；色度去除率：99%；NH_3 - N 去除率：75%；SS 去除率：88%	1.58	[48]
2	广州市某生物制药企业	综合废水（药材废水、浓缩水、滤废水、滤渣废水）	生产车间	苯、甲苯、二甲苯、VOCs、生化抑制物质	pH = 5.0 ~ 6.0；SS = 300mg/L；色度 220 倍；COD = 3500mg/L；BOD_5 = 1400mg/L；NH_3 - N = 25mg/L	预处理 + 预酸化 + UASB 反应器 + 接触氧化 + 曝气生物滤池 + 消毒清水池	处理量 1500 t/d；pH = 6.0 ~ 9.0；SS ≤ 60mg/L；色度 ≤ 40；COD ≤ 100mg/L；BOD_5 ≤ 20mg/L；NH_3 - N ≤ 10mg/L	1.59	[49]

续表

序号	企业名称	废水类型	产生工段	主要污染物	污染物特点	主要处理工艺	技术参数及运行效果	水运行费用（元/m^3）	参考文献
3	某制药企业	综合废水（生产废水、板框废水、溶媒分离废水）	生产车间	高浓度柱晶白霉素、菌丝体、悬浮物、脂类、醇类、抗生素残留物	板框废水：pH = 5.3；SS = 3654mg/L；COD = 7532mg/L；BOD_5 = 3500mg/L；NH_3 - N = 960mg/L；分离废水：pH = 8.7；SS = 1388mg/L；COD = 14900mg/L；BOD_5 = 4801mg/L；NH_3 - N = 558mg/L；混合废水：pH = 6.6；SS = 2014mg/L；COD = 12550mg/L；BOD_5 = 4450mg/L；NH_3 - N = 800mg/L	预处理（格栅、沉淀池、调节池）+厌氧生物处理系统（水解酸化池、厌氧罐）+好氧生物处理系统（厌氧复合床反应器UBF、CASS池）	平均出水水质：SS = 141mg/L；COD = 260mg/L；BOD_5 = 46mg/L；NH_3 - N = 28mg/L	0.47	[50]

续表

序号	企业名称	废水类型	产生工段	主要污染物	污染物特点	主要处理工艺	技术参数及运行效果	水运行费用（元/m^3）	参考文献
4	某大型药厂	综合废水（生物发酵废水、溶媒废水、离子交换废水、冷却水）	生产车间	有酯类、醇类、有机酸、硫酸及菌丝等	中浓度废水：COD = 3500mg/L；BOD_5 = 1800mg/L；SS = 420mg/L；SO_4^{2-} = 3100mg/L；NH_3 - N = 125mg/L；高浓度废水：COD = 11000mg/L；BOD_5 = 5500mg/L；SS = 650mg/L；SO_4^{2-} = 6200mg/L；NH_3 - N = 160mg/L；油 = 265mg/L；混合废水：COD = 5500mg/L；BOD_5 = 2809mg/L；SS = 483mg/L；SO_4^{2-} = 3945mg/L；NH_3 - N = 135mg/L	格栅集水井 + 溢流井 + 调节池 + 反应器 + 隔油沉淀池 + 厌氧水解反应器 + 气浮池 + CASS 池	出水水质： pH = 6.8；COD = 200mg/L；BOD_5 = 80mg/L；SS = 20mg/L；NH_3 - N = 30mg/L	1.5	[51]

导致各个企业运行效果和运行费用也大大不同。所以，制药废水工艺流程设计、操作运行参数选取、运行调控策略、自动化程度等均对制药工业废水通用的处理技术路线（$P_{通用}$）有着重要的影响，是其达标排放（或中水回用）和节能降耗的关键。

五 制药工业废水处理新技术及前景展望

笔者除了总结了常用的制药废水处理技术外，也提出了未来能够应用在制药工业废水处理工程（新建或改扩建）中的一些新技术（见表4）。希望这些新技术对于提高制药废水处理效果、提高处理系统运行稳定性和抗干扰能力、减少系统运行费用等方面起到积极的促进作用。以高氨氮难降解废水处理（Y_{1j}）为例，这些新技术在工艺流程中的位置如图9所示，即厌氧膜生物反应器（用符号AnMBR来表示）和生物电化学技术（用符号BES来表示）均可与厌氧/水解池或缺氧池结合、多级环流好氧技术（用符号SL来表示）可与好氧池相结合、智能控制与优化技术（用符号ICA来表示）可对各个构筑物进行控制。

表4 几种制药工业废水处理新技术

新技术类别	简介	优势	适用范围	符号
厌氧膜生物反应器	厌氧反应器与膜分离结合技术,可采用分置式或浸没式	①能够缩短HRT,提高水力负荷;②出水水质更佳;③可节省运行费用	改扩建或新建	AnMBR
生物电化学技术	由阴极、阳极组成的电化学模块与水解酸化反应器或高效厌氧反应器相结合技术	①将难降解物质转化为易降解物质,提高B/C;②减缓VFA对厌氧系统抑制,提高甲烷产量	改扩建或新建	BES
多级环流好氧技术	在好氧反应器中内置多级环流导流筒,可采用多段进气、锥形变径、高低错落等结构形式	①可提高气含率和循环液速,进而提高传质效率;②改善流场分布特性,提高进水负荷	改扩建或新建	SL
智能控制与优化技术	基于COD、BOD、氨氮、硝酸盐氮DO、TN、TP、磷酸盐、MLSS、流量等原位传感器的前馈和反馈相结合的PID控制技术	①可实现系统节能降耗;②提高系统稳定性和抗干扰能力;③提高系统对污染物去除效果	改扩建或新建	ICA

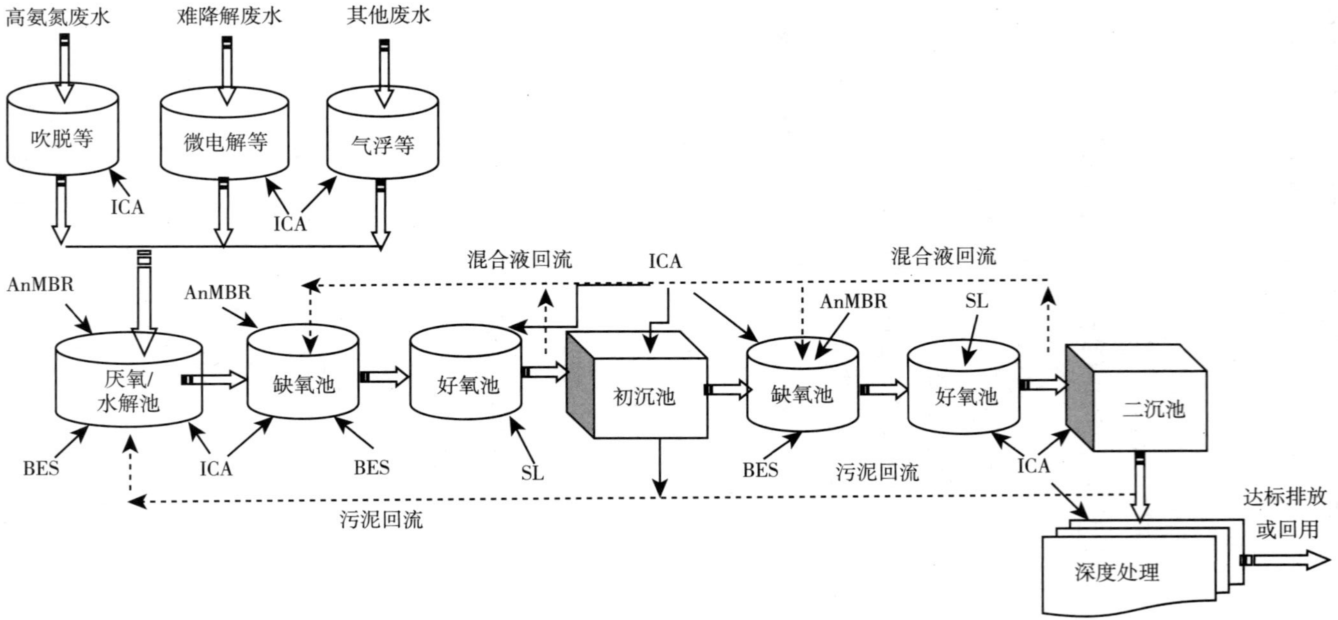

图 9　制药废水处理新技术在高氨氮难降解废水处理工艺流程（Y_{1j}）中的位置

六　结语

有关制药废水处理新技术和新工艺频繁问世，然而，这并没有改变制药废水污染现状，制药废水污染问题仍未解决。本文对国内外制药废水处理技术及实践进行了总结，得到结论如下。

①制药工业废水处理应遵循“高浓度及特殊废水车间预处理、再混合统一处理”的原则。

②制药废水可以分为六类，即发酵类、化学合成类、提取类、中药类、生物工程类和混装制剂类。由于生产工艺不同，所以每类制药企业所含高浓度及特殊废水种类不同，车间预处理工艺不同。

③虽然制药废水处理技术复杂、繁多，但也可以建立一个通用的技术模式。

④制药废水中有毒有害物质多，水质水量变化大，所以对系统冲击影响较大，出水水质稳定性较差。另外，制药废水运行费用较高，所以在对制药废水处理进行工艺流程设计时，要特别注意工艺运行参数选取、后期运行调控策略、自动化程度等，这对制药工业废水处理达标排放（或中水回用）和节能降耗具有重大影响。

⑤虽然有实验表明，采用 AnMBR、BES、多级环流、智能优化控制技术能够提高制药工业废水处理效率、提高出水水质稳定性和系统抗干扰能力，但这些技术仍处于小试或中试规模阶段，其实际工程应用还需要进行大量的探索实践工作。

参考文献

[1]《发酵类制药工业水污染物排放标准（GB21903－2008）》，中国环境科学出版社，2008。

[2]《制药工业水污染物排放标准 - 发酵类》编制说明（征求意见稿），chrome - extension：//ibllepbpahcoppkjjllbabhnigcbffpi/http：//www. mee. gov. cn/gkml/zj/bgth/200910/W020071023543140659743. pdf。

[3]《提取类制药工业水污染物排放标准（GB21905 - 2008）》，中国环境科学出版社，2008。

[4]《制药工业水污染物排放标准 - 提取类》编制说明（征求意见稿），chrome - extension：//ibllepbpahcoppkjjllbabhnigcbffpi/http：//www. mee. gov. cn/gkml/zj/bgth/200910/W020071025264350933485. pdf。

[5]《中药类制药工业水污染物排放标准（GB21906 - 2008）》，中国环境科学出版社，2008。

[6]《制药工业水污染物排放标准 - 中药类》编制说明（征求意见稿），chrome - extension：//ibllepbpahcoppkjjllbabhnigcbffpi/http：//www. mee. gov. cn/gkml/zj/bgth/200910/W020071025264350992676. pdf。

[7]《生物工程类制药工业水污染物排放标准（GB21907 - 2008）》，中国环境科学出版社，2008。

[8]《制药工业水污染物排放标准 - 生物工程类》编制说明（征求意见稿），chrome - extension：//ibllepbpahcoppkjjllbabhnigcbffpi/http：//www. mee. gov. cn/gkml/zj/bgth/200910/W020071025264351050724. pdf。

[9]《混装制剂类制药工业水污染物排放标准（GB21908 - 2008）》，中国环境科学出版社，2008。

[10]《制药工业水污染物排放标准 - 混装制剂类》编制说明（征求意见稿），chrome - extension：//ibllepbpahcoppkjjllbabhnigcbffpi/http：//www. mee. gov. cn/gkml/zj/bgth/200910/W020071025264351121989. pdf。

[11]《化学合成类制药工业水污染物排放标准（GB21904 - 2008）》，中国环境科学出版社，2008。

[12]《制药工业水污染物排放标准 - 化学合成类》编制说明（征求意见稿），chrome - extension：//ibllepbpahcoppkjjllbabhnigcbffpi/http：//www. mee. gov. cn/gkml/zj/bgth/200910/W020071023543140721501. pdf。

[13] 张金菊、袁孟云、张瑜倩、张红川：《“ABR + UBF + A/O”工艺处理中药废水工程实例》，《工业水处理》2019 年第 39（10）期，第 104 ~ 106 页。

[14] 陈晓峰：《ABR + 接触氧化工艺处理中药提取生产废水工程实例》，《广东化工》2016 年第 43（15）期，第 299 ~ 300 页。

[15] 顾玮、袁雅静：《DAT - IAT 工艺处理中药生产废水工程实例》，《工业用水与废水》2011 年第 42（04）期，第 84 ~ 85、93 页。

[16] 徐伟、刘哲俊、裘建平、俞岚、张洁：《IC - MBR - 高级氧化法处理高浓度中药废水工程实践》，《水处理技术》2016 年第 42（06）期，第 134 ~ 136 页。

[17] 黄睦凯:《高浓度中药废水生产废水处理工程实例》,《广东化工》2014 年第 41 (15) 期, 第 195 ~ 196 页。
[18] 谢永新:《高浓度中药提取物生产废水处理工程实例》,《工业用水与废水》2012 年第 43 (04) 期, 第 75 ~ 76 页。
[19] 李澍、黄宇广、高湘:《高浓度中药制剂废水处理工程设计》,《中国给水排水》2013 年第 29 (12) 期, 第 69 ~ 71 页。
[20] 姚东:《陕西某中药企业污水处理项目升级改造技术方案研究》, 西安建筑科技大学硕士学位论文, 2018。
[21] 黄海涛、魏彩春、魏明蓉、温振宇:《水解酸化 - SBR 工艺处理中药废水的工程实践》,《工业水处理》2012 年第 32 (01) 期, 第 78 ~ 80 页。
[22] 冯苗苗:《中成药制药废水处理的研究》, 西安建筑科技大学硕士学位论文, 2018。
[23] 车建刚、万金保、邓觅、黄学平:《中药废水处理的工程应用》,《水处理技术》2017 年第 43 (10) 期, 第 128 ~ 130、137 页。
[24] 刘立、刘畅、农燕凤、赖后伟、林方敏、周秀秀:《中药废水处理工程设计实例及分析》,《中国给水排水》2018 年第 34 (08) 期, 第 89 ~ 92 页。
[25] 李勇威:《某氧氟沙星制药企业废水处理工艺改造研究》, 西南交通大学硕士学位论文, 2019。
[26] 刘洋:《CASS 工艺生物处理诺氟沙星中间体制药废水低负荷试运行研究》, 郑州大学硕士学位论文, 2019。
[27] 徐建:《某制药废水小试和工程设计应用研究》, 苏州科技大学硕士学位论文, 2019。
[28] 吴大涛:《东药原料药厂区再生水回用的技术研究及工程应用》, 东北大学硕士学位论文, 2015。
[29] 郎咸明:《水解酸化 - UNITANK - BAF 工艺处理制药废水的研究》, 东北大学博士学位论文, 2006。
[30] 周俊:《二氧化氯催化氧化联合生化工艺处理制药废水的研究及工程应用》, 浙江大学硕士学位论文, 2012。
[31] 周鑫:《高浓度 COD 抗生素生产废水处理的研究与应用》, 南昌大学硕士学位论文, 2018。
[32] 刘英辉:《高浓度医药中间体废水处理的研究与工程应用》, 南昌大学硕士学位论文, 2015。
[33] 张金菊、李川、张瑜倩、忻飞、朱召军:《中药制药行业生产废水处理工程设计及运行》,《煤炭与化工》2016 年第 39 (7) 期, 第 155 ~ 157 页。
[34] 李道伟、徐梓怀、郝友娟:《中药提取废水处理工程设计》,《齐鲁药事》2008 年第 27 (7) 期, 第 436 ~ 437 页。

[35] 柯贤成：《ABR－生物接触氧化－BAF 工艺处理中药提取废水实例》，《广东化工》2018 年第 45（9）期，第 175～176 页。

[36] 杨群、张耕、王昌平：《某制药废水处理工程实例》，《科技论坛》2016 年第 4 期，第 379～380 页。

[37] 欧阳二明、匡彬、王娜：《BIOFOR 处理混装制剂类制药废水工程实例》，《环境工程》2015 年第 33（01）期，第 37～39＋140 页。

[38] 张欣勃：《混装制剂类制药有机废水处理技术研究及工程应用》，《佳木斯职业学院学报》2015 年第 12 期，第 488 页。

[39] 杨国强：《长春市某药厂污水处理厂升级改造工程设计》，吉林大学硕士学位论文，2015。

[40] 王娜：《A/O＋BIOFOR 处理混装制剂废水生产性试验研究》，南昌大学硕士学位论文，2012。

[41] 吴小虎：《某制药公司硫酸盐废水处理工艺改造案例的研究》，南昌大学硕士学位论文，2016。

[42] 杨勇、杨向阳、丁叶强等：《QIC 有机废水处理技术应用于医药废水处理——以沈阳红药安徽制药有限公司废水处理为例》，《农业工程技术（新能源产业）》2013 年第 12 期，第 27～29 页。

[43] 阮建兵、陈琼、金学平：《高密度发酵制药废水处理工艺设计》，《水处理技术》2013 年第 39（02）期，第 127～129 页。

[44] 尤筱璐：《发酵类制药废水的高效处理技术研究》，南昌航空大学硕士学位论文，2018。

[45] 邱攀：《头孢菌素类抗生素中间体废水处理的研究与应用》，南昌大学硕士学位论文，2018。

[46] 顾辽萍：《高浓度制药发酵废水处理工程技术》，《工业水处理》2006 年第 10 期，第 72～74 页。

[47] 黄万抚、周荣忠、廖志民：《发酵类制药废水处理工程的改造》，《工业水处理》2010 年第 30（03）期，第 82～84 页。

[48] 杨德龙、张晓东、朱乐辉等：《IC＋生物接触氧化＋絮凝沉淀处理中成药制药废水实例》，《水处理技术》2013 年第 39（004）期，第 120～123 页。

[49] 韩彬光：《某生物制药废水的处理回用工程实例》，《广东化工》2018 年第 45（011）期，第 198～199，195 页。

[50] 赵胜利、毛全贵、韩德全等：《两相厌氧/好氧系统处理白霉素废水》，《中国给水排水》2005 年第 21（008）期，第 77～79 页。

[51] 朱志涛、朱志勇、狄军贞：《中高浓度制药废水的治理技术》，《山西建筑》2018 年第 044（005）期，第 113～115 页。

B.17

制药废水抗生素、抗性基因与常规污染物协同控制

张昱　杨敏*

摘　要： 本文首先提出了抗生素生产废水残留抗生素效价的概念，在此基础上阐述了通过强化水解预处理的方法将废水中抗生素效价消除后再利用生物与物化组合的方法进行常规污染物的去除的思路。消除抗生素效价不仅可以解除抗生素对废水处理微生物的抑制，保障废水生物处理的效果，还可以阻断在废水生物处理过程中抗性基因的产生，确保抗生素、抗性基因和常规污染物的协同控制。最后，本文对未来该类废水处理和环境管理的发展方向提出了展望，以期为制药行业的可持续发展提供技术支持和科学依据。

关键词： 抗生素效价　强化水解　制药废水　抗性基因

自20世纪40年代青霉素被广泛应用于临床医疗以来，抗生素在减少疾病痛苦、延长人类寿命方面发挥了无可替代的作用。目前各种主要的抗生素原料药仍然是通过微生物发酵的方法进行生产。我国是世界上最大的发酵类抗生素原料药的生产国。发酵类抗生素被提取后，除了会产生被列入《国家危险废物名录》中的菌渣之外，发酵废母液还会作为废水被排出。通常，

* 张昱，环境水质学国家重点实验室副主任，中国科学院大学岗位教授、研究员；杨敏，中国科学院生态环境研究中心副主任，中国科学院大学岗位教授、研究员。

发酵废母液中含有大量发酵残留物、生物代谢产物、提取剂残留物、氨氮以及未能提取干净的抗生素残留效价。例如，土霉素发酵生产产生的废母液一般化学需氧量（COD）为 10000～15000 mg/L，氨氮为 300～500 mg/L，土霉素为 800～1000 mg/L。此外，废水中还会有 3000～7000 mg/L 的草酸残留。除了土霉素废母液以外，还有树脂再生酸水、碱水，车间清洗废水等低浓度废水的排放，生产每吨抗生素的基准排水量一般为 500～6500m^3。

由于发酵类抗生素废水有机污染物含量较高，一般采用生物技术进行COD、氨氮及总氮的去除，生物处理通常包括厌氧、缺氧和好氧三个处理单元，先利用处理负荷高、无须供氧的厌氧技术消减大量的 COD，然后利用缺氧和好氧单元的组合进行进一步 COD 去除以为氨氮的硝化与反硝化脱除总氮。由于生物处理后仍然会残留一定的 COD，在废水排放前通常还需要采用一些物化技术进行深度处理，进一步降低 COD 含量。由于废母液中残留的高浓度抗生素对微生物存在很强的抑制作用，很多企业废水处理厂的生物处理系统实际上无法正常运行，包括厌氧在内的各个单元只能在低负荷下运行，而且处理效果很不理想，导致达标排放困难、运行成本高。更为严重的是，在高残留抗生素胁迫下废水生物处理中会产生次生风险因子——抗生素抗药菌和抗生素抗性基因，这些抗药菌和抗性基因可以通过废水和剩余污泥排放到环境中，导致废水处理系统成为环境中抗性基因的重要排放源。该问题已经引起世界卫生组织的高度重视，世界卫生组织在 2013 年的绿色采购会议、2017 年的环境耐药研究会中进行了专题讨论，并在 2020 年发布的相关环境耐药的《技术导则》中专门设置了“制药废水”一章。

中国科学院生态环境研究中心很早就关注到抗生素生产废水中高浓度抗生素存在的问题，在国家自然科学基金委和科技部的一系列课题支持以及行业内的部分企业的协助下，通过对土霉素、青霉素、头孢菌素、红霉素、螺旋霉素、链霉素、卡那霉素等典型发酵类抗生素生产废水的现场调研和实验室模拟，发现抗生素在一定浓度下可显著抑制废水处理微生物的活性，而且生产废水处理系统出水和剩余污泥是环境中抗生素、耐药菌和抗性基因的一个重要排放源。为此，中国科学院生态环境研究中心提出了首先通过强化水解等预处理的方法将废水中抗生素效价消除后，再利用生物与物化组合的方法进行常规污染物去除的思路，并对被生态环境部列入危害固体废弃物清单的抗生素生产菌渣也进行了探索。以土霉素生产废水为例，该研究中心开发了抗生素、抗性基因和常规污染物协同控制的废水处理工艺，并在相关企业进行了工程应用示范，为抗生素原料药行业的可持续发展提供了重要的技术手段。

本文以图 1 为例阐述了抗生素、抗性基因和常规污染物协同控制的技术思路，并从抗生素原料药行业可持续发展的角度展望了抗生素生产废水及菌渣的管理策略。

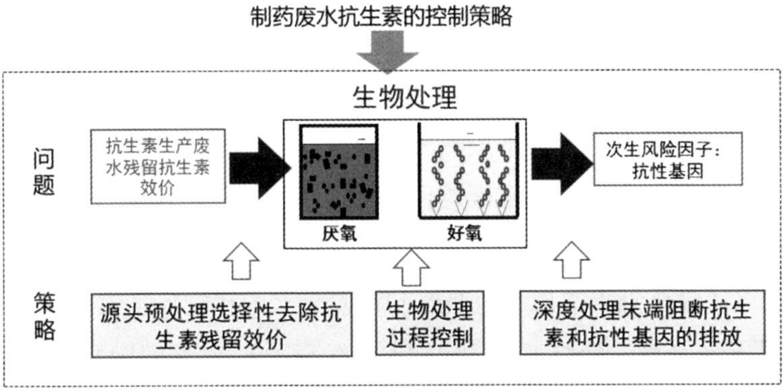

图 1　制药废水残留抗生素效价控制和抗性基因排放阻断策略

一　制药废水残留抗生素效价

水中的抗生素作为新型污染物具有潜在的环境风险，但至今为止，世界各国均没有针对抗生素和抗性基因制定具体的排放标准。目前评价抗生素的处理效果主要是利用仪器方法（例如，液相色谱或者超高效液相色谱——串联质谱仪）测定抗生素母体浓度的变化。实际上，抗生素废水的处理目标不仅是降低抗生素的浓度，更重要的是去除废水中的抗菌活性，即“效价”。残留效价不仅包括废水中残留的抗生素母体贡献的活性，还包括一些中间产物、前驱体或者副产物贡献的活性。因此，仅利用仪器方法测定抗生素母体的浓度可能会低估废水中可能具有抑菌活性的相关物质含量，但这些转化产物仍会对环境中的微生物产生选择压力，促进细菌耐药性的产生和传播。

为此，笔者团队在前期工作中利用药典中抗生素“效价”的概念，建立了一套普适性的基于实时比浊法（real-time turbidimetry）的抗生素生产废水或残留效价测定方法，相对传统的固定生长时间比浊法（RSD 5.62% ~ 11.29%），实时比浊法的重复性得到明显改善（RSD 1.08%）。同时，通过比较待测水样和抗生素标准参照物质对标准菌株（金黄色葡萄球菌或者大肠杆菌等）的抑制来评价抗生素生产废水中抗生素及其相关物质的残留效价，并用相对应的抗生素母体效价当量（EQ，$mg \cdot L^{-1}$）来表征废水中包括该抗生素母体及相关物质的抑菌活性，评估抗生素废水中每一种物质的效价贡献。利用这种方法评估了土霉素和螺旋霉素生产废水处理系统的残留效价，发现土霉素废水中的土霉素效价当量与测得的土霉素浓度基本一致，说明土霉素是废水中残留效价的主要贡献者；而螺旋霉素废水的螺旋霉素效价当量显著高于螺旋霉素浓度，说明螺旋霉素废水中存在除了螺旋霉素母体之外的其他活性物质，螺旋霉素的转化产物新螺旋霉素的效价占 13.2% ~ 22.9%，但仍有 9.09% ~60.3% 的残留效价来源不明，需要进一步探索。因此，抗生素残留效价的评价对于揭示废水中活性物质的组成具有重要意义。

二　抗生素对废水生物处理系统的影响及抗生素去除技术

通过对一些典型发酵类抗生素生产废水的调查发现，抗生素废母液中仍然存在较高含量的抗生素，例如，土霉素、红霉素、泰乐菌素、卡那霉素等废母液中抗生素的含量分别为 800 ~ 1000 mg/L，200 ~ 500 mg/L，800 ~ 1000 mg/L，700 ~ 800 mg/L。也有些废母液中抗生素残留不高，例如青霉素 G 废母液中抗生素的含量较低（100 ~ 200 μg/L），这主要是由于青霉素结构不稳定，其在高温溶媒萃取回收中发生了水解。需要指出的是，提高抗生素生产过程中抗生素的提取方法的效率对于降低母液中的残留抗生素至关重要，目前传统的抗生素提取方法主要有吸附法、沉淀法、溶媒萃取法、离子交换法，近年来，膜分离技术也开始应用在抗生素提取过程中。高效提取方法等清洁生产技术可以降低某些种类抗生素母液的残留效价，将清洁生产和废水处理污染控制技术相结合从而实现绿色生产过程。

目前发酵类抗生素废水处理的主体工艺均使用生物技术，由于抗生素针对的目标本身就是细菌，利用以细菌为主体的常规生物技术进行废水处理难度很大。此外，某些类型的抗生素例如四环素和土霉素虽然生物出水浓度降低，但是实际上大量被吸附在污泥中，仍然存在随着剩余污泥外排的环境风险。实验室通过长期模拟实验发现，当土霉素含量达到 150 mg/L 时，厌氧消化就会受到严重抑制。而抗生素对硝化反应的抑制更为明显。当进水中的土霉素、链霉素浓度达到 50 mg/L 时，活性污泥的生物硝化功能基本上就丧失了。

抗生素不仅会抑制细菌活性，严重影响废水处理效果，还会导致严重的抗生素的抗性的发生从青霉素生产废水处理系统出水筛出的细菌中，42% ~ 92% 对 β－内酰胺类、氨基糖苷类等不同类型抗生素具有抗药性，且对 β－内酰胺类的 50% 抑菌浓度（MIC_{50}）高达 1024 μg/L。从土霉素生产废水处理系统出水中筛选的细菌，有 97% 对多种抗生素具有抗性，94% 携带四环素类抗性基因。抗生素会对废水生物处理系统产生严重影响，因此在废水生物处理之前去除抗生素及相关物质残留是保障抗生素生产废水生物处理效果和阻断抗性基因产生的关键。

大量研究表明，氯化、芬顿、臭氧、光催化和电化学氧化等各种氧化技术能够从纯水或者模拟水体系中高效去除抗生素，然而这些技术没有选择性，如何从组成非常复杂的抗生素废水中高效选择性去除残留抗生素效价仍然是一个技术挑战。笔者团队发现利用臭氧可以降解废水中的土霉素和林可霉素，然而，废水中的共存 COD 可延缓林可霉素的降解，每增加共存 COD 100 mg/L，抗生素实现 50% 消减需要增加的臭氧量为 1.64 mg/L 左右。因此，尽管臭氧预处理可以有效去除抗生素，由于废母液中存在大量共存物质，处理实际高浓度废水时的臭氧消耗量比较大，造成成本增加。但是，臭氧、芬顿等氧化技术可以作为深度处理技术，用于生物处理之后去除残留的抗生素，作为常规指标达标排放抗生素和抗性基因的末端保障措施。

三 基于强化水解的抗生素生产废水预处理技术

如上所述，抗生素残留对废水生物处理产生严重影响，可促进抗性基因在环境中的传播。因此，在废水进入生物处理系统之前对抗生素加以控制，是防止抗生素及抗性基因环境污染的关键。化学氧化等方法虽然可以有效去除模拟配水或者高浓度废水中的某些类型抗生素，但处理成本非常高，实际应用困难。因此，需要建立直接作用于抗生素药效官能团（效价）的抗生素废水预处理技术。

水解是环境中抗生素降解的主要路径，但是通常条件下抗生素的水解速度非常缓慢，水解半衰期达到几天甚至几十天，无法直接用于废水的处理。通过优化水解反应条件，例如加入催化剂增加反应的温度等可以优化加速抗生素的水解。因此，基于抗生素普遍含有易水解的酰胺基、酯键等结构的特性，笔者团队提出了强化水解选择性去除废水中抗生素的技术思路，发明了基于均相、非均相强化抗生素水解的废水预处理技术，可对抗生素生产废母液中的抗生素药效官能团进行选择性破坏，并在四环素类的生产企业中进行了现场工程应用。抗生素强化水解废水预处理技术能够高效去除废水中抗生素效价，与没有采用预处理的现场原有厌氧装置相比，后续厌氧系统的COD负荷能力提高了5倍以上，出水的四环素类抗生素能够降低99%以上，污泥的四环素类抗性基因降低80%以上，因此，强化水解预处理技术能够有效去除四环素类抗生素及其效价，消除抗生素对生化处理工艺的抑制作用，并有效阻止抗性基因的生成，实现抗生素及抗性基因的源头控制，在抗生素生产废水处理领域具有很大的应用潜力。

为了回答大宗发酵类抗生素哪些可以被强化水解去除，什么是决定抗生素强化水解效能的关键因子等问题，进一步考察了六大类近20种发酵类抗生素的水解动力学及其抗生素效价变化，发现不同发酵类抗生素的强化水解特征不同，优化后的强化水解条件能够显著加速大多数抗生素的水解。利用前线分子轨道理论建立了半定量的抗生素水解效能预测模型，发现抗生素分子的能隙值（最低未占据轨道和最高占据轨道之间的能量差值）是影响抗生素水解效果的关键因素之一。对于难以被强化水解去除的抗生素可以利用次临界温度条件下的水热处理过程或者非均相的固体碱催化剂突破抗生素较高的能隙值，从而实现对含难水解抗生素废水中的抗生素选择性去除。

四　抗生素、抗性基因和常规污染物的协同控制技术

如何构建一个协同控制常规污染物和抗生素效价、抗性基因的新型废水处理系统是制药废水需要解决的关键问题。针对高浓度抗生素废水需要将预处理技术和末端保障深度处理技术联合使用，构筑抗生素和抗性基因控制多级屏障技术体系。强化水解技术作为大部分发酵类抗生素的预处理技术，可以选择性破坏废水中的抗生素，消除抗生素对生化处理工艺的抑制作用，并能够有效阻止抗性基因的生成。

生化处理系统是碳、氮等常规污染物的主要去除单元。抗生素被去除后的生产废水先经过厌氧颗粒污泥处理单元去除部分 COD，再结合缺氧 - 好氧等工艺去除总氮。在生物处理系统之后，由于抗生素水解产物以及部分微生物发酵产物难以被微生物分解，生化出水 COD 等可能仍较高，可以进一步利用后处理技术如芬顿、臭氧氧化或氧化吸附等深度处理技术保障末端水的 COD 达标排放，以及对残留的微量抗生素和抗性基因进行深度去除。

上述技术系统在制药行业进行了工程示范。某土霉素废水生产企业的工程实施案例表明，土霉素废母液经强化水解预处理土霉素去除率达到 99% 以上，预处理后的土霉素母液进入厌氧颗粒污泥反应器，COD 去除率为 50% ~70% 。厌氧出水和其他经过预处理的低浓度废水一起进入缺氧 - 好氧单元，进一步去除氨氮、总氮和 COD。生化出水通过铁盐在中性条件下的原位氧化吸附技术进行深度处理，COD 可以进一步去除 70% 以上，整个系

统在相对较低的成本下实现发酵类制药废水的达标排放和抗生素、抗性基因协同控制。

对于发酵类抗生素，其生产过程还会产生大量被列为危险废弃物的废菌渣，焚烧是目前处理菌渣通常的手段，但是成本很高，企业难以承受。废菌渣主要含有抗生素生产菌的菌丝体、未消耗完的培养基、培养基降解产物、发酵过程中的代谢产物和抗生素及其水解与降解的中间产物等，具有作为菌肥、饲料等资源化的潜能，而菌渣资源化的关键在于菌渣中高浓度抗生素的去除。笔者团队和制药行业在合作开展红霉素、土霉素、青霉素等菌渣无害化和资源化研究中发现，水热反应可以有效去除菌渣中的这些抗生素，而无害化后的菌渣制备成肥料施用在大田中不会造成抗性基因在大田土壤细菌中的传播。安全高效的菌渣无害化处理与资源化技术具有很好的应用前景。

五　结论与展望

抗生素废水的处理不仅仅是抗生素母体浓度的降低，最关键的是残留抗生素生物效能（效价）能否被有效消减。未来的研究需要实验室和制药行业现场的综合证据来阐明抗生素在促进抗性基因产生和发生水平转移方面的浓度阈值是多少，从而制定废水生物处理之前残留抗生素和效价的控制目标。

生物处理技术成本低，是目前抗生素废水处理的主流技术，然而在处理高浓度抗生素生产废水时由于抗生素效价残留造成生物处理效果不稳定，同时还可能导致大量抗性基因的产生和排放。因此如何在生物处理之前进行源头控制，即利用物理化学技术选择性去除废水中残留抗生素及相关物质（残留效价）是解决抗生素废水处理难题的关键。

目前各种包括臭氧氧化和高级氧化等物化处理技术迅速发展，可以高效快速去除水溶液中的抗生素，可以用于生物处理之后的深度处理，用以保障废水的安全排放。然而这些主要基于氧化的反应不能选择性去除抗生素，作为高浓度抗生素废水源头控制技术效果和成本都会存在问题，因此，需要开发选择性地去除抗生素效价的预处理技术。

强化水解预处理技术能够有效去除多种抗生素，消除抗生素对生化处理工艺的抑制作用，并有效防止后续生物处理系统中抗性基因的生成和排放。利用分子前线轨道和水解机制相关的量子化学描述符构建了不同结构的抗生素水解效能预测模型，可以将抗生素分为易水解和难水解抗生素两种类型。通过现场中试和工程示范实现了对易水解的四环素类抗生素生产废水常规指标和抗生素、抗性基因协同控制，在抗生素生产废水处理领域具有很大的潜力与发展前景。

针对高浓度抗生素废水需要将源头控制预处理技术和末端保障深度处理技术联合使用，构筑抗生素和抗性基因控制多级屏障技术体系。在生物处理系统之后，可以进一步利用氧化等深度处理技术保障末端水质。下一步将针对如何降低成本和高效系统集成开展工作，同时针对难水解抗生素需要开发相关处理技术，为不同的抗生素生产废水的处理提供技术支撑。

提高抗生素生产过程中抗生素的提取效率可以降低菌渣和废母液中的抗生素效价残留，清洁生产和污染治理技术的有机结合对于构建绿色制药系统和应对未来绿色采购可能造成的壁垒至关重要。

抗生素菌渣被列为危险废弃物，是目前制药行业可持续发展的重要瓶颈；同时某些类型抗生素如四环素类等极易被污泥吸附，导致剩余污泥成为抗生素迁移转化途径中重要的“汇”。未来需要加强含有高抗生素的菌渣和污泥的处理处置，进一步阻断制药行业抗生素、抗性基因向环境中的释放。

B.18
电离辐照处理抗生素发酵菌渣的研究及应用

王建龙*

摘　要： 本文研究了电离辐照处理红霉素菌渣和头孢菌渣，结果表明，电离辐照既可以降解菌渣中残留的抗生素，又可以杀灭耐药菌并消除抗性基因污染，从而实现抗生素菌渣的无害化处理。此外，电离辐照对抗生素菌渣中的蛋白质和多糖组分没有明显影响，经电离辐照处理的菌渣可以保留其营养组分，用于制备饲料或有机肥料，实现抗生素菌渣的资源化利用。电子束辐照无害化处理抗生素菌渣的示范工程（日处理量约5000吨湿菌渣）已经在新疆伊犁川宁生物技术公司开工建设。

关键词： 抗生素菌渣　电离辐照　无害化处理　高级氧化

一　引言

抗生素菌渣富含蛋白质和多糖等营养物质，但菌渣中残留的抗生素和抗性基因会使细菌产生耐药性，危害生态环境和人类健康。因此，2008年我国环境保护部将发酵类制药残渣列入《国家危险废物名录》。如果能够消除菌渣中残留的抗生素和抗性基因，就可将菌渣变为资源，用于生产肥料或饲

---

* 王建龙，清华大学核能与新能源技术研究院副院长，教授。

料，从而解决抗生素菌渣处置的难题。电离辐照技术是利用放射性核素产生的 γ 射线或电子加速器产生的高能电子束对污染物进行处理。电离辐照技术是一种新兴的环境污染治理手段，其基本原理是利用高能射线（放射性核素，如^{60}Co或^{137}Cs产生的 γ 射线或电子加速器产生的电子束）的直接作用和间接作用（水分子辐射分解产生的羟基自由基、氢自由基、水合电子等活性粒子），破坏或降解污染物。

γ 射线由^{60}Co或^{137}Cs辐射源发出，电子束通过电子加速器利用电磁场加速电子产生。γ 射线穿透能力强，但剂量率较低，反应时间长；电子束的能量利用率高，反应时间短，但其穿透能力比 γ 射线弱。辐射源的安全防护成本较高，通常适用于实验室研究；电子加速器可带有自屏蔽装置，安全可控，适用于规模较大的实际工程应用。

二　电离辐照处理抗生素菌渣的原理

电离辐照既可以通过高能射线的直接作用来破坏污染物结构，使其分解，也可以通过间接作用破坏污染物。电离辐射可以引起水分子辐射分解，产生羟基自由基（·OH）、水合电子（e_{aq^-}）等活性粒子，与污染物反应来降解水中污染物。水分子受到高能射线作用后，会发生如式（1）的反应：

$$H_2O \rightsquigarrow (2.8)\cdot OH + (2.7)e_{aq^-} + (0.55)\cdot H + (0.45)H_2 + (0.7)H_2O_2 + (2.7)H^+ \quad (1)$$

括号内数值是每吸收 100 eV 的能量产生的活性粒子数。

可以看出，电离辐照产生的主要活性粒子包括氧化性·OH 以及还原性e_{aq^-}和·H，两类粒子浓度相近。·OH 的氧化还原电位为 2.72V，具有很强的氧化性；而e_{aq^-}的氧化还原电位为 -2.9V，具有很强的还原性。因此，有机污染物辐照过程中可通过氧化和还原两种路径被降解。研究表明，红霉素、四环素、青霉素以及磺胺类等抗生素，都能被电离辐照技术有效降解。

电离辐照也是一种高效的消毒技术。电离辐照产生的高能射线可以直接作用于 DNA 等生物大分子，引起生物大分子的电离和激发，使 DNA 分子的链断裂、碱基脱落或氢键断裂，细胞内膜受损，酶功能紊乱等，致使微生物细胞死亡；同时，水分子辐射分解产生的 · OH、e_{aq}- 和 · H 等活性粒子，通过氧化还原作用，破坏微生物的 DNA、RNA 及细胞组织。

电离辐照既可降解菌渣中的抗生素，又可杀灭耐药菌和消除抗性基因污染，从而实现抗生素菌渣的无害化处理（见图 1）。

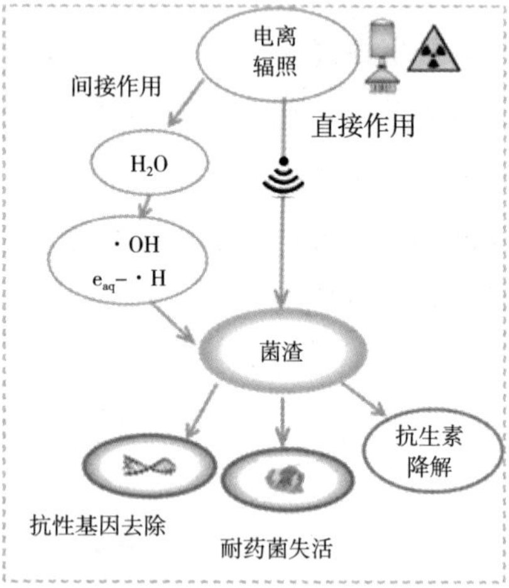

图 1　电离辐照处理抗生素菌渣的原理示意

电离辐照技术降解效率高、适用面广；无须或仅需加入少量化学试剂，不会产生二次污染物，是一种清洁、可持续利用的技术。随着我国电子加速器制造技术的日益成熟及其价格的逐步降低，利用电离辐照技术进行抗生素菌渣无害化处理具有良好的应用前景。此外，电离辐照与其他化学氧化等手段联合使用，会产生显著的“协同效应”，并降低运行成本。

三　电离辐照处理抗生素菌渣的研究

（一）研究方法

本文主要考察了电离辐照对红霉素和头孢菌素发酵菌渣中抗生素和抗性基因的去除效果及其对菌渣中营养物质含量的影响。对于头孢菌素发酵菌渣，比较了电离辐照与热处理（60°C 和 90°C）以及臭氧氧化对菌渣的处理效果。两种抗生素发酵菌渣均取自我国西部某生物制药公司。电离辐照实验采用^{60}Co γ 射线辐照源，辐射活度为 3.6×10^{14} Bq。主要检测指标为菌渣中抗生素和抗性基因含量、可培养微生物和耐药菌丰度以及营养物质蛋白质和多糖含量。

（二）电离辐照处理红霉素发酵菌渣的研究结果

红霉素发酵菌渣中检出的活性成分红霉素 A（ERY，以下简称“红霉素”）浓度较高，平均值为 538 mg/L（7.5mg/g TS），可培养微生物和耐药菌的丰度为 1.13 ×107 和 2.09 ×106 CFU/mL。菌渣中检测出大环内酯类抗性基因 ereA、ermB、mefA 和 mpfB，丰度为 2.8 ×106 ~ 9.8 ×108 copies/g。菌渣的有机质含量较高，挥发性悬浮固体（VSS）与总悬浮固体的比值在 77% 以上，其中蛋白质和多糖分别占 35% 和 27% 。菌渣中检测出的元素有 C、H、O、N、P、S、K、Ca、Fe、Mg、Mn、Al、Na、Zn。部分金属元素在上清液中的浓度（mg/L）为：K 475，Ca 363，Na 845，Mg 8.5，Fe 0.8，Zn 0.05。菌渣的含水率较高，在 92.4% 左右。

γ 射线辐照实验结果表明，电离辐照对菌渣中的微生物和耐药菌的灭活效率较高。吸收剂量为 5 kGy 时，菌渣中总微生物和耐药菌的丰度降为1.16 × 104 CFU/mL 和 3.67 CFU/mL ×102 CFU/mL；吸收剂量增加到 10 kGy 时，99% 的微生物失去活性，耐药菌全部失活，无法检出。

图 2 为菌渣中红霉素浓度和抗性基因丰度随辐照吸收剂量的变化。可以看出，红霉素浓度和抗性基因绝对拷贝数随吸收剂量的增加而降低。吸收剂量从 10 kGy 增加到 30 kGy 时，红霉素的去除率从 38% 提高到 56% ，抗性基因的拷贝数降低了 0.05 ~ 0.14log 和 1.0 ~ 1.3log。吸收剂量为 30 kGy 时，抗性基因的去除效率可达 90% ~95% 。

通过比较辐照处理干菌渣和湿菌渣时红霉素和抗性基因的去除效果，如表 1 所示，可以得出，γ 射线的直接作用对抗性基因去除的贡献为 42% ~

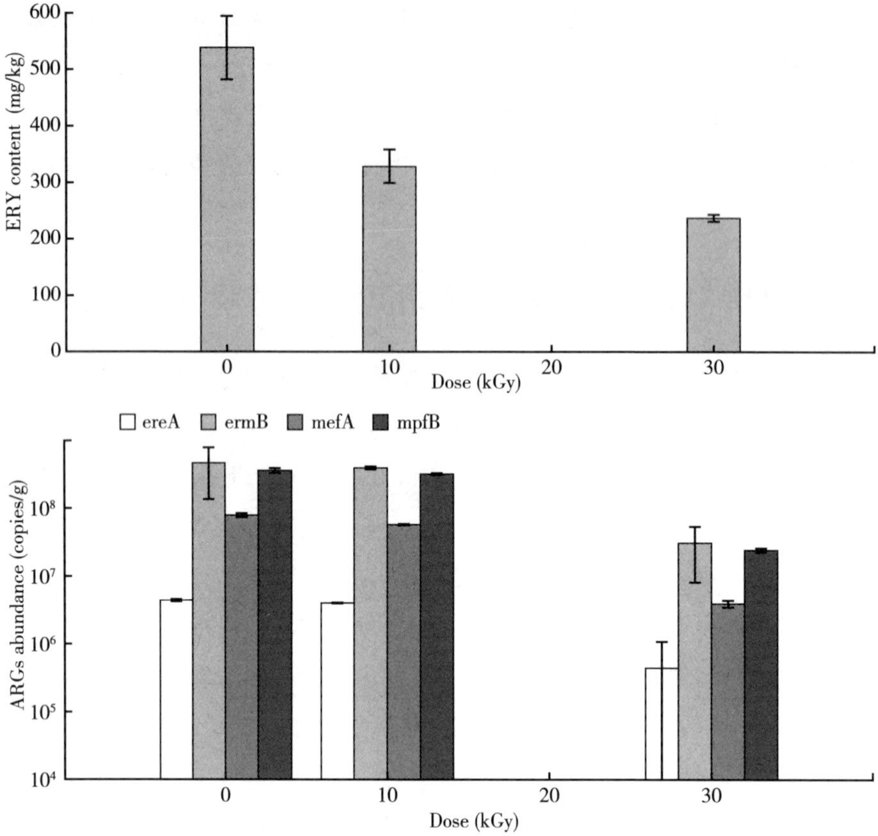

图 2　红霉素浓度和抗性基因绝对丰度随辐照吸收剂量的变化

53%，对红霉素去除的贡献为 16%，表明抗性基因的去除机制为 γ 射线的直接作用和激发水分子产生的 · OH、eaq－等活性自由基的间接作用；而对于抗生素的去除，主要作用机制为自由基反应。

表 1　比较辐照处理干菌渣和湿菌渣对红霉素和抗性基因的去除效率

单位：%

样品	去除率(吸收剂量为 30 kGy)					
	红霉素	ereA	ermB	mefA	mpfB	总抗性基因
湿菌渣	55.7	89.8	93.2	94.9	93.1	93.3
干菌渣	9.1	37.9	47.6	50.3	43.1	47.0

图 3 为辐照过程中菌渣中蛋白质和多糖含量以及元素组成变化。可以看出，随着吸收剂量的增加，菌渣中蛋白质浓度略有降低，多糖浓度有所增加；C 元素含量降低，O 和 N 元素增加，H 元素基本不变。红外光谱（见图 4）分析表明，菌渣中特征官能团的位置和形状基本没有改变，只是强度降低。上述结果表明，电离辐照对红霉素菌渣的性质尤其是营养物质含量没有显著影响，不会影响辐照后菌渣作为肥料再利用。

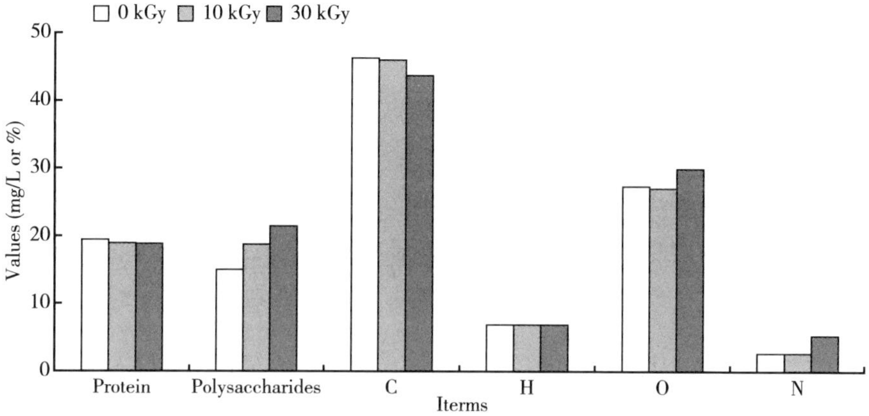

图 3　辐照过程中菌渣中蛋白质和多糖以及元素组成变化

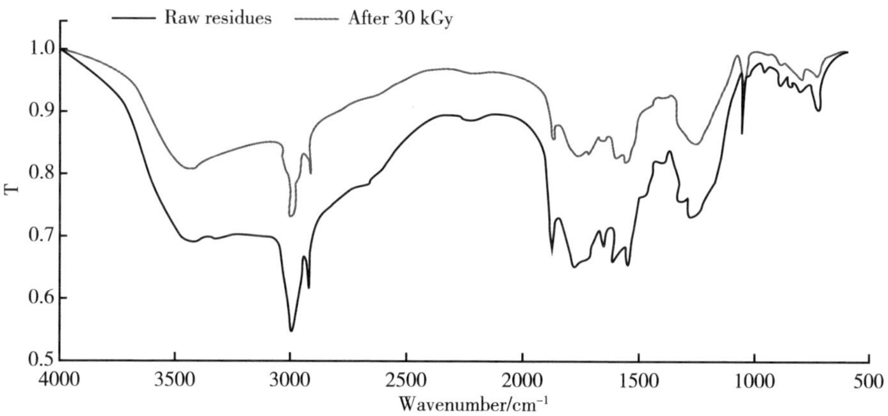

图 4　辐照前后红霉素菌渣的红外光谱

（三）电离辐照处理头孢菌渣的研究结果

头孢菌渣的性质如下：含水率 91%，TSS 含量 40 g/L，VSS/TSS 为 88%，蛋白质和多糖浓度为 9.6 g/L 和 31.0 g/L。菌渣中检出的药物活性物质头孢菌素 C（CEP－C）的浓度为 216 ± 18mg/L。在分析的 7 种头孢类抗性基因（acrA、acrB、tolC、mexA、pbp5、mecA 和 blaCTX）和 5 种青霉素类抗性基因（penA、pbp、pbp2X、ampC 和 cepA）中，头孢菌渣中只检测出头孢类抗性基因 tolC，其绝对和相对丰度分别为 2.5 × 102 copies/mL 和 1.4%。tolC 的绝对丰度比红霉素菌渣中大环内酯类抗性基因丰度低 4 ~ 6 个数量级。

由图 5 可以看出，随着辐照吸收剂量、热处理反应时间和臭氧剂量的增加，菌渣中头孢菌素 C 的浓度开始显著降低，超过一定剂量、反应时间后，降低速度趋于缓慢。辐照吸收剂量为 100 kGy 和 150 kGy 时，头孢菌素 C 的去除率为 85.5% 和 94.2%。60 ℃和 90 ℃下反应 4 小时，头孢菌素 C 的去除率为 71.9% 和 87.3%。臭氧剂量为 10.4 g O_3/L 时，头孢菌素 C 的去除率为 79.9%。电离辐照对菌渣中抗生素的去除效果优于热处理和臭氧处理。

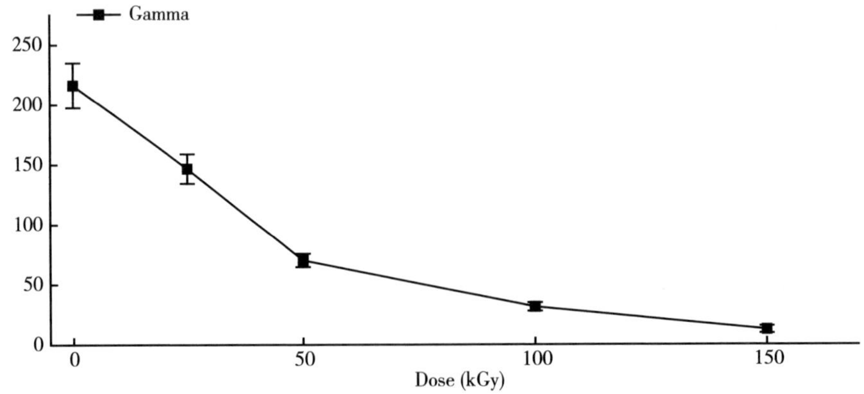

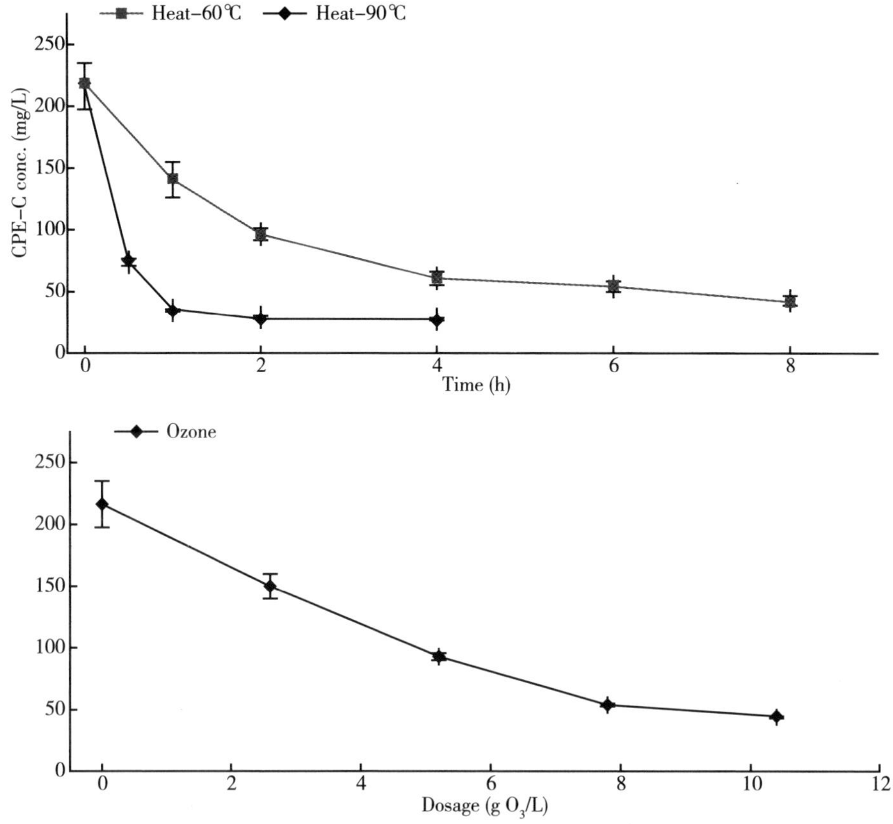

图 5 不同处理技术（γ 射线辐照、热处理、臭氧）下，头孢菌素 C 浓度变化

电离辐照对菌渣中抗性基因 tolC 也具有较好的消除效果。如图 6 所示，γ 射线辐照 100 kGy，热处理 4 小时以及臭氧氧化 2 小时后，tolC 的绝对丰度减小了 74.2%、26.9% ~37.1% 和 64.6%。而且，电离辐照可使 tolC 的相对丰度由 1.4% 显著减小到 0.2%。60 ℃下热处理可使 tolC 的相对丰度降至 0.3%，但 90 ℃热处理和臭氧氧化反而使 tolC 的相对丰度增加到 4.0% 和 1.6%，这表明高温和臭氧氧化对其他基因的破坏效果强于 tolC。

表 2 列出了初始菌渣以及电离辐照、热和臭氧处理后，菌渣混合液以及上清液中 COD、多糖和蛋白质的浓度。可以看出，大部分 COD、蛋白质和多糖（63% ~72%）存在于上清液中，这些物质主要来源于发酵培养基。

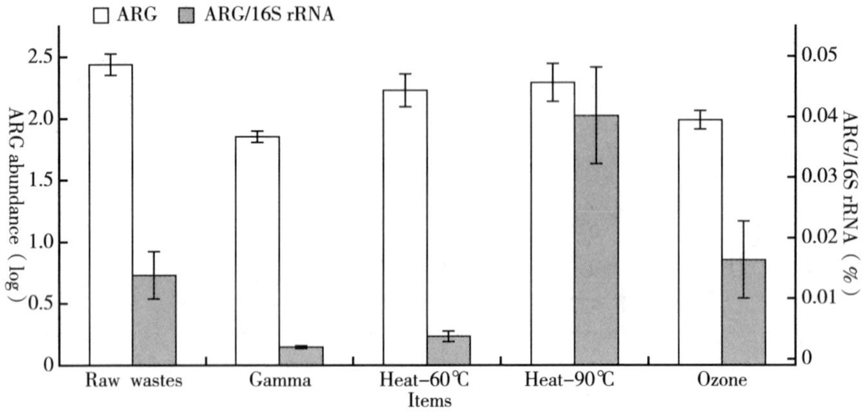

图6 初始头孢菌渣以及γ射线辐照100 kGy，热处理4小时以及臭氧氧化2小时后，菌渣中抗性基因的绝对和相对丰度

电离辐照和热处理使菌渣混合液的蛋白质和多糖含量有少量降低，但在上清液中的浓度有所增加，这表明微生物细胞破碎和溶解将胞内蛋白质和多糖释放到溶液中。但臭氧氧化使菌渣中的COD和多糖含量显著减小，表明臭氧的强氧化作用虽然可去除抗生素和抗性基因，但也会降低菌渣中营养物质的含量。

表2 初始菌渣以及电离辐照、热和臭氧处理后，菌渣中COD、多糖和蛋白质的浓度

单位：g/L

样品	COD		多糖		蛋白质	
	总量	上清液	总量	上清液	总量	上清液
初始菌渣	159.0±7.7	100.7±4.7	31.0±3.3	19.5±1.9	9.6±0.5	6.9±1.1
γ辐照-50 kGy	155.8±6.1	113.0±3.6	29.8±3.8	20.5±2.7	10.9±0.8	9.2±1.1
60°C-8 h	166.5±5.7	104.7±2.9	29.2±3.0	21.6±1.1	8.8±0.3	7.4±0.7
90°C-4 h	164.8±4.2	102.8±1.5	32.2±2.0	22.6±1.2	9.4±0.4	6.9±0.3
Ozone-2 h	144.5±3.4	97.7±0.2	23.5±1.6	16.5±2.1	10.7±0.1	6.6±0.5

四 电离辐照处理抗生素菌渣的初步结论

γ射线辐照处理红霉素菌渣和头孢菌渣的研究结果表明，电离辐照可有效去除菌渣中抗生素和抗性基因以及杀灭菌渣中的微生物。对于红霉素菌渣，吸收剂量为 10 kGy 时，99% 的微生物失去活性，耐药菌全部失活；吸收剂量为 30 kGy 时，红霉素去除率为 56%，4 种大环内酯类抗性基因的去除效率为 90% ~95%。对于头孢菌渣，通过比较电离辐照与热处理（60℃和 90℃）以及臭氧氧化对菌渣的处理效果发现，吸收剂量为 100 kGy 时，头孢菌素 C 的去除率为 85. 5%，抗性基因 tolC 绝对丰度减小了 74. 2%，均优于热处理和臭氧氧化。电离辐照对菌渣中的蛋白质和多糖含量基本没有影响，不会影响菌渣作为肥料再利用。需要指出的是，因菌渣中残留的抗生素浓度较高，尽管去除效率较高，但在本文研究的吸收剂量下，辐照不能彻底去除菌渣中的抗生素，需要进一步提高辐照处理的吸收剂量或研究电离辐照协同其他技术，强化抗生素的去除。

五　电子束辐照处理抗生素菌渣的应用

在上述研究基础上，2019 年中广核达胜加速器技术有限公司与清华大学核能与新能源技术研究院合作，在新疆伊犁川宁生物技术公司建设了电子束无害化处理抗生素菌渣的示范工程。设计规模为每天处理 5000 吨湿菌渣。目前。该项目已经完成土建施工，正在进行自屏蔽电子加速器的安装和调试。该项目建成后有望为我国抗生素菌渣的无害化和资源化处理起到良好的示范作用。

B.19

抗生素菌渣的资源化与安全性

刘惠玲*

摘　要： 2020年4月29日，我国颁布了最新修订的《中华人民共和国固体废物污染环境防治法》，明确环保部门要对工业固体废物对公众健康、生态环境的危害和影响程度等做出界定，积极组织开展工业固体废物资源综合利用评价，推动工业固体废物综合利用。全球抗生素原料药绝大部分来自中国，抗生素菌渣的污染问题、无害化与资源化技术研发以及资源化产品的安全利用也是在中国特别被关注的研究领域。

关键词： 抗生素菌渣　抗生素残留　耐药基因

一　引言

我国是抗生素原料药生产和出口大国，总产量居世界首位。全球75%的青霉素工业盐、80%的头孢菌素、90%的链霉素均来自中国。目前我国每年发酵类抗生素生产排放的菌渣约300万吨。

抗生素菌渣主要是灭活菌丝体、残余培养基、微生物代谢产物及少量残留的抗生素母体化合物，菌渣如不妥善处理直接进入环境，其中残留的抗生素母体化合物就会通过引发环境中细菌耐药而产生潜在的环境风险和人类健康风险，因此我国在2008年将抗生素菌渣列入《国家危险废物名录》。

抗生素菌渣富含有机质，是非常宝贵的资源，但目前国内尚无抗生素菌

* 刘惠玲，同济大学研究员。

渣中抗生素母体化合物残留标准检测方法、菌渣危险特性鉴别标准、菌渣处置与利用污染控制技术规范，长期以来缺乏系统有效的无害化处理与资源化利用技术、科学的安全风险评估方法。目前，尽管绝大多数抗生素菌渣能够按照危险废物的管理要求进行焚烧处理，由于菌渣含水率高，焚烧处理不仅成本很高，处理过程存在二次污染风险，而且造成资源的严重浪费。目前，抗生素菌渣处理难题已制约着抗生素原料药行业的健康发展。

二　抗生素菌渣无害化工艺

（一）热化学处理

水热反应是在密闭系统中较高温度和压力下进行的多相化学反应。通过水热反应，可以将污染物进行预处理，提高其后续生化处理效率，也可以直接去除有机污染物，将有机废物进行减量化，同时回收有用物质。林可霉素菌渣的水热处理效果如图 1 所示。

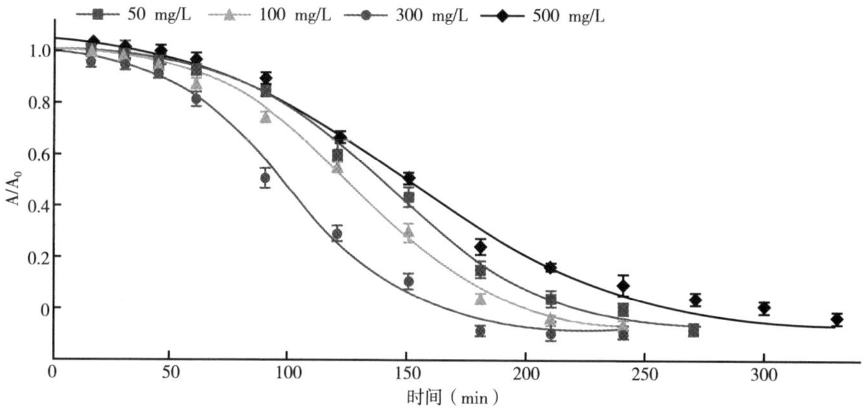

图 1　在不同初始浓度下林可霉素的水热处理效果（［H_2SO_4］=0.6M，温度=150℃）

在高温高压状态下，水的反应活性很强，能够使复杂高分子物质的化学键断裂并将其转化成小分子物质。水热处理破坏了菌渣中菌丝体细胞，促进了多糖、蛋白质等有机质及氮、磷等营养元素的释放；水热温度、反应时间和酸浓度是影响菌渣水热处理效能的主要因素。在反应温度 150～160℃、反应时间为150～160min、H_2SO_4浓度为0.5～0.6M条件下，林可霉素去除率达95%以上。林可霉素菌渣经水热处理后，其中的林可霉素抗性基因（ermB、intI1、lmrA、lunA、vgaC、lmrB、lnuB）和可移动遗传因子（Tn916/1545）去除率大于99%（以绝对丰度计算）（见图2）。

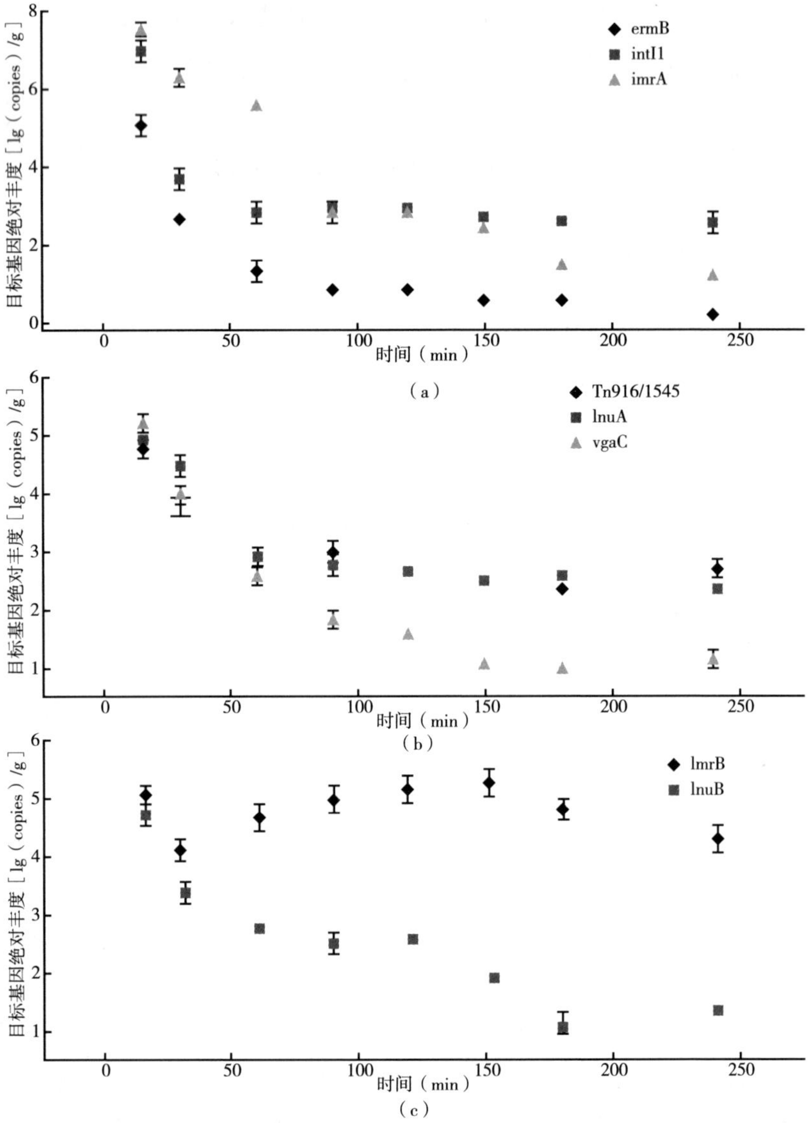

图2　菌渣水热处理过程中林可霉素抗性基因和可移动遗传因子绝对丰度变化
（反应温度150℃，酸浓度0.6M）

（二）微波处理

微波处理抗生素菌渣不仅可以改善菌渣的脱水性能，而且在菌渣养分得以保持的同时可以去除菌渣中的抗生素残留。微波加热速度快，微波产生的热能直接来源于电介质内部，相比于传统的传导对流加热方式具有更高的能量输出。微波去除头孢菌素菌渣中头孢菌素 C 的效果如图 3 所示。

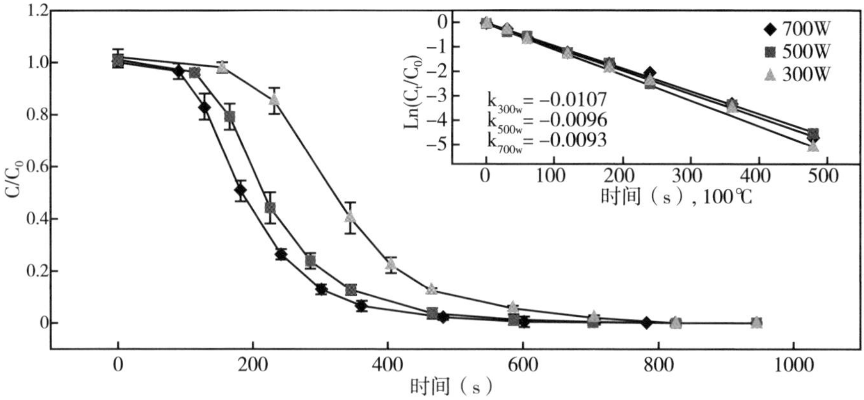

图 3　不同微波功率条件下菌渣中头孢菌素 C 的去除规律

图 3 中头孢菌素菌渣初始含水率为 90%，头孢菌素 C 初始浓度约为 420 mg/kg。功率对微波降解头孢菌素 C 的速度产生影响。总体来看，头孢菌素 C 在微波作用下降解速度较快，在 300 ~ 700W 功率下，微波辐射 15 min 菌渣中的抗生素降解率均超过 99.9%，这与头孢菌素 C 的热不稳定以及头孢菌素 C 的极性分子结构有利于微波能的吸收有关。

（三）抗生素菌渣的堆肥化

堆肥化是在人工控制条件下，使来自生物的有机废物发生生物稳定作用的过程，有机固体废物通过堆肥化可以转变成稳定腐殖质。抗生素菌渣经过堆肥化处理，菌渣中的抗生素残留不仅能够得到有效去除，还可以产生优质有机肥。泰乐菌素菌渣在堆肥化过程中，堆内泰乐菌素残留量随堆肥时间的变化如图 4 所示。

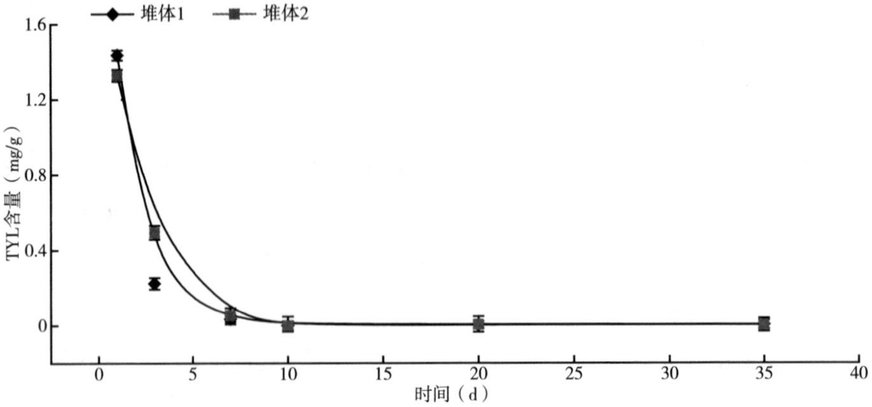

图 4　堆肥化过程中泰乐菌素残留量随堆肥时间的变化

（堆体 1：菌渣：污泥：木屑 =2：2：1.6；堆体 2：菌渣：污泥：玉米秸秆 =2：1.5：2）

堆肥化过程中泰乐菌素的降解速度较快，10 天内泰乐菌素的降解率均在 95% 以上。堆肥腐熟后，泰乐菌素已基本完全被降解，其浓度已降至 3.1 ~ 5.0μg/g，降解率约为 99.8%。

泰乐菌素 6 种常见抗性基因在堆肥过程中的丰度变化见图 5，耐药基因 ermB、ermT、ermQ、mphA 在堆肥结束后丰度均显著降低，但 mefA 和 mdtA 两种基因的丰度在堆肥结束后有所增加，说明堆肥化过程中一些微生物会产生耐药性，并且启动了外排泵机制，从而使得外排泵基因（mefA 和 mdtA）丰度增加。为了有效控制堆肥产品的环境风险，发酵后的堆肥应进行灭活处理。

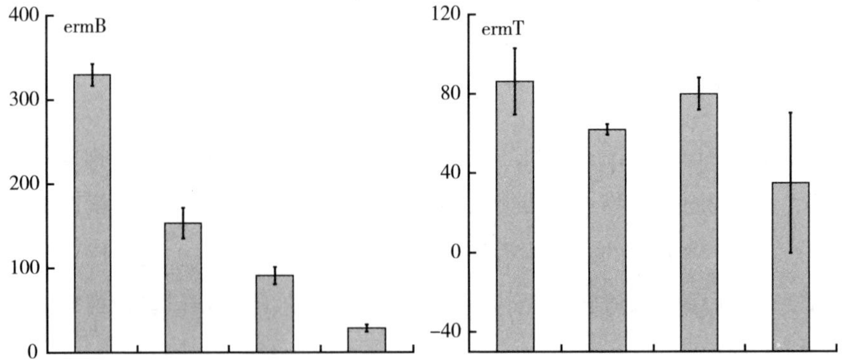

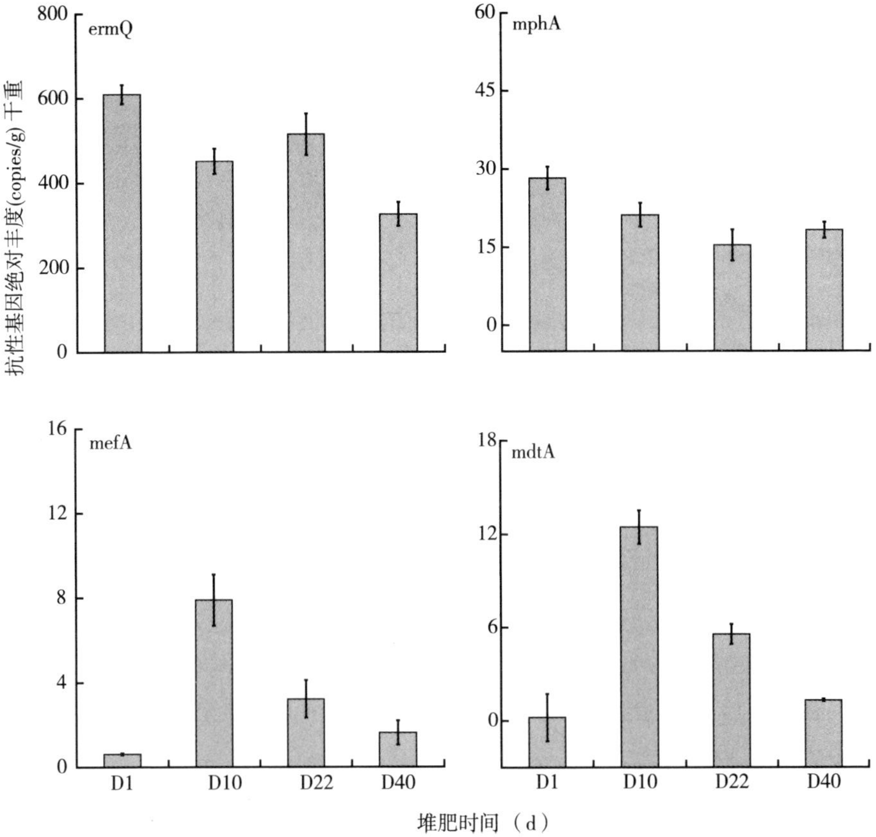

图 5　堆肥化过程中泰乐菌素耐药基因的变化

（四）厌氧发酵

对于含水率高的菌渣，通过厌氧发酵既可以制取生物燃气，还可以使菌渣得到无害化处理。每天进料 100mL 青霉素菌渣的动态连续发酵过程其产气量随时间的变化如图 6 所示。

青霉素菌渣经过厌氧发酵后，菌渣中残留的青霉素去除率达到 95% 以上，但沼液中存在青霉素的降解产物（见表 1），这些降解产物也具有一定的活性，其环境风险也应该得到重视。

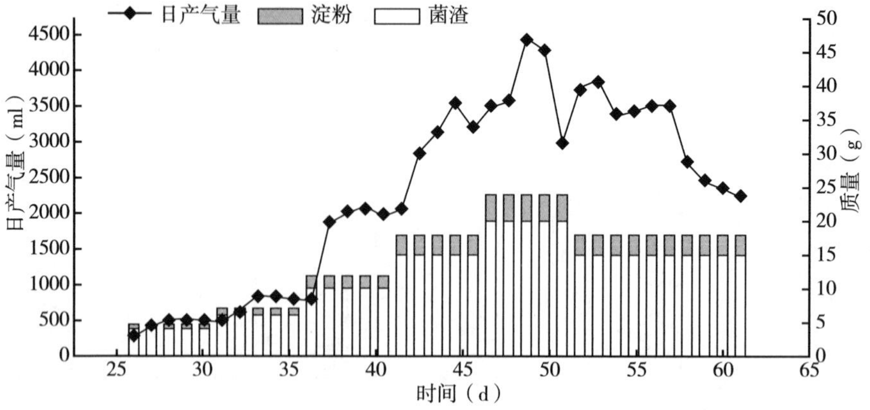

图6　青霉素动态连续发酵过程日产气量的变化情况

表1　沼液特性分析

指标	含水率（%）	TS(%)	C（%TS）	N（%TS）	C/N	青霉素残留量（mg/l）	青霉噻唑酸（mg/l）	青霉烷酸（mg/l）
1	98.74	1.26	40.67	6.99	5.82	2.62	144.52	0.96
2	98.63	1.37	39.23	6.81	5.76	2.52	148.81	0.97
3	98.69	1.31	41.03	6.94	5.91	2.56	147.78	0.95

三　抗生素菌渣资源化途径

目前抗生素菌渣有两种比较安全的利用途径，即燃料化利用和肥料化利用。

（一）燃料化利用

含水率较高的红霉素菌渣、头孢菌素菌渣等可以通过厌氧发酵制取生物燃气（见图7），发酵产生的沼渣可以焚烧处理，也可以稳定处理后用作有机肥，但在作肥料利用前，必须通过种植试验针对菌渣有机肥施用对土壤性能、作物生长、是否引发细菌耐药等进行研究，完成有机肥使用的安全性评估。

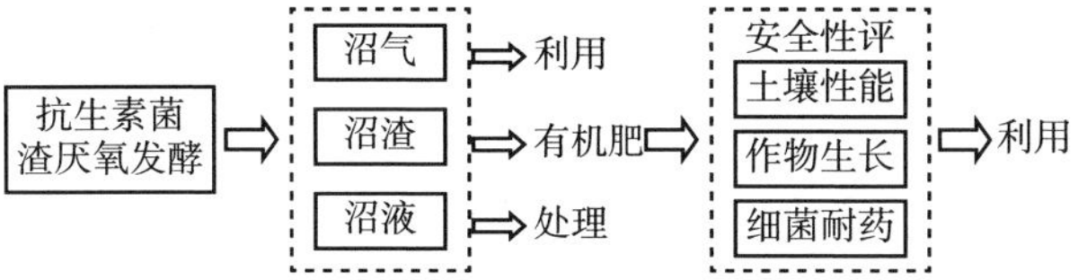

图7　抗生素菌渣燃料化利用途径

（二）肥料化利用

抗生素菌渣可以通过堆肥化制成有机肥，也可以通过物化处理制成有机肥原料，抗生素菌渣的肥料化利用途径如图8所示。无论通过哪种途径制取肥料，有机肥在利用前均要进行安全性评估。

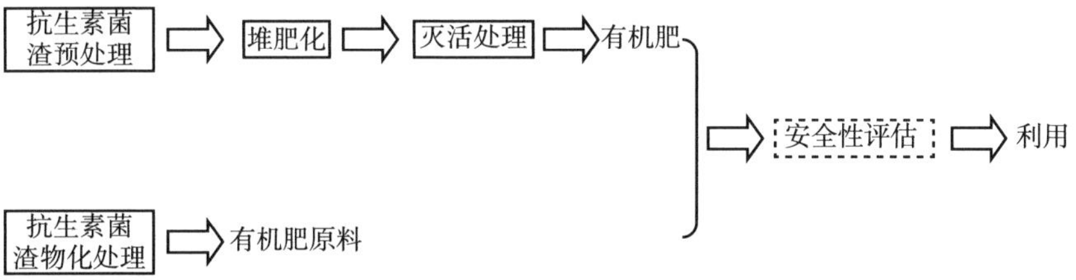

图8　抗生素菌渣肥料化利用途径

综上所述，虽然抗生素菌渣在我国按危险废物进行管理，但只要菌渣经过有效的技术手段进行无害化处理，去除其中残留的抗生素并使耐药菌得到灭活，有效控制抗生素菌渣引发和传播耐药基因的风险，菌渣就可以变废为宝，并为我国抗生素生产企业的健康发展奠定基础。

B.20
高性能分离膜技术及其在制药工业中的应用

南京工业大学膜科学技术研究所

摘　要： 膜技术是以高性能膜材料为核心的新型分离技术，具有高分离效率、高稳定性、低能耗的优点，对制药工业改造升级的作用日趋明显。本文着重介绍陶瓷膜在发酵液澄清、中药精制及制药废水处理中的应用，分子筛膜用于溶媒脱水以及PDMS复合膜用于VOCs回收的现状。展望未来应建立面向制药工业应用需求的膜材料设计与制备方法，通过精密构筑膜微结构、调控膜表面性质进一步降低膜生产成本和运行成本，以推进膜技术在制药工业的广泛应用。

关键词： 膜技术　溶媒回收　陶瓷膜　分子筛膜　PDMS复合膜

膜技术是以高性能膜材料为核心的新型分离技术，具有能耗低、操作方便、运行稳定、分离效率高、环境友好等特点，已成为支撑环境污染治理、过程工业节能减排、人民健康保障等领域的关键共性技术之一，对传统产业改造的作用日趋明显。目前，全球高性能膜材料正向高性能、低成本及绿色化方向发展，与上下游产业的结合日趋紧密。我国从事分离膜研究的高校院所超过100家，从事分离膜材料生产的企业有300余家，以膜为核心的工程公司超过1000家，我国初步建立了较完整的膜产业链和创新链，膜市场已超过2500亿元规模。制药工业发展迅速，但仍面临着医药资源利用率低、生产工艺污染严重、高端产品依赖进口等制约因素，开发高效分离技术与集成工艺以提高医药资源利用率、发展绿色生产工艺已成为行业的迫切需求。膜主要分为水处理膜、特种分离膜、气体分离膜等，其中特种分离膜主要包括无机膜、耐溶剂的有机膜及有机无机复合膜等，特别适合过程工业物料的精密分离，因此本文以陶瓷膜、分子筛膜及 PDMS 复合膜等为例，介绍特种分离膜的技术现状及其在制药工业中的应用成效，以期推进膜技术在制药工业中的广泛应用，服务行业节能减排。

一　陶瓷膜技术及其在制药工业中的应用

（一）陶瓷膜技术简介

陶瓷膜是以陶瓷材料为介质，通过高温烧结制备而成的具有分离功能的半透膜，主要的制备技术有粒子烧结法、溶胶凝胶法、化学气相沉积法等。按其孔径大小可分为微滤膜（ >50nm）、超滤膜（2～50nm）和纳滤膜（ <2nm），材质主要有 Al_2O_3、TiO_2、ZrO_2等，通过不同材料、不同孔径的陶瓷膜可实现从微米尺寸（颗粒物、胶体、细菌、大分子有机物等）到纳米尺寸（病毒、胶质、分子、离子）物质的分离、浓缩和纯化。陶瓷膜的技术优势有：化学稳定性好，耐酸、耐碱、耐有机溶剂，抗氧化性好；机械强度高，在高压或大的压差下不会变形，耐磨，耐冲刷，并可用高压反向冲洗使膜再生；抗生物能力强，有很好的抑菌作用；耐高温，一般可在 400°C 下操作，最高可达到 800°C 以上；孔径分布窄，分离效率高。

高性能陶瓷膜主要体现在高渗透性、高选择性和低成本等方面，与陶瓷膜的多层结构、孔径大小及其分布、表面性质等有着密切关系。南京工业大学构建了“面向应用过程的陶瓷膜材料设计、制备与应用”理论，使陶瓷膜产品从材质到构型，从制备技术到传质理论模型，从产业化发展到应用领域开拓，都得到了迅速发展，培育了江苏久吾高科技股份有限公司。近年来，南京工业大学开发低成本高性能陶瓷膜元件，研制出精密分离的纳滤膜材料，丰富了膜表面性质，提高了陶瓷膜的抗污染性能。面向制药工业应用体系的需求，南京工业大学通过对陶瓷膜材料表面性质的优化设计，从制膜源头上实现对膜污染的有效控制，提高了膜渗透性和分离效率，扩大了膜应用领域。

（二）陶瓷膜在制药工业中的应用

1. 在发酵液澄清中的应用

陶瓷膜技术是制药工业发酵液澄清的优选工艺。采用陶瓷膜对发酵液进行错流澄清过滤，可以将澄清与除菌过程一步完成，对菌丝体、中间代谢产物等大分子杂质的去除率高，得到的澄清液清澈透明，有利于提高产品质量，简化后续提取过程。陶瓷膜最早用于肌苷发酵液的澄清除杂，与板框过滤或离心分离相比，陶瓷膜技术的肌苷收率从85%提高到90%以上，吸附剂用量和酸碱洗脱剂用量均减少60%，废水排放减少2/3，回收菌体蛋白后废水COD降低60%。随着陶瓷膜技术的快速发展，更高分离精度的陶瓷超滤膜和纳滤膜产品研发成功，在氨基酸、抗生素等提取过程中得到广泛应用。例如，采用陶瓷纳滤膜处理林可霉素碱化液，产品回收率高于97%，蛋白和色素的截留率高，减轻后续树脂工艺的负荷。在膜法抗生素生产工艺中，一般采用孔径50nm的陶瓷膜过滤分离技术以对发酵液进行澄清分离，去除发酵液中的大分子物质，如菌丝、蛋白质等，然后再采用卷式超滤膜对发酵液进一步纯化，除掉一些小分子杂质，两段膜除杂工艺导致运行成本偏高。采用孔径8nm陶瓷膜实现一步除杂过滤，在棒酸发酵液处理过程中收率较两段膜工艺提高2.5%，运行成本降低50%以上。

2. 在中药精制中的应用

中药体系是一个复杂化学组分库，既存在生物碱、黄酮、苷等小分子物质，也存在多糖、蛋白质、淀粉等大分子物质，提高中药药效物质的分离效率是中药绿色制造的技术关键。在中药制药过程中，陶瓷膜技术主要用于中药提取液的精制，具体作用分为取代机械过滤和取代水提醇沉工艺两大类。

前者与发酵液澄清原理类似，以返魂草颗粒剂为例，通过陶瓷膜除杂技术和反渗透浓缩技术所制备的干浸膏粉中绿原酸和咖啡酸的含量分别提高了37.6%和34.0%；每吨返魂草水提液精制比传统工艺成本可节约72.6%。目前陶瓷膜技术已在金银花、连翘、板蓝根、益母草、贞芪扶正、肺宁颗粒等生产过程中得到工业应用。

中药生产大多需经煎煮水提，水提液中含有悬浮及可溶性杂质，通过醇沉除杂处理后方可制成各种剂型成药，水提醇沉工艺中药总固体及有效成分损失严重，乙醇用量大且回收率低，生产周期长。采用陶瓷膜技术可替代水提醇沉工艺除去鞣质、淀粉、树脂等杂质，澄明度提高，有效成分含量也有所增加。例如采用孔径0.2 μm陶瓷膜进行重楼乙醇提取液过滤分离已作为宫血宁胶囊法定工艺列入《中国药典》。以300m^3/日某中药提取液精制为例，陶瓷膜工艺比醇沉工艺操作周期缩短40%，乙醇消耗减少40%，有效成分回收率达99%以上，生产周期可大幅缩短，能耗降低10%，资源利用率提高15%，劳动生产率提高30%以上。

3. 陶瓷膜用于制药废水的处理

制药工业在生产过程中会产生大量较难处理的废水，陶瓷膜以其耐高固含量、耐化学性较好等优势，在制药废水中可帮助有效成分的资源化利用，用于酸碱废水减量化处理等，不仅可以解决环保问题，也可以实现资源的合理化再利用，变废为宝，为企业减排增收和绿色生产提供新的方法。维生素B2生产过程产生的废水呈黄色黏稠状体，COD和氨氮均较高，分别为41000mg/L和2310 mg/L，pH 5.2，且废水中还残留维生素B2，采用传统的蒸发浓缩和生化工艺，存在维生素B2损失、浓渣难以处理、COD高和生化压力大等问题。采用以陶瓷膜为核心的双膜法废水处理技术，清液COD降至10000mg/L，BC值高，易于生化处理；回收的蛋白饲料和维生素B2干粉较原工艺产生3~4倍的副产价值。制药工业生产过程会产生酸碱废水，往往通过中和形成盐的方式解决酸碱废水问题，酸碱的消耗和排放不仅带来经济损失和资源浪费，也产生了更多的环保问题，特别是在限盐较为严苛的地域，影响生化含盐量。采用陶瓷纳滤膜可实现酸碱废水的减量化，可回收

80%以上的酸液或碱液，实现循环利用，节约资源。

陶瓷膜技术在生物发酵液过滤、中药提取液精制、废水治理等方面已取得成功应用，随着小孔径陶瓷超滤膜、陶瓷纳滤膜的发展，可实现一步法提取精制发酵产品，也可用于热源、病毒去除以及挥发油富集液的油水分离等过程，成为推进制药行业绿色发展的关键技术之一。

二　分子筛膜技术在制药工业中的应用

（一）分子筛膜简介

分子筛膜具有规则微孔道结构，主要成分为硅铝酸盐，表现出高的渗透通量、选择性和稳定性，是理想的溶媒脱水膜材料。NaA 分子筛膜的孔径小于1 nm，利用孔道的选择性吸附－扩散和筛分特性，实现水组分的优先分离，不受分离体系汽液平衡的限制，单级分离效率高，特别适合恒沸、近沸混合物的分离，节能减排优势十分明显。南京工业大学长期致力于溶剂脱水分子筛膜的研究，先后开发出管式和中空纤维膜两代分子筛膜产品。针对分子筛膜制备的成品率问题，开发出组合晶种涂覆方法，实现了 NaA 分子筛膜的大规模生产，培育了江苏九天高科技股份有限公司；发明了四通道中空纤维分子筛膜，解决了中空纤维膜在工业应用中的机械强度问题；提出了一体化膜组件的整体合成策略，实现了中空纤维分子筛膜组件的规模化生产，使装填密度高达250 m^2/m^3。

（二）在制药工业中的应用

制药工业大量使用乙醇、异丙醇、乙腈、四氢呋喃等溶媒，这些溶媒需要脱水后循环利用。传统工艺主要采用加碱脱水、萃取精馏、恒沸精馏或加盐精馏等方法进行脱水回收，但这些方法存在工艺复杂、能耗高、污染严重等问题，且引入第三组分导致产品质量难以控制。分子筛膜溶剂脱水是一种新型分离技术，具有高效节能、操作方便、过程易于控制、便于放大与集成等优点，用于医药溶媒回收具有高度节能、设备占用空间小、操作方便、无污染物排放等优势。

1. NaA 膜脱水的典型工艺

以 5000 吨/年异丙醇脱水回收为例，介绍 NaA 分子筛膜在溶剂回收中的应用，工艺示意如图 1 所示，所用膜及装置如图 2 所示。该系统由 10 个装填面积为 7 m^2 的折流板式膜组件串联构成，总装填膜面积为 70 m^2。异丙醇原料以 500 ~ 1000 L/h 的流量经预热器预热后进入蒸发器，过热至 95 ~ 110℃后进入 NaA 膜组件，将异丙醇含水量由约 17 wt% 脱水至 2 wt% 以下。异丙醇溶液经过前四级膜组件脱水后，含水量降至 6 wt%，其渗透液进入前级冷凝器；后四级膜组件进一步脱水后达到 2 wt% 以下，对应的渗透液进入后级冷凝器。原料侧压力为 0. 1 ~ 0. 3 MPa（绝压），保持原料为气相；渗透侧通过真空泵保持压力为 2000 ~ 3000 Pa（绝压），透过膜的水分子在冷凝器中经 -10 ~ 0℃ 载冷剂冷却后进入收集罐，回收工艺中能量综合利用。

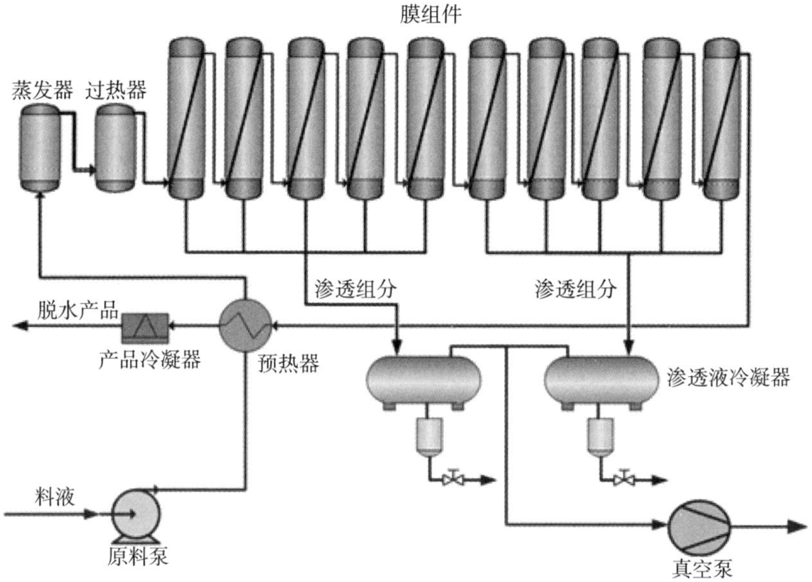

图 1　NaA 分子筛膜异丙醇脱水工业装置流程

（a）

（b）

图 2　NaA 分子筛膜（a）和膜分离成套工业装置（b）

2. 与传统脱水技术的比较

以头孢生产中异丙醇脱水回收利用为例，制药工业异丙醇脱水常采用加片碱（氢氧化钠）萃取精馏的方式，即先将废异丙醇溶媒经片碱吸水后，片碱与异丙醇溶液分层，对上层异丙醇再进行蒸馏除去固体杂质。片碱法将含水量由 17 wt% 低至 3 wt% 以下，NaA 分子筛膜可降到 2% 以下，片碱脱水与 NaA 分子筛膜脱水用于 5000 吨/年异丙醇脱水回收运行成本的对比如表 1 所示。与片碱脱水工艺相比，NaA 分子筛膜脱水节省运行成本 60%，过程无废弃物排放，使用膜技术后可减排碱性废水 1000 吨/年，节约蒸汽 2500 吨/年、片碱 1500 吨/年，大大降低环保压力，同时操作简单，操作人员工作强度显著降低，具有明显的技术经济性。

表 1　异丙醇溶媒脱水技术运行成本分析

	片碱脱水	NaA 分子筛膜脱水
片碱消耗(元/吨产品)	520	0
膜更换费用(元/吨产品)	0	156
蒸汽消耗(吨/吨产品)	0.75 ~ 0.8	0.2 ~ 0.3
电耗(千瓦时/吨产品)	5	95
总操作费用(元/吨产品)	650	299
废弃物排放	产生废碱液	无
操作难易程度	操作工序复杂、需多人操作	设备紧凑、过程连续、仅需 1 人现场维护

由此可见，NaA 分子筛膜脱水技术不仅解决了医药企业溶媒脱水回收的问题，而且实现了节能减排，促进了传统工艺的技术升级，可创造良好的经济和社会效益。目前 NaA 分子筛膜脱水技术已应用于甲醇、乙醇、异丙醇、乙腈、四氢呋喃等十多种溶剂的脱水，可以使溶剂的水含量达到 50 ppm 以下，工业装置 200 余套，单套膜设备的处理能力达到 50000 吨/年，多套装置已连续稳定运行 5 年以上。分子筛膜技术回收利用的溶剂总量已达 100 万吨以上，成为解决医药溶媒脱水回收的优先选择技术。

三　PDMS 复合膜技术及其在制药工业中的应用

（一）PDMS 复合膜技术

PDMS（聚二甲基硅氧烷）是具有 – Si – O – Si – 结构的橡胶态聚合物，可利用不同的有机气体如烷烃、芳香烃、酯类、醚类、酮类、氯代烃类与氮气、氧气等常规气体在 PDMS 膜层中渗透速率的差异实现选择性分离，从而达到富集回收有机组分的目的。由于机械强度受限，PDMS 膜材料通常涂覆在多孔陶瓷膜、聚醚酰亚胺膜（PEI）、聚偏氟乙烯膜（PVDF）、聚丙烯腈膜（PAN）或聚四氟乙烯膜（PTFE）等基材表面以复合膜的形式实现工业化应用。

PDMS 复合膜具有优先选择性透过有机物膜的功能，可以与传统治理 VOCs 的冷凝、吸收或燃烧等技术进行耦合使用，以期在 VOCs 达标治理基础上实现有机物的回收利用最大化。南京工业大学及其衍生公司南京九思高科技有限公司将 PDMS 与陶瓷膜复合研发出有机无机复合膜，在 VOCs 回收工程应用中创造性地开发出卷式 PDMS 膜导电性进料侧和渗透侧格网，解决了卷式膜组件内静电不能及时消除的问题，膜组件的防爆等级超越国内外所有的同类产品，达到“本安型”水平，为 PDMS 复合膜在 VOCs 治理过程中大规模推广应用奠定了良好的基础。

（二）在制药工业 VOCs 回收中的应用

制药工业 VOCs 的回收再利用对于减轻环境污染、改善生态环境及降低企业生产成本具有重要意义。制药工业 VOCs 的主要来源有真空脱溶过程排放气、反应釜排放尾气、物料转移和烘干过程排放气、化学品储运转移及装卸车过程排放气等。这些过程涉及的 VOCs 种类多，浓度高，产生源分散，因此应对有价值能够再利用的 VOCs 进行回收，对不易回收或浓度极低的尾气集中进行达标处理。在 VOCs 回收过程中耦合膜分离单元，强化有机溶剂的回收率被认为是一个切实可行的思路。基于 PDMS 复合膜技术的 VOCs 回收耦合工艺路线如图 3 所示。该工艺最大的特点是充分发挥各级工艺的优势：压缩吸收/冷凝单元适用于高浓度油气，重油吸收尤其适用于易结晶和低沸点组分；膜单元适用于中浓度油气，渗透侧高浓度油气返回前端强化吸收/冷凝效果，可精确控制渗余侧油气在一个极低的浓度；末端单元属于深度净化工艺，适用于低浓度油气，在前端二级处理的基础上，实现尾气达标排放。从现有的工程实践来看，VOCs 的回收率通常可从 60% 提升至 95% 以上。

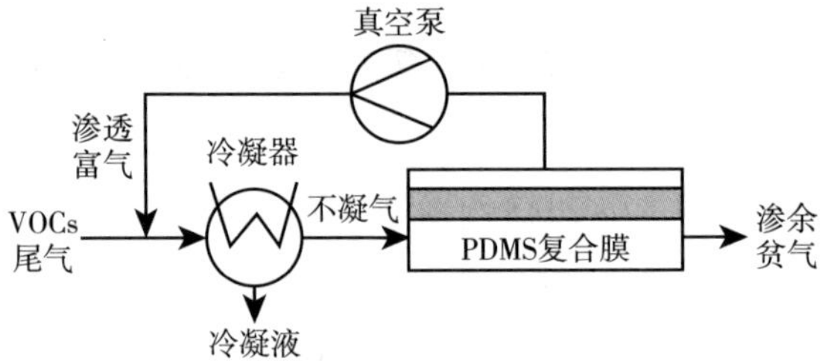

图 3　冷凝 – 膜分离强化回收 VOCs 工艺路线

1. 用于丙酮的回收

丙酮尾气（10v%）经风机驱动在冷凝器内与 –20℃ 的冷冻液换热后，部分丙酮液化被回收，浓度从 10v% 降至 4v%，VOCs 的回收率为 60%；不凝气进入膜分离单元，在真空泵的抽吸作用下，以膜上下游侧丙酮组分的分压差为推动力，当渗余贫气的浓度降至0.2v%时，渗透富气中丙酮的浓度可提升至14v%，返回前端与来气混合后继续冷凝处理。由于膜技术的强化效果，丙酮的冷凝回收率从60%提升至97%；同时也减轻了后端达标治理的难度和负荷，既回收丙酮溶剂又实现了达标排放。

2. 用于二氯甲烷的回收

二氯甲烷是制药工业中常见的VOCs组分，其沸点低，回收难度大，同时焚烧处理可能会带来二噁英及设备腐蚀等问题。以处理浓度为20v%的二氯甲烷尾气为例，尾气经过增压后进入冷凝器，部分二氯甲烷被液化回收，不凝气进入膜组件，VOCs浓度从3.5v%降至0.2v%，此时膜渗透侧富气中二氯甲烷的浓度可富集至12v%，返回前端与来气混合后继续冷凝；膜渗余侧贫气经变压吸附处理后浓度可降至0.001v%以下，满足国家要求的排放指标。该工艺简单，安全性高，技术成熟，能够同时实现VOCs的回收和达标治理，图4是二氯甲烷尾气回收治理成套装备的照片。

图4　膜法二氯甲烷尾气回收治理成套装备

近年来，PDMS膜回收VOCs技术已应用于二氯甲烷、异丙醚、丙酮、乙酸乙酯、正己烷、乙腈、甲醇、乙醇、异丙醇、甲苯等十多类尾气的回收与治理，已逐步成为支撑制药工业绿色发展的关键性技术。

四 结束语

膜技术具有分离效率高、能耗低、膜组件结构紧凑、操作方便、分离范围广等优点，特别适用于解决制药行业中面临的诸多制约因素。但膜技术要在制药工业中发挥重要作用，还须进一步解决膜材料的分离因子与渗透性能的相互制约、膜生产成本和放大过程中的稳定性、极端环境下的膜使用寿命等问题，建立面向制药工业应用需求的膜材料设计与制备方法，通过精密构筑膜微结构、调控膜表面性质进一步降低膜生产成本和运行成本。

膜技术不仅可应用于制药行业涉及的液体分离领域如制药用水制备，中西药物及生物医药的提取、分离与浓缩，血液净化及分离，药物释放控制，热原与病毒去除，制药废水处理等，而且可应用于气体分离领域如空气灭菌及净化、VOCs 的回收利用、超细粉尘的收集等，可大幅提高医药资源利用率，有效解决制备行业中的污染问题，对于推进我国制药工业的健康快速发展将发挥重要作用。

B.21

新膜处理抗生素生产废水的应用前景

侯立安*

摘　要： 抗生素是一种典型的药物和个人护理品（PPCPs）污染物。痕量抗生素不仅能够对生物产生直接的生态毒理效应，而且会诱导微生物产生抗药基因，引起抗性基因在环境中的传播和扩散，对环境和人类健康造成严重影响。我国是抗生素生产大国之一，制药废水的不达标排放是环境中抗生素的主要来源之一。本文系统总结我国环境中痕量抗生素赋存现状，探讨膜分离技术在抗生素废水处理中的应用，并对新型复合膜在抗生素废水应用领域进行展望。

关键词： 抗生素　膜分离技术　二维纳米材料

抗生素是微生物（包括细菌、真菌、放线菌）在生长过程中产生，并具有能够抑制或干扰致病菌生存能力的化学物质，因此作为抑菌或杀菌类药物，抗生素已被广泛用于治疗和预防传染病。此外，抗生素还广泛被用作牛、猪、家禽和鱼类等动物的生长促进剂。从1929年第一种抗生素青霉素被发现以来，抗生素的种类和使用量正快速增加，现在已经发现的抗生素种类已多达几千种，多为四环素类、磺胺类、氯霉素类、喹诺酮类和大环内酯类等。抗生素进入水环境中会诱导生物体产生抗性基因，抗性基因的传播会增强细菌对抗生素的抵抗力，并导致现有药物治疗无效，因此其对水生生物以及人类产生的潜在风险不容忽视。近年来，随着环境领域痕量化合物相关检测分析能力

---

* 侯立安，火箭军工程大学教授，院士，研究方向为水污染控制理论与技术。

的提高和人们环保观念革新，被归类为药物和个人护理品（PPCPs）污染物的抗生素在水环境中的残留和环境行为、暴露及生态的影响引起了广泛关注。

一　我国抗生素废水及污染现状

我国是抗生素的最大生产和消费国家，其抗生素消费量和生产量居世界之首①，据报道，2017 年我国抗生素市场规模达到 2200 亿元，同比增长 10.1%。有研究报道我国包括抗生素在内的处方药所占比例高达 70%，远远高于西方国家处方药所占比例（仅为 30% 左右）②。同时，我国抗生素人均年消费量达到 138 g，约是欧洲的 2 倍和美国的 10 倍。现阶段的研究表明我国主要河流、湖泊以及沉积物等各种水体环境中以及地下水中均已检测到痕量抗生素。Du 等报道南黄海盐城沿海地区共检测出 25 种抗生素，总浓度高达 1349 ng/L，其中氟喹诺酮类和磺酰胺类是最主要的污染物类别，分别占抗生素总量的 46.5% 和 21.4%③。Yao 等发现江汉平原地下水遭受不同程度的抗生素污染，以氟喹诺酮类和四环素类为主，最高能够达到 212 ng/L，此外江汉平原地区的抗生素暴露已经对藻类构成了重大生态风险④。

制药厂废水是水环境中抗生素的主要来源之一。目前我国生产抗生素的企业众多，2017 年我国抗生素市场规模达 2200 亿元，同 2016 年相比增长 10.1%，抗生素产量占世界产量的 20% ~30%。虽然我国是全球第一大化

① 余忻：《抗生素废水的生物毒性与微生物耐药性及其控制技术研究》，清华大学博士学位论文，2014。

② Kan, J., Zhu, X., Wang, T., Lu, R., Spencer, P. S., "Chinese Patient Demand for Intravenous Therapy: a Preliminary Survey," *The Lancet* 2015, 386, S61.

③ Du, J., Zhao, H., Liu, S., Xie, H., Wang, Y., Chen, J., "Antibiotics in the Coastal Water of the South Yellow Sea in China: Occurrence, Distribution and Ecological Risks," *Sci Total Environ* 2017, 595, 521 -527.

④ Yao, L., Wang, Y., Tong, L., Deng, Y., Li, Y., Gan, Y., Guo, W., Dong, C., Duan, Y., Zhao, K., "Occurrence and Risk Assessment of Antibiotics in Surface Water and Groundwater from Different Depths of Aquifers: A Case Study at Jianghan Plain, Central China," *Ecotoxicology and Environmental Safety 2017*, 135, 236 -242.

学原料药生产国，但大多数企业生产规模较小，工艺落后，其中生产每吨抗生素需要消耗6吨化学原料，基准排水量高达500～6500$m^3$①。受限于工艺技术水平，抗生素生产废水成分复杂，含有大量有机物、硫酸盐和高浓度抗生素残留，呈现高化学需要量（COD）、高盐度、高固体悬浮物和生物毒性，是一种高浓度有机废水。

目前制药厂抗生素生产废水一般采用物化处理、生物氧化处理、高级氧化处理法等。物化法和高级氧化法虽然能够实现无害化处理，但是废水处理成本过高，难以实现长效运行。而现有的生物氧化法虽然处理成本较低，但是出水难以达标排放，并且伴随抗生素抗性细菌和抗性基因的传播，城市废水处理厂已成为抗生素释放到水环境中的主要来源之一②。随着国家对环保行业的高度重视，出台了一系列的政策倒逼制药企业进行末端处理，例如《制药工业水污染物排放标准》要求COD排放标准由150 mg/L提高到120 mg/L；2018年1月1日实施的《环境保护税法》督促企业主动实施减排，制药企业将面临废水处理技术的创新与改进。因此，研制一种高效节能的污水处理体系对制药企业的发展意义重大。由于膜法分离技术具有分离、浓缩等功能，且处理过程无二次污染，因此在抗生素废水的深度处理、资源回收领域得到广泛关注。③

---

① 周岩枫、张福贵、刘继亮：《关于制药工业生产废水特点分析及其处理方式的选择》，《黑龙江环境通报》2009年第2期。

② Ben, W., Wang, J., Cao, R., Yang, M., Zhang, Y., Qiang, Z., "Distribution of Antibiotic Resistance in the Effluents of Ten Municipal Wastewater Treatment Plants in China and the Effect of Treatment Processes," *Chemosphere* 2017, *172*, 392–398.

③ Chon, K., Cho, J., Shon, H. K., "A Pilot-scale Hybrid Municipal Wastewater Reclamation System Using Combined Coagulation and Disk Filtration, Ultrafiltration, and Reverse Osmosis: Removal of Nutrients and Micropollutants, and Characterization of Membrane Foulants," *Bioresource Technology* 2013, 141, 109–116. Sahar, E., David, I., Gelman, Y., Chikurel, H., Aharoni, A., Messalem, R., Brenner, A., "The use of RO to Remove Emerging Micropollutants Following CAS/UF or MBR Treatment of Municipal Wastewater," *Desalination* 2011, 273, (1), 142–147. Snyder, S. A., Adham, S., Redding, A. M., Cannon, F. S., DeCarolis, J., Oppenheimer, J., Wert, E. C., Yoon, Y., "Role of Membranes and Activated Carbon in the Removal of Endocrinedisruptors and Pharmaceuticals," *Desalination* 2007, 202, (1), 156–181.

二　膜分离技术在抗生素废水处理中的应用概况

膜分离技术是以具有选择透过性的膜材料作为核心，在膜两侧推动力下，实现混合物分离、提纯、浓缩的分离技术。膜法分离技术根据孔径大小，可分为微滤（MF）、超滤（UF）、纳滤（NF）和反渗透（RO）膜。渗透性和选择性直接影响膜分离性能，膜选择性与多种机理有关，如尺寸筛分、道南平衡效应、优先吸附毛细孔理论和溶解扩散机理等。由于多数抗生素类污染物的尺寸和分子量低于 UF/MF 的截留分子量，加之由于抗生素的表面电荷和亲疏水性等因素，其容易穿透膜，因此 UF/MF 难以达到很好的去除效果。而 NF/RO 由于孔径筛分、道南平衡效应等对抗生素有较好的去除效果，因此作为一种抗生素废水常见的处理技术，各种研究表明 NF/RO 对典型的抗生素如喹诺酮类、磺酰胺类、四环素类和甲氧苄氨嘧啶去除率高达 90% 以上①。Snyder 等在中式装置上评估 MF、UF、NF 和 RO 对水中磺胺甲恶唑、红霉素等抗生素的去除效果，结果发现 MF 和 UF 对抗生素的去除效率较低，NF 和 RO 对目标污染物有较高的截留效率②。Chon 等采用中试规模的市政废水回收系统研究 UF/RO 对磺胺甲恶唑（亲水性）的去除，由于目标污染物带有负电荷，膜的去除效率也很低。当使用表面带有负电荷的

---

① Chon, K., Cho, J., Shon, H. K., "A Pilot-scale Hybrid Municipal Wastewater Reclamation System Using Combined Coagulation and Disk Filtration, Ultrafiltration, and Reverse Osmosis: Removal of Nutrients and Micropollutants, and Characterization of Membrane Foulants," Bioresource Technology 2013, 141, 109 - 116. Sahar, E., David, I., Gelman, Y., Chikurel, H., Aharoni, A., Messalem, R., Brenner, A., "The use of RO to Remove Emerging Micropollutants Following CAS/UF or MBR Treatment of Municipal Wastewater," *Desalination* 2011, 273, (1), 142 - 147. Snyder, S. A., Adham, S., Redding, A. M., Cannon, F. S., DeCarolis, J., Oppenheimer, J., Wert, E. C., Yoon, Y., "Role of Membranes and Activated Carbon in the Removal of Endocrinedisruptors and Pharmaceuticals," *Desalination* 2007, 202, (1), 156 - 181.

② Snyder, S. A., Adham, S., Redding, A. M., Cannon, F. S., DeCarolis, J., Oppenheimer, J., Wert, E. C., Yoon, Y., "Role of Membranes and Activated Carbon in the Removal of Endocrinedisruptors and Pharmaceuticals," *Desalination* 2007, 202, (1), 156 - 181.

NF 膜时，具有中性电荷但疏水性高的微污染物更易于去除①。虽然 RO/UF 由于尺寸筛分作用能够截留大部分抗生素，但是疏水的或具有强氢键结合特性的抗生素吸附到膜上，进而渗透到另一侧，难以达到理想的去除效果。Sahar 等研究 MBR/RO 和 CAS - UF/RO 工艺对 6 种抗生素的去除效果，发现 UF/RO 虽然能够显著提高工艺对污染物的截留效率，但是难以做到 100% 的截留。因此，需要考虑其他处理技术与 UF/RO 结合使用，以确保完全清除目标污染物②。

（一）膜过滤耦合高级氧化工艺

高级氧化工艺（如芬顿、臭氧、紫外）已经被证实能够降解抗生素及抗性基因，将高级氧化技术与膜过滤结合不仅可以提高抗生素废水的处理能力，而且可以减弱膜过滤的渗透阻力，降低工艺运行成本，因此具有广阔的应用前景。Zhu 等通过凝胶方法将 CeO_2 - TiO_2 负载到陶瓷膜上，制备出连续且超光滑功能层的典型渐变多层中孔膜，应用于臭氧 - 超滤工艺，可显著提高四环素和腐殖酸的去除率③。Ren 等将 TiO_2 纳米粒子负载到聚偏氟乙烯超滤膜，制备出光催化反应膜，能够提高抗生素尤其是抗性基因的去除率，同时膜的抗污染性能也显著提高。除了膜上负载催化剂外，高级氧化技术常和膜生物反应器联用，将高级氧化技术放置于膜生物反应器之前，进而提高抗生素废水的可生化性能④。Elmolla 和 Chaudhuri 利用光芬顿 - SBR 处理阿莫

① Chon, K., Cho, J., Shon, H. K., "A Pilot-scale Hybrid Municipal Wastewater Reclamation System Using Combined Coagulation and Disk Filtration, Ultrafiltration, and Reverse Osmosis: Removal of Nutrients and Micropollutants, and Characterization of Membrane Foulants," Bioresource Technology 2013, 141, 109 - 116.

② Sahar, E., David, I., Gelman, Y., Chikurel, H., Aharoni, A., Messalem, R., Brenner, A., "The Use of RO to Remove Emergingmicro Pollutants Following CAS/UF or MBR Treatment of Municipal Wastewater," *Desalination* 2011, 273, (1), 142 - 147.

③ Zhu, Y., Quan, X., Chen, F., Fan, X., Feng, Y., "CeO_2 - TiO_2 Coated Ceramic Membrane with Catalytic Ozonation Capability for Treatment of Tetracycline in Drinking Water," *Science of Advanced Materials* 2012, 4, 1191 - 1199.

④ Ren, S., Boo, C., Guo, N., Wang, S., Elimelech, M., Wang, Y., "Photocatalytic Reactive Ultrafiltration Membrane for Removal of Antibiotic Resistant Bacteria and Antibiotic Resistance Genes from Wastewater Effluent," *Environmental Science & Technology* 2018, 52, (15), 8666 - 8673.

西林和氯西林废水，在光照时间 90 min 和水力停留时间 12 h 条件下，实现 COD 的 89% 的去除率，废水能够达标排放①。

（二）膜化学反应器（MCR）

膜化学反应器（MCR）是借助膜生物反应器（MBR）的设计理念开发的一种新型污水处理技术，该工艺将高效膜分离技术与化学反应相结合，使传统的化学反应效率得以提高。现阶段膜化学反应器主要用于除硬、除浊和除硅等，其结合膜蒸馏、膜结晶等工艺，实现工业水的减量甚至“零排放”，该技术应用于抗生素废水处理中可以为抗生素资源回收利用提供全新的技术路线和解决方案。

（三）膜分离新工艺——正渗透

正渗透是一种新型的浓度驱动型膜分离过程，利用半透膜的渗透压差将水从低浓度溶液向高浓度溶液扩散的过程，具有低能耗、操作简单、盐截留率高和膜污染低等优点。近年来，正渗透由于优异的渗透选择性在能源、海水淡化、制药工业和废水处理中得到广泛的应用。利用现有的商业正渗透膜处理四环素废水能够实现四环素的 99.0% 的截留，其浓缩因子能够达到 2.6，经正渗透浓缩的四环素废水能够通过结晶进行回收，实现废水的零排放和资源的回收利用②。在膜蒸馏系统中利用正渗透膜处理四环素废水，能够实现四环素的 99.9% 的截留，运行过程中水回收能够达到 15% ~20%③。

---

① Elmolla, E. S., Chaudhuri, M., “Combined Photo-Fenton-SBR Process for Antibiotic Wastewater Treatment,” *Journal of Hazardous Materials* 2011, 192, (3), 1418 – 1426.

② Pan, S. – F., Zhu, M. – P., Chen, J. P., Yuan, Z. – H., Zhong, L. – B., Zheng, Y. – M., “Separation of Tetracycline from Wastewater Using Forward Osmosis Process with thin Film Composite Membrane-Implications for Antibiotics Recovery,” *Separation and Purification Technology* 2015, 153, 76 – 83.

③ Pan, S. – F., Dong, Y., Zheng, Y. – M., Zhong, L. – B., Yuan, Z. – H., “Self-sustained Hydrophilic Nanofiber thin Film Composite Forward Osmosis Membranes: Preparation, Characterization and Application for Simulated Antibiotic Wastewater Treatment,” *Journal of Membrane Science* 2017, 523, 205 – 215.

三　新型复合膜概述

膜材料的性质决定膜的分离性能，二维纳米材料作为一种新兴材料，由于具有极高的比表面积、薄的分离层，已成为膜材料研究的热点。基于物理共混、界面聚合和层层组装等方法，将二维纳米材料以沉积、填充或交联等方式沉积在高分子基膜表面，构筑新型复合分离膜，能够同时保持高通量和出色的截留率，从而消除分离膜在渗透性与选择性间的平衡效应。常见的二维纳米材料有石墨烯、金属有机框架材料（Metal Organic Frameworks，MOFs）和共价有机框架材料（Covalent Organic Frameworks，COFs）等。

（一）石墨烯

石墨烯是由单层碳原子组成、呈蜂窝状的二维纳米材料。自 2004 年被发现以来，石墨烯的材料已被开发并用于制备具有增强性能和新功能性的膜。尽管其具有出色的膜分离性能的独特性能，但其无孔结构而导致的阻力增加阻碍了其发展获得更高的通量。常用的方法是通过离子轰击和等离子刻蚀方法在石墨烯表面形成纳米孔，通过控制孔的尺寸、形状及修饰的官能团，实现通量和选择性间的调控，进而在气体分离、脱盐、水处理和生物传感等领域得到应用。例如，将石墨烯负载到反渗透膜聚酰胺层上，由于石墨烯纳米片具有高亲水性、化学稳健性和超快的水渗透性，因此能够显著提高膜的抗污染和抗老化能力。Perreaulit 等通过氧化石墨烯的羧基和聚酰胺活性层的羧基之间的酰胺偶联，将氧化石墨烯稳定负载到膜表面上，在原有通量不变的条件下，与细菌直接接触 1 小时后导致 65% 的细菌失活，能够显著提升膜的抗污染性能[①]。MF/UF 是水处理，常被用于污水处理，通过共混的方法将石墨烯掺杂到膜表面，进而提高膜的通量、机械强度和抗污染性能。

① Perreault, F., Tousley, M. E., Elimelech, M., "Thin-Film Composite Polyamide Membranes Functionalized with BiocidalGraphene Oxide Nanosheets," *Environmental Science & Technology Letters* 2014, 1, (1), 71 -76.

Hu 等通过石墨烯和氧化铝陶瓷管表面形成的共价键，将石墨烯均匀地负载到氧化铝陶瓷膜，水通量提高 27.8%，并且呈现更优异的油水分离性能①。

（二）MOFs

MOFs 是一类由有机配体与金属通过自组装形成的晶体材料，由于其具有规整孔道结构、易于功能化修饰和高比表面积的特点，其在膜材料领域得到广泛应用。多样化的结构中心金属离子和有机配体使 MOFs 具有不同的结构和性质，使其在吸附或催化水中污染物领域得到广泛应用。现在，常通过共混、交联、界面原位聚合等方法将 MOFs 引入膜表面制备出 MOFs 复合纳滤膜。Efome 等通过静电纺丝方法将 MOF－808 和 MOF F300 分别共混于聚丙烯腈膜和聚偏氟乙烯膜表面，制备出 MOFs/聚合物纳米纤维复合膜，在保证高水通量的条件下，复合膜对铅离子和汞离子显示出很高的截留效果②。Basu 等在聚砜（PSF）膜表面通过原位聚合的方式制备出 ZIF－8/PSF 复合膜，其对硫酸镁和镇痛剂——对乙酰氨基酚的截留率分别为 91% 和 55%，显示其在有机物和脱盐领域有较强的应用前景③。

（三）COFs

COFs 是一类具有内部规整孔道结构的新型二维晶形多孔材料，由于多样化的 COFs 材料的构筑基元，可以调控 COFs 的孔径、比表面积和内部微环境，因此可以将 COFs 引入界面聚合过程，制备性能优异的复合膜。Zhang 等采用自下而上的界面聚合方法，通过将阳离子单体与席夫碱反应结

① Hu, X., Yu, Y., Zhou, J., Wang, Y., Liang, J., Zhang, X., Chang, Q., Song, L., "The Improved Oil/water Separation Performance of Graphene Oxide Modified Al_2O_3 Microfiltration Membrane," *Journal of Membrane Science* 2015, 476, 200－204.

② Efome, J. E., Rana, D., Matsuura, T., Lan, C. Q., "Metal-organic Frameworks Supported on Nanofibers to Remove Heavy Metals," *Journal of Materials Chemistry A* 2018, 6, (10), 4550－4555.

③ Basu, S., Balakrishnan, M., "Polyamide Thin Film Composite Membranes Containing ZIF－8 for the Separation of Pharmaceutical Compounds from Aqueous Streams," *Separation and Purification Technology* 2017, 179, 118－125.

合来合成 EB - COF，通过表面真空过滤制备出复合膜，其对于阳离子染料罗丹明 B、亚甲基蓝和 N、N - 二甲基 - 对苯二胺二盐酸盐的截留率分别为 99.6%、99.2% 和 98.1%①。Yang 等采用混合组装方式将纳米多孔二维 - COF 负载在柔性的一维纳米纤维素片层上，在提升膜机械强度、实现膜的高选择性同时，在染料去除和脱盐等领域展现出优异的分离效果②。

四 展望

水环境抗生素污染已成为全球热点话题。我国是制药大国，但是由于工艺不成熟，废水排放量大，制药厂废水排放已成为水环境抗生素主要来源之一。抗生素生产废水治理工作是水生态环境保护的重要内容，是生态文明建设的重要组成部分。膜法分离技术是解决我国抗生素生产废水的水量大、成分复杂、处理成本高和耐药基因传播风险等问题的有效技术，但是现阶段新型膜技术发展仍然面临诸多挑战：①抗生素在纳米复合膜等中的传递原理和分离机制还有待探究；②纳米复合膜在水中的易溶胀进而导致剥离，纳米颗粒的生物安全性亟须重视；③新型复合膜的工业化生产存在难题。

以膜材料和膜技术的创新为方向，加大新型膜材料的开发力度，研发抗生素生产废水新复合膜处理技术，开展新型膜组件的研发，同时重视膜过程中的废物处置。废水减排和资源化是抗生素工业废水处理的必由之路，基于新型膜技术的开发和利用，面向国家的新要求建设新型抗生素废水水厂，实现废水的零排放，进而提升我国抗生素废水治理的核心技术水平。

---

① Zhang, W., Zhang, L., Zhao, H., Li, B., Ma, H., "A Two-dimensional Cationic Covalent Organic Framework Membrane for Selective Molecular Sieving," *Journal of Materials Chemistry A* 2018, 6, (27), 13331 - 13339.

② Yang, H., Yang, L., Wang, H., Xu, Z., Zhao, Y., Luo, Y., Nasir, N., Song, Y., Wu, H., Pan, F., Jiang, Z., "Covalent Organic Framework Membranes Through a Mixed-dimensional Assembly for Molecular Separations," *Nature Communications* 2019, 10, (1), 10157 - 10162.

区域发展篇

Regional Development

B.22
2019年广东省化学制药工业发展情况

广东省医药行业协会

摘　要： 广东是我国最早引进西药的地区，也是最早生产化学药品的地区。化学制药工业已成为广东省医药制造业的重要组成部分，重点分布在珠江三角洲地区，拥有一批骨干企业和品牌产品，主要经济指标居全省医药制造业前列，在全国化学制药工业领域拥有较高的地位。

关键词： 化学制药工业　制药企业　药品品牌　广东

化学制药工业发源于欧洲。广东省是我国最早引进西药的地区，也是最早生产化学药品的地区。1828 年，英国医生在广州十三行开设“广东医局”（Canton Dispensary，也译“广东药房”），1902 年成立的梁培基药厂是中国创办的第一家化学药厂，诞生于1912年的唐拾义药厂（广州白云山光华制药有限公司前身）亦是我国华南地区最早的化学药厂之一。

化学制药工业已成为广东省医药制造业的重要组成部分，占有较大的比例。2019年，在政府部门机构改革，仿制药一致性评价，“4+7”带量采购，新版《国家基本药物目录》发布等系列政策影响下，全省化学制药工业整体态势良好，盈利能力稳定，保持稳健发展。化学制药工业主要经济指标居全省医药制造业前列；广东省化学制剂制造业区域集中度较高，销售收入和利润居全国第三位。

一 发展概况

2019年，广东省医药制造业整体增速回落。医药制造业规模以上企业（下同）实现工业总产值1670.98亿元，比上年增长2.1%，营业收入1574.30亿元，与上年持平；工业增加值545.99亿元，比上年增长0.5%；销售产值1571.26亿元，比上年增长0.9%；产销率94.0%。

2019年，广东省化学制药工业实现工业总产值794.13亿元，工业增加值258.15亿元，分别占全省医药制造业的47.5%、47.3%；其中化学药品原料药制造总产值181.29亿元，工业增加值57.14亿元，分别占全省医药制造业的10.8%、10.5%；化学药品制剂制造总产值612.84亿元，工业增加值201.01亿元，分别占全省医药制造业的36.7%、36.8%。

2019年，广东省规模以上化学制药工业实现营业收入653.47亿元，利润总额114.21亿元，分别占全省医药制造业的41.5%和45.2%；其中化学药品原料药制造营业收入148.02亿元，同比增长9.9%，实现利润19.35亿元，同比增长5.8%，出口交货值26.75亿元，同比降低13.5%，列全国第8位；化学药品制剂制造营业收入505.45亿元，同比增长3.1%，实现利润94.86亿元，同比增长1.1%，出口交货值22.33亿元，同比增长30.5%，列全国第4位。

2019年全省注册化学制药生产企业233家，占全省药品生产企业的

40.7%，其中原料药生产企业23家，占化学制药工业企业的9.9%；化学制剂生产企业153家，占65.7%；原料药和化学制剂都生产的企业57家，约占24.5%。丽珠医药集团股份有限公司、珠海联邦制药股份有限公司、深圳立健药业有限公司、广东利泰制药股份有限公司、安士制药（中山）有限公司获2019年中国化学制药行业工业企业综合实力百强。

（一）广东省化学药品原料药制造

广东省化学药品原料药制造生产较薄弱，不是全省医药制造业的主体。2019年广东省化学药品原料药规模以上企业产量81414.2吨，比上年降低2.2%，居全国第8位，约占全国产量的3.1%。但部分领域具有一定优势，一些采用生物技术生产的药品如肌苷、氨基酸系列、葡萄糖、红霉素，特别是头孢类抗生素及中间体，技术上处于全国比较领先的地位，产量也占相当比重。如头孢曲松钠、头孢硫脒、头孢拉啶等7个头孢类，产量约占全国同品种的30%，其中，广州白云山公司开发了头孢氨苄、头孢唑啉、头孢拉定、头孢噻肟、头孢曲松、头孢哌酮、头孢克洛、头孢地嗪、头孢硫脒等产品，其第三代头孢菌素产量位居全国第二，深圳信立泰和广州白云山位居第二代头孢菌素第四和第七。深圳华润九新药业有限公司拥有五代头孢抗生素头孢比罗酯在中国内地及香港、澳门特别行政区的开发、生产和商业化独家许可，是中国首家无菌原料和制剂通过欧盟认证的企业，五代头孢项目及其他创新产品项目的临床研究及上市工作正在加紧推进，并积极推动高端制剂的CMO国际合作，向新业务逐渐转型。珠海丽珠、联邦等企业头孢类产品，带动了国内中间体产品有较好的市场。广东肇庆星湖生物科技股份有限公司的利巴韦林、脯氨酸、肌苷、腺嘌呤在各自的细分市场的产销量位居前列。肌苷年产量占全国的75%，红霉素、氨基酸系列产品总量居全国第二位。

（二）广东省化学药品制剂制造

广东省化学药品制剂制造生产规模、技术装备、产品档次、整体实力均居全国前列，在289个国家基本药物目录里的化学药品仿制药口服固体制剂品种完成药品一致性评价项目中，涉及广东药企的有173个，批准文号1391个，涉及企业102家。主要生产剂型如胶囊、片剂、水剂、大输液、粉针有一定优势；缓控释制剂研究也有一定基础。比较注重发展配套制剂生产的原料药新品种和加强新制剂开发，特别是加强技术含量高、市场潜力大的新型释药系统，如口服缓释、控释制剂、口腔黏膜给药、吸入给药、鼻腔给药、透皮控释制剂、注射液的新载体、靶向给药和触发释药等，对独创的且具有一定市场份额的专利或保护品种系列剂型的开发，研究开发有自主知识产权的新药或抢仿发达国家过期的专利药品，已形成规模的头孢类产品，发展β-内酰胺类抗生素、氨基酸系列产品、维生素类的烟酸和烟酰胺（维生素PP）、核酸类药品等四大类产品。但目前除口服缓释制剂品种外，先进剂型仍很缺乏，尚未形成规模。

二 发展特点

（一）行业整合加速，形成较强的产业集群

广东是医药产业大省，医药制造业打破地域、行业、部门和所有制界限，形成了一批集约化、规模化、跨地区、跨国界的企业集团，市场竞争整体实力国内领先。2019年，广东以1/9的企业数、6000多亿元的总市值位居全国医药上市企业榜首；5家企业入选2019年全国医药工业百强，18家医药企业被列入2019年广东省企业500强。

广东省化学制药工业主要分布在珠江三角洲地区，其中广州、深圳、珠海、中山等地和粤东地区的汕头市都已在区域内形成了化学药品制剂工业聚集，拥有较为成熟的产业园区。广州市化学制药工业主要由广州科学城和广州国际生物岛两大核心区和若干拓展区组成，医药研究机构云集，产业基础雄厚；拥有白云山化学制药厂、香雪制药、一品红药业、海瑞药业、康臣药业等医药龙头企业。深圳高新技术产业开发区是我国第一批国家医药产业基地，拥有海王集团、信立泰、海普瑞、翰宇药业、国药致君、立健药业等龙

头企业，销售收入过亿元的生化医药企业达60多家。珠海市医药产业聚集了丽珠集团、联邦制药、亿邦制药、金鸿药业、润都制药等化药龙头企业。中山国家健康科技产业基地入驻企业达140多家，形成以中西药品领域产业集群，主要有默克雅柏、格兰泰、辉凌、尼克美、曼秀雷敦、安士制药、中昊药业等化药企业，2019年基地规模以上的医药制造业生产总值占全市健康医药产业的60%以上。这些医药产业园区汇聚了一批医药产业上中下游企业，具有一定的产业集聚效应。

（二）拥有一批骨干企业和品牌产品

广东省培育了一批化学制药工业龙头企业，涌现出广药白云山、香雪制药、一品红药业、海王集团、海普瑞药业、信立泰药业、立健药业、丽珠医药、联邦制药、润都制药、金石制药、东阳光药业、众生药业、安士制药、肇庆星湖、利泰制药等一批创新型企业和细分领域的龙头企业。

广东省化学制药工业拥有一批品牌产品。广州白云山医药集团股份有限公司拥有从原料药到制剂的抗生素完整产业链，产品群涵盖抗菌消炎类常用品种及男科用药。以驰名商标“抗之霸”整合抗生素药品品牌，打造国内口服抗菌消炎药第一品牌的市场形象。广州锐博生物科技核酸药物生产基地建成后将是世界五大核酸原料药生产基地之一，为亚洲规模最大的核酸医药产品生产基地。深圳市海普瑞药业为全球产销规模最大的肝素钠原料药生产企业，客户遍及北美、欧洲、亚洲、南美、非洲。2019年珠海联邦制药原料药出口1.14万吨，是我国最大的原料药出口企业，其中阿莫西林是全球产量最大、中国出口量最大的原料药；青霉素系列产品、头孢系列产品、酶抑制剂等是目前在全球销量最大的三类产品。亿邦制药克林霉素连续多年市场占有率全国第一。金鸿药业头孢克肟的国内市场占有率名列前茅。丽珠集团化学制剂业务板块盈利增长较上年明显加快，营业收入较上年增长16.4%，其中艾普拉唑销售额同比增长65.7%，哌罗匹隆同比增长49.4%，氟伏沙明收入同比增长26.3%，亮丙瑞林微球销售额同比增长21.8%；原料药及中间体业务不断整合优化，原料药毛利率提升7.0pp，盈利能力进一步提升；已逐步实现了在产品与市场之间的转型升级——由大宗原料药转向高端特色原料药，由非规范市场转向欧美等规范市场。东阳光药业营业额比上年增长147.9%，用于治疗和预防流行性感冒的可威（磷酸奥司他韦）较上年增长164%，生化发酵药大环内酯工艺水平、产品质量世界一流，产量占世界规范市场的60%以上；其制剂产品阿奇霉素中标德国20多家保险公司，克拉霉素占据着美国40%以上的市场份额。据不完全统计，2019年广东省化学药品工业拥有超亿元的产品超过35个，其中东阳光可威（磷酸奥司他韦）2019年全年收入近60亿元，与华润九新药业注射用五水头孢唑林钠，共同列入2019年度广东药品系列交易榜单的最具影响力化学药产品十强排行。

（三）骨干企业研发高投入，掌握一批核心技术

在国家鼓励创新药的新政策环境下，广东省化药创新药研发投入力度加大，骨干企业加速在研产品布局，创新能力有所提升。广东省9家企业进入2019年中国化药研发实力排行榜TOP100。2019年，丽珠集团研发投入金额占营业收入的7.8%，同比增长33.5%，联邦制药研发费用同比增长30.0%，信立泰研发投入7亿元，占营业收入比重为15.7%。

广州市多个“全球新”一类化药研制，已分别进入临床Ⅰ~Ⅳ期试验。广药白云山头孢类抗生素原料药的合成与工艺技术、无菌粉生产技术及制剂技术等都处于国内领先地位。白云山制药总厂和白云山化学制药厂化学1.1类新药头孢嗪脒钠和注射用头孢嗪脒钠，是我国近20年唯一成功获批的头孢类1.1类新药临床批件，已正式启动临床Ⅰ期试验。香雪制药新抗癌药TCR－T细胞（高亲和性超强特异性T细胞）注射液，信立泰抗心力衰竭1类化药——S086，众生药业抗肿瘤药物多西他赛的改良型新药——注射用多西他赛聚合物胶束以及抗流感病毒新药等一批新药获批临床试验，丽珠集团在研项目众多，化学制剂中注射用丹曲林钠、布南色林片、醋酸奥曲肽微球（1个月），注射用重组人绒促性素申报生产，重组人源化抗人IL－6R单克隆抗体注射液已完成Ⅰ期临床，正在进行Ⅲ期临床试验；原料药与中间体

中，奥利万星、特拉万星、达巴万星正在准备注册申报。深圳华润九新药业有限公司将通过加快推动五代头孢等新产品项目进度，加快重点品种的仿制药一致性评价工作等举措，推动长期业务结构调整。东阳光药业申报国产1类新药4件，跻身中国新药研发第一梯队，有18个新药在人体临床，研发造就了磷酸奥司他韦、冬虫夏草、大环内酯、苯溴马隆等4个系列产品的产业化。

三　存在的问题

（一）企业整体规模小，产业竞争能力不强

广东省化学制药工业以中小企业为主，行业集中度偏低。2019年列入全省化学药品工业规上企业约占化药企业总数的30%，化学药品制剂制造企业未进入全国10强。作为全国最大的医药市场，广东省少有与之相匹配的化药企业和产品。

（二）产业结构不合理，产品出口能力较弱

广东省化学制药工业低技术水平的制剂生产能力过剩，原料药自给能力低。2019年广东省化学药品制剂制造出口交货值只占其总产值的3.6%，原料药工业与制剂工业不配套的结构性矛盾突出。

四　发展措施

（一）增强产业政策供给

广东化学制药工业可持续发展关系到全省医药制造业的发展。建议省有关部门针对化学制药工业技术发展趋势，制定广东省化学制药工业创新发展行动计划，按照打造全国医药产业强省和新兴支柱产业的战略定位，在不断

强化生物医药和中医药产业发展的同时，提出广东省化学制药工业的发展目标、重点任务和政策措施，扶持具有一定优势的化药企业迅速发展壮大。

（二）加强创新能力建设

按照“政府引导，市场运作，企业主体，科研院所支撑”的思路，支持高校、科研机构和有实力的化学制药企业，整合与充分利用现有科研基础设施，自建或共建化学制药工业研发公共服务平台；并按照“平等自愿、权责对等、利益共享、开放合作、优势互补、共同发展”的原则，依托核心医药企业，采取项目转让、项目合作、共建共性技术平台等模式，培育企业、科研机构和高等院校一体化的产学研创新联盟。组织实施一批重大产业创新和应用示范工程，加快推进化学药物新技术、新的合成技术、新的化学实验设计等重点领域的技术创新、产品创新、品牌创新和产业组织创新。

（三）整合行业优势资源

兼并重组是整合医药行业优势资源，使其规模快速壮大的重要途径之一。广东省化学制药工业应坚持深化医药企业体制改革与机制创新相结合，以骨干企业为主体，以名牌产品为依托，通过联合、兼并、资产划转等有效方式，整合产业资源，加快兼并重组步伐，实现集约化经营。建立公平、良好的市场秩序，完善相关产业准入和监管政策，扩大化学制药工业的资产规模，提高国内市场的集中度，把企业做大做强。

B.23

陕西省医药产业发展回顾与展望

陕西省医药协会

摘　要： 本文回顾了新中国成立70多年来陕西医药产业的发展历程和取得的成就，总结了产业发展中存在的问题，分析了发展优势，展望了产业转型方向。医药产业作为陕西六大新支柱产业之一，2019年完成总产值762.89亿元，实现主营业务收入667.1亿元，实现利润72.7亿元，陕西医药产业正处在向高质量发展转变的换挡期。

关键词： 医药产业　医药企业　陕西

新中国成立以前，陕西是一个落后的农业省份，工业基础十分薄弱。1949年全省虽有7万多个工业企业，但从业人员只有16万，平均每个企业只有2.2人，基本处于个体手工制造和作坊加工状态。

新中国成立以后，陕西工业在稳定中不断发展前进。陕西医药产业也历经了70多年的长足发展，但初期底子薄、规模小、条件落后。改革开放40多年来，在国家一系列发展经济的政策推动作用下，陕西依托资源优势，加大产业结构调整力度，生产能力显著提高。特别是进入21世纪后，从“八大工业传统支柱产业”到“七大战略性新兴产业”，再到“六大新支柱产业”，医药产业始终在陕西经济发展中占据重要地位。随着中国工业经济发展的绿色环保转型和医药供给侧改革的不断深化，陕西医药产业正从高速度发展向高质量发展转换。

一　改革开放前的陕西医药产业回顾

改革开放前，陕西医药产业处于创建和建设时期。第一批药厂创建于20世纪三四十年代。由于陕甘宁边区受到当时战争的经济封锁，药品奇缺，党中央决定筹建自己的制药厂。1938年，八路军卫生材料厂（现西安利君制药有限公司）和延安八路军制药厂（现延安常泰药业有限责任公司）在陕甘宁边区成立，这也是我党我军成立最早的西药厂。1956年，由14家中药店铺和生产中成药的作坊组成公私合营的陕西省西安国药厂（现西安正大制药有限公司）成立。建厂之初，厂区面积7万平方米，职工60余人，年产值40万元，生产中成药品种70个。1958年12月，药厂转为国营单位后，生产能力有所提高，年产值上升到百万元。1968年初，国家为解决西北地区的药品需求问题，由化工部直接领导建设了西北第二合成制药厂。三线建设时期，1970年5月，陕西省汉江制药厂（现陕西汉江药业集团股份有限公司）的建立改变了陕南缺医少药的局面，并填补了汉中现代制药工业的空白。

二　改革开放40多年陕西医药产业发展情况

（一）混合所有制经济并存

改革开放后，陕西医药产业进入加速发展期，形成了以国有经济和国有控股经济为主，其他所有制经济并存的格局。一批具有现代化管理机制企业的涌现，为陕西医药行业注入新的生机和活力。

1984年陕西省汉江制药厂开创了中国化学制药工业第一个对外合作项目“CBP－01工程”，即中国、比利时合作生产C型甲苯达唑项目。由于该项目的成功合作，1985年，在陕西省人民政府的大力支持下，比利时杨森制药公司与陕西省医药工业公司、陕西汉江药业公司、中国医药工业公司、中国医药对外贸易公司合作，筹建了西安杨森制药有限公司，这是最早在西北地区建立制药厂的合资企业。西安杨森凭借其雄厚的研发基础、强大的生产能力、完善的销售体系和先进的管理体制，很快跻身国内医药企业一线行列，为陕西医药企业树立了标杆和榜样，有力地推动了省内药企的规范发展。

20 世纪 90 年代初，西安制药厂已发展成为西北地区规模最大、品种最多、效益最好的药品生产基地，年销售收入超过 8700 万元。1990 年，西北第二合成制药厂工业总产值 6457 万元，产品销售收入 6678 万元，实现利税 412 万元，出口创汇 98.01 万美元。工厂主要经营化学药品原料药、制剂、生物制品、医药中间体，产品出口日本、德国、印度、古巴、加拿大等国家。陕西省西安国药厂工业总产值和销售收入也突破千万元。

20 世纪 90 年代，陕西民营医药企业纷纷成立。1993 年陕西步长制药有限公司成立；1995 年陕西摩美得制药有限公司成立；1996 年，归国留学人员创建西安力邦企业（集团）投资有限公司；1997 年，陕西盘龙药业集团股份有限公司成立；等等。

进入 21 世纪，原陕西省医药总公司经过改制，于 2006 年正式成立陕西医药控股集团有限责任公司（以下简称“陕药集团”）。在长期的改革发展实践中，陕药集团与美国强生、泰国正大、香港永发、比利时苏博乐、中国医药集团等世界著名企业和中央企业合作，建成了西安杨森、西安正大、西安环球、西安德宝、国药控股陕西公司等医药生产、包装和流通企业，形成了较为完整的产业链，在改变陕西医药产业散、小、乱局面中发挥了积极作用。

（二）生产能力显著提升

企业数量增加。1980 年统计结果显示：陕西省有合格产品的制药厂 66 家，从掌握基本概况的 58 家看，其中，原料药制剂厂 17 家，原料厂 2 家，制剂厂 19 家，中成药厂 12 家，生化药厂 2 家，综合利用厂 3 家，原料制剂兼兽药厂 1 家，兽药厂 2 家。截至 2019 年底，全省有药品生产企业 223 家，其中，原料药和制剂生产企业 141 家，化学药生产企业 114 家，中药（含中药饮片）生产企业 157 家，疫苗生产企业 1 家，血液制品生产企业 1 家，医用气体生产企业 25 家，药用辅料生产企业 8 家，空心胶囊生产企业 4 家，特殊药品生产企业 9 家，其他生产企业 1 家。

产量大幅提升。图 1、图 2 显示，1985 年陕西化学药品产量 3057 吨，中成药产量 4797 吨。2019 年，化学原料药产量 3.92 万吨，是 1985 产量的 12.82 倍；中成药产量 12.59 万吨，是 1985 年产量的 26.25 倍。

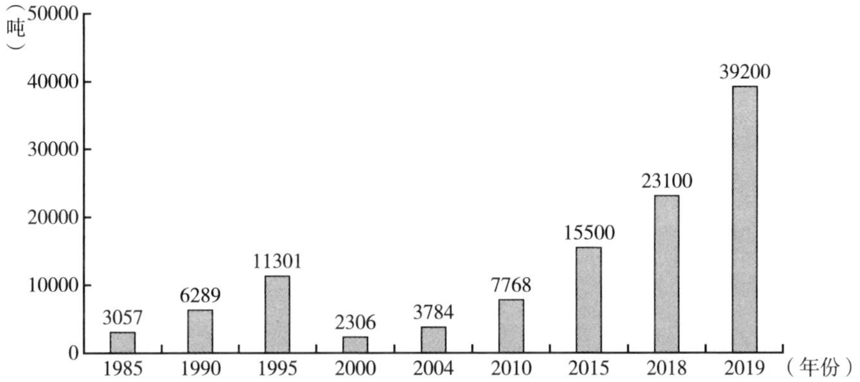

图 1　1985 ~ 2019 年陕西化学药品产量

资料来源：陕西工业统计年鉴，陕西省医药协会整理。

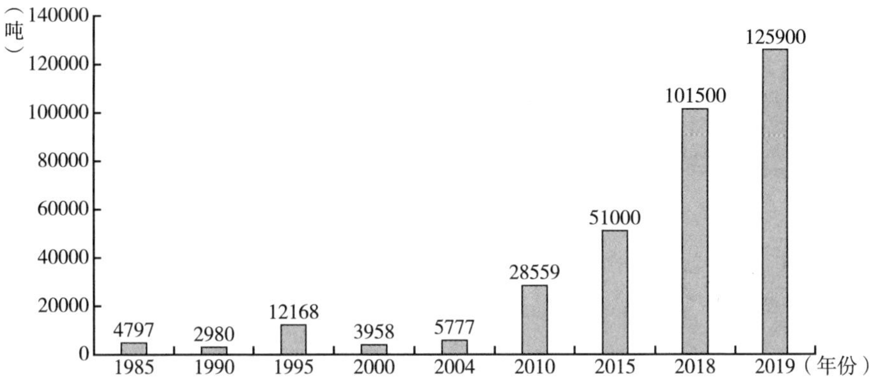

图 2　1985 ~ 2019 年陕西中成药产量

资料来源：陕西工业统计年鉴，陕西省医药协会整理。

20 世纪 90 年代，国际医药市场实施了严格的 GMP 管理，国内众多原料药生产企业因生产设备落后，产品无法与国际标准衔接，严重影响了产量和出口。但也有部分企业抢抓机遇，引进先进设备和管理程序，改造生产车间，提升产能，迅速抢占市场。2000 年中国加入 WTO，陕西医药工业企业也顺应现代化、国际化进程，不断扩大对外开放，加强与国外企业建立合作，产品出口国外，产量持续增加。

自 2000 年以来，依托资源优势，陕西省中药生产企业数量和中成药产量迅猛增加。2019 年，化学原料药产量在全国的占比为 1.5%，中成药产量在全国的占比为 5.1%。陕西省已经形成了以中成药生产为主、化学原料药生产协同发展的产业格局。

（三）工业产值大幅增加

20 世纪末，陕西医药工业总产值 56 亿元。2000～2010 年，陕西抢抓国家西部大开发机遇，医药制造业被确定为促进经济发展的八大传统支柱产业，工业总产值大幅增加。

如图 3、图 4、图 5 所示，自 2010 年以来，陕西医药产业总体呈平稳增长趋势。2010 年，规模以上医药企业完成工业总产值 229.22 亿元，是 20 世纪末总产值的 4 倍多，主营业务收入 195.77 亿元，利润总额 20.19 亿元。2019 年，规模以上医药工业企业完成总产值 762.89 亿元，实现主营业务收入 667.1 亿元，实现利润 72.70 亿元。

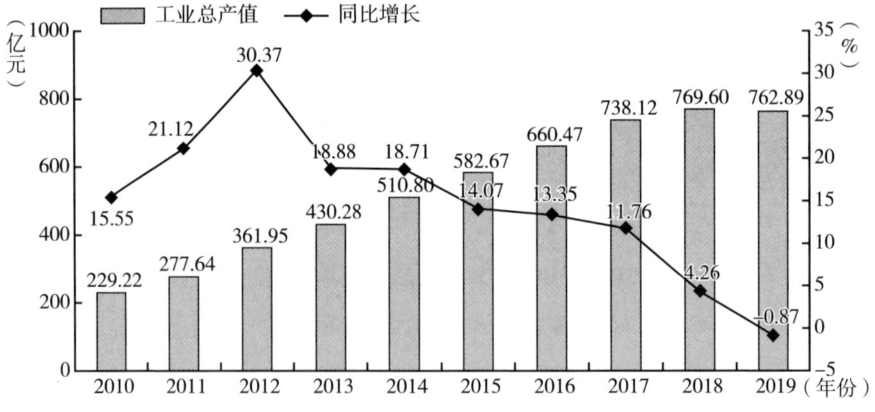

图 3　2010～2019 年陕西规模以上医药企业工业总产值

资料来源：陕西工业统计年鉴，陕西省医药协会整理。

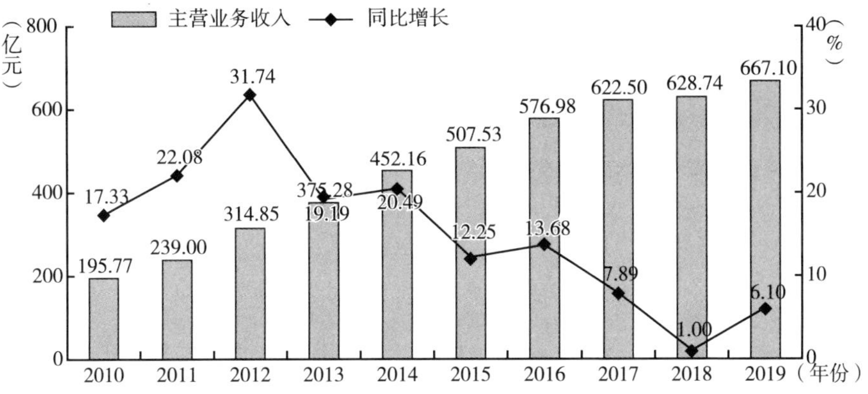

图 4　2010～2019 年陕西规模以上医药企业主营业务收入

资料来源：陕西工业统计年鉴，陕西省医药协会整理。

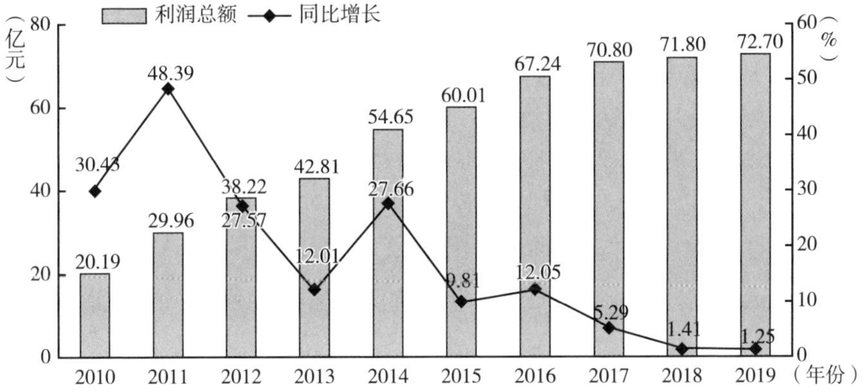

图 5　2010～2019 年陕西规模以上医药企业利润总额

资料来源：陕西工业统计年鉴，陕西省医药协会整理。

2010～2017 年，陕西医药工业生产总值增长迅猛，平均增幅为 17.98%，大大超过其他行业。自 2018 年以来，调结构、促转型、动能转化成为制造业发展的主线，高端制造业、高新技术产业蓬勃发展，传统高耗能高污染行业面临重生。陕西医药产业增速下滑，产业发展从高速度向高质量转化。

三　陕西医药产业发展中存在的问题

（一）规模小，实力较弱

目前全省规模以上医药工业企业有208家，现代医药虽是六大支柱产业之一，但只占全省工业总产值的3%。医药行业是资金、技术密集型行业，小型企业普遍存在资金缺乏、渠道不畅、融资困难等问题，难以形成规模效应。2014～2018年连续5年中国医药工业信息中心发布中国医药工业百强榜单，陕西仅有西安杨森和西安力邦两家入围。2018年，西安杨森排名第29，西安力邦排名第69。陕西省企业的全国百强占比仅有2%，企业生产规模与发达省份还存在很大差距。

（二）批文多，产品老化

小型医药企业生产规模小，档次低，消耗大，成本高，效益低，严重造成了固定资产沉淀。陕西省现有药品批准文号6500多个，在生产的不足千个，大批的文号闲置，且品种重复比重大。长期以来，陕西药品品种结构主要存在的问题是：品种“老化”，附加值低，独家品种少，拳头品种单一，缺少高技术含量的优势产品作为支撑。

（三）低水平，重复生产

在产业转型升级和环保要求趋严的形势下，陕西省药品生产面临四大挑战。一是同质化、重复化生产严重；二是产品附加值低；三是环保压力大，成本上升；四是外部环境日益严峻，国内标准不断提升。这一系列问题将严重制约医药产业的可持续发展。

近年来国家鼓励企业开展仿制药一致性评价，国产药品质量大幅度提升，加速了医药行业的产业结构调整和资源整合，对增强产业国际竞争力具有重要意义。部分企业生产工艺落后，制造设备工艺落后，质量标准不高，环保要求不达标，重复生产市场已饱和品种将很快被淘汰出局。2016年，国家开展的首批289个基药仿制药一致性评价工作，涉及陕西药企72家，品种98个，批准文号652个。其中，重复生产诺氟沙星胶囊的企业约有40家，重复生产甲硝唑片的企业有30多家，重复生产维生素B2、盐酸小柴碱片等产品的也有二三十家。开展仿制药一致性评价费用高昂，但重复生产却导致产品价格不断降低、利润微薄。对企业而言，一方面是巨大的资金投入，另一方面是微薄的利润收入，优胜劣汰，成为企业不得不面对的一场大考。

（四）投入少，创新不足

陕西科技资源主要集中在科研机构和高等院校。2017年，科研院所、高校研发经费占全省的53%，企业仅占42.6%，远低于全国企业77.6%的水平。2017年，陕西省企业研发人员占全省研发人员总数的45.5%，全国均值为60.7%；企业研发人员投入仅占主营业务收入的0.85%，排全国第15位。

创新是引领发展的第一动力。陕西省医药企业科研投入不足，严重影响了新品开发的速度和数量，造成产品更新换代缓慢。新药研发成本高，回报周期长，大中型药品生产企业是研发活动的主体。2018年医药工业国内百强企业研发费用占比5.4%，陕西医药企业的平均研发费用占产品销售收入不足1%，研发投入有待提高。

四　陕西医药产业发展优势

（一）地理和资源优势

陕西地理环境特殊，秦巴山区更被誉为“天然药库”、“生物资源基因库”和“中药材之乡”。秦巴山区、陕北高原丰富的药材资源，为发展中药生产提供了得天独厚的自然条件。普查结果显示，全省有药用植物、动物及矿物等中药资源共计4700余种，其中植物药3291种，约占全国药材种类的30%以上，在全国中药材资源普查统一布置的364个重点品种中，陕西有

283 种，占 77.7%，其中 248 种被列为《药典》正品药材，优质道地药材 32 种，大宗药材 400 多种。全省建有 460 万亩药源种植基地，实现规范化种植 60 万亩。其中，丹参、山茱萸、天麻、绞股蓝、柴胡、五味子、黄芪、猪苓等已成为国内著名的道地药材。

（二）科技和人才优势

陕西已经形成了以第四军医大学、西安交通大学、西北农林科技大学、陕西中医药大学、西安医学院等高校为主体，以陕西中医药研究院、西安新通药物研究有限公司等专业科研机构和企业为基础，以 21 个国家和省级企业技术中心、28 个国家和省级医药类工程中心及 12 个重点实验室为承载的医药研发体系。陕西培养了一大批医药专业人才，合计从业人数两万余人，综合科技实力位列全国前茅。多年来承担国家和省级多项科技项目，取得了丰硕的成果。

（三）政策和品种优势

陕西省委、省政府为助推陕西省医药产业加强结构性调整，形成新的发展动能，实现跨越式发展，2015 年 12 月成立陕西医药发展基金，基金规模 60 亿元。

为鼓励企业加大科技投入，提高产品质量标准，积极培育一批产品有效性、安全性、质量可控性达到或接近国际先进水平，年销售超亿元的医药大品种。2016 年，省工信厅等四部门联合开展促进陕西医药优势产品推广应用工作。按照企业生产规模、科研实力、产品质量和市场竞争力等要素，选择临床应用范围广、疗效可靠、安全性高的省产药品，研究制定陕西省“优势产品目录”。被列入《陕西省医药优势产品目录》的企业及药品，政府部门会在产品扩能改造、技术升级方面给予重点支持；在药品集中采购中，对优势产品合理制定限价规则，直接挂网采购，鼓励医疗卫生机构优先采购、配备、使用陕西省医药优势产品；在各级医保目录调整时，优先考虑和推荐医药优势产品。截至目前，第一批评选出 14 家企业的 31 个品种，第二批评选出 23 家企业的 44 个品种，2018 年评选出 28 家企业的100个品种作为优势产品。2018年，陕西省年销售超亿元的医药品种已超过80个。

五 陕西医药产业转型升级方向

（一）支持规模企业做大做强

规模以上工业企业是产业发展的主力军，是工业稳增长的保障。当前，陕西有一批正在建设或即将建设的新项目，均以智能制造、绿色制造为主导，建成后将极大地增强陕西省医药产业的实力，助力产业转型升级，使陕西省医药产业进入一个全新的战略高度。

西安杨森强生供应链生产基地项目将分三期建设完成。已完成的一期生产工厂，搬迁西安杨森旧工厂，整合强生在华生产业务，增加针剂等新产品，建成强生亚洲最大的供应链基地，其中片剂生产能力年达50亿片。二期计划建设亚洲最大疫苗生产基地；三期计划将强生公司在国外的生物药项目引入国内注册生产。

在化学药产业方面，西安力邦脂质类制剂和无菌针剂生产线建设项目，将建设国内最大脂肪乳制剂生产基地和西北最大无菌小针剂生产基地，达到年产5000万瓶大容量注射剂和2亿小针剂的生产能力。利君集团化药制剂和原料药生产线建设项目，已对老厂进行搬迁，并扩能升级改造，建设固体制剂、水针、口服液、冻干粉针等新型制剂生产厂，打造西北最大的大环内脂类抗生素制剂基地。

在现代中药产业方面，陕西步长制药扩建心脑血管中成药生产基地，建成后将形成年生产胶囊剂150亿粒、片剂230亿片、颗粒剂12亿袋、合剂6000万瓶的生产能力。西安幸福制药新生产基地建设项目，分别建设固体药品生产及液体药品分装基地，形成年产合剂2.5亿瓶、颗粒剂25亿袋、胶囊剂50亿粒的规模。

在生物医药产业方面，西安金花制药生物制品生产线将扩大金天阁胶囊和转移因子等产品的生产供应能力。西安回天血液制品新厂建设项目，将扩建人血白蛋白等产品生产线，形成年产人血白蛋白 81 万瓶、免疫球蛋白 80 万瓶、乙肝免疫球蛋白 34 万瓶、人凝血因子Ⅷ4 万支、人凝血酶原 8 万支的生产能力。

（二）大力扶持创新型企业

科技创新是企业发展的命脉，筛选培育一批创新性强的中小企业作为创新研发中心，以市场为导向，辅以强有力政策支撑和扶持，帮助企业吸引、整合更多社会资源，促进产学研和企业相互接轨，帮助企业顺利进行技术成果转化，赢取更多发展机遇。有力推进“个转企、小升规、规上市”，促进中小企业梯队成长，对陕西省医药工业的转型升级和结构调整具有重要意义。

西安新通药物开发有限公司坚持中西药并举、仿创结合（见表 1、表 2），在新药研发的道路上不断茁壮成长。2016～2018 年，连续三年获得全国新药研发十强、二十强企业荣誉称号，连续两年被评为“中国医药工业最具成长力科技型创新企业”。当前，有三款创新药正在Ⅰ、Ⅱ、Ⅲ期临床试验之中，其中甲磺酸帕拉德福韦和 MB07133 均是国家“十二五”“十三五”支持的重大创制项目，该产品对于打破进口垄断、降低医疗成本、满足临床需求意义重大。

表 1　2011～2019 年新药申请（中药）在 2 个及以上品种的企业

单位：个

单位名称	申请数量	分类
新通药物	8	中药
洲良明康	3	中药
兴邦药业	3	中药
中医药研究院	2	中药
新华新药	2	中药
无为制药	2	中药
尚益康医药	2	中药
东泰制药	2	中药

资料来源：国家药品监督管理局药品审评中心。

表2　2015～2019年新药申请（化药）在2个及以上品种的企业

单位：个

单位名称	申请数量	分类
新通药物	14	化药
合成制药	11	化药
西安力邦	5	化药
步长高新	5	化药
双润医药	4	化药
万隆制药	2	化药
量子高科	2	化药
大生制药	2	化药
汉丰药业	2	化药
吉泰医药	2	化药
西安利君	2	化药

资料来源：国家药品监督管理局药品审评中心。

截至目前，陕西医药A股上市的企业共55家，生物医药板块4家：延安必康、盘龙药业、金花股份、康惠制药。陕西新三板上市企业140家，生物医药板块8家：天一生物、合成药业、天然谷、岳达生物、阿房宫、佰美基因、小白兔、誉邦科技。

（三）打造“秦药”品牌，发展迈上中高端

近年来，陕西省先后出台一系列政策和举措支持医药产业发展，一方面鼓励利用现代技术支持新药研发；另一方面重视大品种和名优产品的二次开发，旨在打造一批保障质量、疗效确切、市场前景好、深受消费者青睐的好药。

1. 夯实原料药产业基础

国家鼓励企业生产仿制药并对其进行一致性评价，对药企质量和成本管控提出了更高要求。随着集中采购的扩面实施，仿制药用量不断上升，市场需求进一步加大，原料药作为行业的上游，必然要求提高质量。近期，工信部等四部门联合印发《推动原料药产业绿色发展的指导意见》，对原料药的

绿色生产、集中生产提出了更高要求。省内中小原料药企业中环保不达标、技术落后、质量管控不严格的将面临关停，前期环保投入充分的企业，将持续收益，提升市场占有率，原料药市场集中度有望得到进一步提升。

2. 鼓励发展生物医药

生物医药作为关系国计民生和社会稳定的战略性高技术产业，具有高技术、高投入、高风险、高收益、长周期的产业特征。大力发展生物医药产业，抢占生物医药领域的制高点，是发挥陕西省科技资源优势，提高科技创新能力，转变发展方式，调整产业结构，实现经济社会跨越发展的必然选择。

近年来，陕西不断加大生物医药前沿领域布局，加大在人才、创新、政策方面的支持力度，以市场化、产业化、集群化、国际化发展为方向，加快形成以杨凌生物医药生产基地为承载，以西安高新区关中研发生产基地为核心，陕南三市发展生物资源种植加工，分工合理的研发、种植、生产基地。争取全球资源向基地聚集，重点打造生物检测试剂、创新药物、现代中药和新型医疗器械四大项目工程。致力于打造一批具有自主知识产权的知名品牌，使陕西省生物医药产业成为增长速度快、质量效益好、带动效应强的战略性高技术产业。

3. 做大做强中药产业

近年来，国家大力提倡发展中医药，陕西中药产业经济效益日益凸显，呈现不断上升发展趋势，涌现出以步长制药为龙头，汇聚金花制药厂、西安正大、碑林药业、康惠制药、盘龙药业、摩美得气血和制药、幸福制药、世纪盛康药业等优秀企业的中药产业群。生产了如脑心通胶囊、金天格胶囊、平消片（胶囊）、金嗓系列品种、盘龙七片、气血和胶囊、热炎宁合剂等特色品种。

打造陕西现代化中药产业，要从以下方面重点把控。①从源头上把控中药质量，规范种植，加快推进中药材产业化发展；②支持企业技术改造、绿色生产，提升产品质量标准，与国际接轨；③重视大品种、名优产品的二次开发，运用现代科学技术，明确其药效物质基础、作用机制，开展临床再评价；④根据人们疾病谱的变化，开展中药新药的研发，加快科技成果的推广和利用，特别要加快治疗心血管、肿瘤、肝炎、骨质疏松、血液病、肾病、胃消化等疾病的中成药开发；⑤创新营销思维，做好销售工作；⑥重视知识产权、专利、中药品种保护，中药材的原生地保护，道地药材认证等工作；⑦借助“一带一路”的机遇和发展契机，加强与国外企业的交流与合作，壮大“秦药”产业，使“秦药”享誉全国，走出国门，参与国际竞争。

附　　录

Appendices

B.24
2019年化学原料药大类产量供应出口量分省区市情况

中国化学制药工业协会

表1　2019年1～12月化学原料药大类产量、供应出口量区省区市情况（一）

单位：吨

省区市名称	原料药合计		24大类合计		抗感染药物		解热镇痛药物		维生素类及矿物质类药物	
	产量	出口量	产量	出口量	产量	出口量	产量	出口量	产量	出口量
全部合计	1348259	413144	649502	283010	91733	28450	102313	40665	218101	127423
北京市	450	258	450	258	280	214	0	0	13	13
天津市	4571	290	4571	290	5	0	22	0	7	7
河北省	486597	158327	121831	78025	12290	4414	21522	11327	75737	53193
山西省	10538	2897	10538	2897	9718	2897	21	0	70	0
内蒙古自治区	20000	2004	20000	2004	18026	2002	0	0	1859	0
辽宁省	21267	13539	21267	13539	2379	388	0	0	11105	9735
吉林省	3872	1926	3872	1926	487	0	1817	881	0	0

续表

省区市名称	原料药合计		24 大类合计		抗感染药物		解热镇痛药物		维生素类及矿物质类药物	
	产量	出口量	产量	出口量	产量	出口量	产量	出口量	产量	出口量
黑龙江省	1059	0	1059	0	504	0	0	0	0	0
上海市	8282	2117	8282	2117	1167	305	0	0	0	0
江苏省	32174	18549	32174	18549	3492	1691	22	0	17762	14981
浙江省	114550	45543	114550	45543	11863	3987	15695	1853	36979	10437
安徽省	60225	2887	60225	2887	798	105	7153	0	9349	0
福建省	480	235	480	235	384	235	0	0	0	0
江西省	16563	6107	16563	6107	1200	213	0	0	8748	5236
山东省	493678	120170	160108	70337	12063	3831	49150	22214	53415	32048
河南省	3701	614	3701	614	3240	564	23	0	0	0
湖北省	42223	30751	42223	30751	4266	1701	6836	4390	2865	1623
湖南省	11172	342	11172	342	0	0	0	0	0	0
广东省	6843	5164	6843	5164	5033	5137	23	0	0	0
广西壮族自治区	1231	186	810	186	302	18	7	0	25	0
海南省	0	0	0	0	0	0	0	0	0	0
重庆市	598	133	598	133	337	121	0	0	0	0
四川省	5346	972	5346	972	1298	562	21	0	167	149
贵州省	0	0	0	0	0	0	0	0	0	0
云南省	92	0	92	0	1	0	0	0	0	0
西藏自治区	0	0	0	0	0	0	0	0	0	0
陕西省	230	133	230	133	148	65	1	0	0	0
甘肃省	2451	0	2451	0	2451	0	0	0	0	0
青海省	67	0	67	0	0	0	0	0	0	0
宁夏回族自治区	0	0	0	0	0	0	0	0	0	0
新疆维吾尔自治区	0	0	0	0	0	0	0	0	0	0

表 2　2019 年 1～12 月化学原料药大类产量、供应出口量分省区市情况（二）

单位：吨

省区市名称	抗寄生虫病药		计划生育及激素类药物		抗肿瘤类药物		心血管系统类药物		呼吸系统类药物	
	产量	出口量	产量	出口量	产量	出口量	产量	出口量	产量	出口量
全部合计	3082	876	10736	5473	302	79	7117	3041	2547	442
北京市	0	0	0	0	0	0	114	31	0	0
天津市	0	0	166	55	0	0	3	0	0	0
河北省	0	0	113	15	0	0	5	0	620	105
山西省	364	0	0	0	0	0	12	0	38	0
内蒙古自治区	0	0	0	0	0	0	6	0	22	2
辽宁省	0	0	0	0	2	0	5	0	12	0
吉林省	0	0	0	0	0	0	0	0	288	93
黑龙江省	0	0	0	0	0	0	47	0	416	0
上海市	53	0	3	0	86	17	398	0	17	0
江苏省	34	9	56	9	83	6	437	68	15	3
浙江省	358	57	443	325	47	2	4355	2726	82	0
安徽省	781	113	0	0	3	0	379	0	0	0
福建省	0	0	0	0	0	0	0	0	0	0
江西省	0	0	0	0	0	0	52	0	0	0
山东省	0	0	9601	5006	81	54	192	19	891	240
河南省	0	0	1	0	0	0	119	4	19	0
湖北省	723	374	68	58	0	0	1	0	0	0
湖南省	188	75	20	6	0	0	226	20	23	0
广东省	17	0	112	0	0	0	127	23	47	0
广西壮族自治区	375	168	0	0	0	0	0	0	32	0
海南省	0	0	0	0	0	0	0	0	0	0
重庆市	55	2	1	0	0	0	0	0	0	0
四川省	70	10	145	0	1	0	560	149	19	0
贵州省	0	0	0	0	0	0	0	0	0	0
云南省	2	0	7	0	0	0	59	0	0	0
西藏自治区	0	0	0	0	0	0	0	0	0	0
陕西省	60	69	0	0	0	0	22	0	0	0

续表

省区市名称	抗寄生虫病药		计划生育及激素类药物		抗肿瘤类药物		心血管系统类药物		呼吸系统类药物	
	产量	出口量	产量	出口量	产量	出口量	产量	出口量	产量	出口量
甘肃省	0	0	0	0	0	0	0	0	0	0
青海省	0	0	0	0	0	0	0	0	4	0
宁夏回族自治区	0	0	0	0	0	0	0	0	0	0
新疆维吾尔自治区	0	0	0	0	0	0	0	0	0	0

表3　2019年1~12月化学原料药大类产量、供应出口量分省区市情况（三）

单位：吨

省区市名称	中枢神经系统类药物		消化系统类药物		泌尿系统类药物		血液系统类药物		调节水、电解质及酸碱平衡类药物	
	产量	出口量	产量	出口量	产量	出口量	产量	出口量	产量	出口量
全部合计	22491	16706	49993	29218	12727	273	2783	379	9431	3103
北京市	0	0	2	0	0	0	0	0	0	0
天津市	0	0	0	0	53	15	0	0	0	0
河北省	11379	8965	1	0	13	7	152	0	0	0
山西省	30	0	253	0	0	0	0	0	0	0
内蒙古自治区	0	0	0	0	0	0	87	0	0	0
辽宁省	2287	1405	2934	2011	2	0	1	0	3	0
吉林省	1259	939	0	0	21	13	0	0	0	0
黑龙江省	0	0	81	0	0	0	0	0	0	0
上海市	26	1	636	4	0	0	100	3	0	0
江苏省	540	63	511	0	275	129	19	9	342	35
浙江省	564	929	3272	843	118	87	53	5	4476	2734
安徽省	0	0	922	922	0	0	422	117	305	0
福建省	0	0	15	0	0	0	0	0	0	0
江西省	1166	176	289	147	0	0	0	0	2712	334
山东省	4894	4219	4967	2539	12245	23	427	0	3	0
河南省	156	0	74	46	0	0	52	0	0	0
湖北省	11	0	27453	22604	0	0	0	0	0	0
湖南省	58	0	7174	0	0	0	1390	241	508	0

续表

省区市名称	中枢神经系统类药物		消化系统类药物		泌尿系统类药物		血液系统类药物		调节水、电解质及酸碱平衡类药物	
	产量	出口量	产量	出口量	产量	出口量	产量	出口量	产量	出口量
广东省	0	0	31	0	0	0	8	3	0	0
广西壮族自治区	11	0	58	1	0	0	0	0	0	0
海南省	0	0	0	0	0	0	0	0	0	0
重庆市	61	9	5	0	0	0	32	1	0	0
四川省	27	0	1315	102	0	0	41	0	1081	0
贵州省	0	0	0	0	0	0	0	0	0	0
云南省	23	0	0	0	0	0	0	0	0	0
西藏自治区	0	0	0	0	0	0	0	0	0	0
陕西省	0	0	0	0	0	0	0	0	0	0
甘肃省	0	0	0	0	0	0	0	0	0	0
青海省	0	0	0	0	0	0	0	0	0	0
宁夏回族自治区	0	0	0	0	0	0	0	0	0	0
新疆维吾尔自治区	0	0	0	0	0	0	0	0	0	0

表 4　2019 年 1～12 月化学原料药大类产量、供应出口量分省区市情况（四）

单位：吨

省区市名称	麻醉类及其辅助类药物		抗组织胺及解毒类药物		酶及其他生化类药物		消毒防腐及创伤外科类药物		五官科类药物	
	产量	出口量	产量	出口量	产量	出口量	产量	出口量	产量	出口量
全部合计	749	240	221	4	31922	3451	3200	0	46	0
北京市	0	0	0	0	0	0	0	0	0	0
天津市	0	0	0	0	2216	213	2099	0	0	0
河北省	0	0	0	0	0	0	0	0	0	0
山西省	32	0	0	0	0	0	0	0	0	0
内蒙古自治区	0	0	0	0	0	0	0	0	0	0
辽宁省	3	0	5	0	0	0	187	0	0	0

续表

省区市名称	麻醉类及其辅助类药物		抗组织胺及解毒类药物		酶及其他生化类药物		消毒防腐及创伤外科类药物		五官科类药物	
	产量	出口量	产量	出口量	产量	出口量	产量	出口量	产量	出口量
吉林省	0	0	0	0	0	0	0	0	0	0
黑龙江省	0	0	0	0	3	0	0	0	0	0
上海市	1	0	119	0	4278	1788	0	0	0	0
江苏省	563	96	8	1	4030	1450	130	0	36	0
浙江省	1	1	6	2	0	0	0	0	0	0
安徽省	0	0	0	0	20319	0	0	0	0	0
福建省	0	0	0	0	0	0	81	0	0	0
江西省	0	0	1	0	875	0	0	0	0	0
山东省	112	143	1	0	93	0	353	0	0	0
河南省	0	0	18	0	0	0	0	0	0	0
湖北省	0	0	0	0	0	0	0	0	0	0
湖南省	0	0	3	0	0	0	228	0	10	0
广东省	0	0	0	0	0	0	0	0	0	0
广西壮族自治区	0	0	0	0	0	0	0	0	0	0
海南省	0	0	0	0	0	0	0	0	0	0
重庆市	37	0	58	0	0	0	0	0	0	0
四川省	1	0	3	0	108	0	121	0	0	0
贵州省	0	0	0	0	0	0	0	0	0	0
云南省	0	0	0	0	0	0	0	0	0	0
西藏自治区	0	0	0	0	0	0	0	0	0	0
陕西省	0	0	0	0	0	0	0	0	0	0
甘肃省	0	0	0	0	0	0	0	0	0	0
青海省	0	0	0	0	0	0	0	0	0	0
宁夏回族自治区	0	0	0	0	0	0	0	0	0	0
新疆维吾尔自治区	0	0	0	0	0	0	0	0	0	0

表 5　2019 年 1～12 月化学原料药大类产量、供应出口量分省区市情况（五）

单位：吨

省区市名称	皮肤科类药物		诊断类药物		滋补营养类药物		制剂用辅料及附加剂类		其他化学原料药类		单列品种合计	
	产量	出口量	产量	出口量	产量	出口量	产量	出口量	产量	出口量	产量	出口量
全部合计	48	3	4155	452	47321	21100	28378	1630	104	0	698757	130134
北京市	0	0	0	0	0	0	0	0	40	0	0	0
天津市	0	0	0	0	0	0	0	0	0	0	0	0
河北省	0	0	0	0	0	0	0	0	0	0	364766	80301
山西省	0	0	0	0	0	0	0	0	0	0	0	0
内蒙古自治区	0	0	0	0	0	0	0	0	0	0	0	0
辽宁省	0	0	0	0	0	0	2342	0	0	0	0	0
吉林省	0	0	0	0	0	0	0	0	0	0	0	0
黑龙江省	8	0	0	0	0	0	0	0	0	0	0	0
上海市	0	0	17	0	0	0	1380	0	0	0	0	0
江苏省	14	0	3288	0	514	0	0	0	0	0	0	0
浙江省	15	3	850	452	34718	21100	655	0	0	0	0	0
安徽省	0	0	0	0	91	0	19703	1630	0	0	0	0
福建省	0	0	0	0	0	0	0	0	0	0	0	0
江西省	0	0	0	0	0	0	1521	0	0	0	0	0
山东省	0	0	0	0	11619	0	0	0	0	0	333570	49833
河南省	0	0	0	0	0	0	0	0	0	0	0	0
湖北省	0	0	0	0	0	0	0	0	0	0	0	0
湖南省	0	0	0	0	12	0	1332	0	0	0	0	0
广东省	0	0	0	0	0	0	1444	0	0	0	0	0
广西壮族自治区	0	0	0	0	0	0	0	0	0	0	421	0
海南省	0	0	0	0	0	0	0	0	0	0	0	0
重庆市	11	0	0	0	0	0	0	0	0	0	0	0
四川省	0	0	0	0	367	0	0	0	0	0	0	0
贵州省	0	0	0	0	0	0	0	0	0	0	0	0
云南省	0	0	0	0	0	0	0	0	0	0	0	0
西藏自治区	0	0	0	0	0	0	0	0	0	0	0	0
陕西省	0	0	0	0	0	0	0	0	0	0	0	0

续表

省区市名称	皮肤科类药物		诊断类药物		滋补营养类药物		制剂用辅料及附加剂类		其他化学原料药类		单列品种合计	
	产量	出口量	产量	出口量	产量	出口量	产量	出口量	产量	出口量	产量	出口量
甘肃省	0	0	0	0	0	0	0	0	0	0	0	0
青海省	0	0	0	0	0	0	0	0	63	0	0	0
宁夏回族自治区	0	0	0	0	0	0	0	0	0	0	0	0
新疆维吾尔自治区	0	0	0	0	0	0	0	0	0	0	0	0

B.25

2019年化学药制剂重点剂型产量分省区市生产情况分析

中国化学制药工业协会

单位：万瓶（支、片、粒、袋）

省区市	粉针(包括冻干粉针)剂	注射液	片剂	其中:缓释、控释片	输液	胶囊剂	滴剂	颗粒剂
全部合计	1338000	2767243	36517877	1996946	1651902	11991600	456477	1741789
北京	77822	45160	3139516	277248	10675	605349	390	90038
天津	4618	55643	1002142	76252	2812	165696	7760	1395
河北	163890	144412	2015053	46162	222323	1077161	61979	330845
山西	24981	25073	2318981	113235	215	293764	0	34334
内蒙古	398	441	9513	0	310	0	0	0
辽宁	47573	22192	1375579	14606	14489	285236	77	28381
吉林	9963	23119	842507	300	11497	1007253	0	80632
黑龙江	53092	11522	754494	1993	25002	478665	258	75510
上海	33619	100850	2240409	121258	24833	605512	334	9473
江苏	75922	126886	3264889	325930	59733	578424	7850	14773
浙江	29838	42458	2266037	95509	97186	725026	4783	44832
安徽	26252	21038	98430	39840	146664	53272	909	3428
福建	3996	12161	293603	12994	14493	183430	159232	506
江西	4320	60059	1359779	0	29797	202888	2837	196207
山东	314607	727020	3768309	566439	450531	1252245	205138	239340
河南	108713	663177	2638036	36590	41693	712071	0	106435
湖北	28180	271228	1687217	2683	7045	129612	0	40817
湖南	49632	24241	582614	28102	68688	548674	0	77305
广东	164666	52712	1373494	118520	33434	721192	168	116243

续表

省区市	粉针(包括冻干粉针)剂	注射液	片剂	其中:缓释、控释片	输液	胶囊剂	滴剂	颗粒剂
广西	13722	6583	504080	0	23532	101662	0	7520
重庆	44729	58508	1064112	46236	22999	727005	331	35386
四川	41826	78062	1984795	36549	205039	1299455	3563	144730
贵州	0	49967	298443	2948	66095	38117	0	17036
云南	10956	119767	325390	9252	40820	94573	509	24376
陕西	4106	19239	905602	18754	24086	85071	0	20248
甘肃	335	5355	184125	0	4978	8506	0	1418
青海	0	302	107026	0	0	0	0	0
宁夏	247	64	8436	5546	115	11740	360	0
新疆	0	0	105268	0	2817	0	0	585

B.26

2019年中国化学制药工业优秀企业和优秀产品品牌榜

中国化学制药工业协会　中国医药商业协会　中国非处方药物协会
中国疫苗行业协会　国药励展展览有限公司

表 1　2019 年中国医药行业企业集团十强

序号	企业名称
1	中国医药集团有限公司
2	华润医药控股有限公司
3	上海医药集团股份有限公司
4	扬子江药业集团有限公司
5	中国远大集团有限责任公司
6	四川科伦实业集团有限公司
7	石药控股集团有限公司
8	上海复星医药(集团)股份有限公司
9	天津市医药集团有限公司
10	山东齐鲁制药集团有限公司

表 2　2019 年中国化学制药行业工业企业综合实力百强

序号	企业名称
1	扬子江药业集团有限公司
2	上海医药集团股份有限公司(制药工业)
3	上海复星医药产业发展有限公司
4	江苏恒瑞医药股份有限公司
5	四川科伦药业股份有限公司
6	正大天晴药业集团股份有限公司
7	齐鲁制药有限公司
8	鲁南制药集团股份有限公司
9	上海现代制药股份有限公司
10	江苏豪森药业集团有限公司

续表

序号	企业名称
11	浙江海正药业股份有限公司
12	瑞阳制药有限公司
13	华北制药股份有限公司
14	华润双鹤药业股份有限公司
15	丽珠医药集团股份有限公司
16	阿斯利康制药有限公司
17	西安杨森制药有限公司
18	珠海联邦制药股份有限公司
19	重庆药友制药有限责任公司
20	费森尤斯卡比(中国)投资有限公司
21	江苏先声药业有限公司
22	石家庄四药有限公司
23	国药集团威奇达药业有限公司
24	鲁南贝特制药有限公司
25	山东新华制药股份有限公司
26	宜昌人福药业有限责任公司
27	江苏万邦生化医药集团有限责任公司
28	远大医药(中国)有限公司
29	京新控股集团有限公司
30	哈尔滨誉衡药业股份有限公司
31	山东新时代药业有限公司
32	北京泰德制药股份有限公司
33	瀚晖制药有限公司
34	天津金耀集团有限公司
35	辰欣药业股份有限公司
36	江苏奥赛康药业有限公司
37	天津红日药业股份有限公司
38	费森尤斯卡比华瑞制药有限公司
39	海思科医药集团股份有限公司
40	南京正大天晴制药有限公司
41	成都康弘药业集团股份有限公司
42	迪沙药业集团有限公司
43	浙江仙琚制药股份有限公司
44	吉林四环制药有限公司

续表

序号	企业名称
45	悦康药业集团股份有限公司
46	山东鲁抗医药股份有限公司
47	山东齐都药业有限公司
48	国邦医药化工集团有限公司
49	亚宝药业集团股份有限公司
50	卫材(中国)药业有限公司
51	北京嘉林药业股份有限公司
52	齐鲁安替制药有限公司
53	天方药业有限公司
54	中美天津史克制药有限公司
55	常州四药制药有限公司
56	成都天台山制药有限公司
57	重庆莱美药业股份有限公司
58	江苏天士力帝益药业有限公司
59	浙江九洲药业股份有限公司
60	施慧达药业集团(吉林)有限公司
61	凯莱英医药集团(天津)股份有限公司
62	华润赛科药业有限责任公司
63	齐鲁制药(海南)有限公司
64	国药集团致君(深圳)制药有限公司
65	苏州东瑞制药有限公司
66	锦州奥鸿药业有限责任公司
67	北京四环制药有限公司
68	苏州二叶制药有限公司
69	常州制药厂有限公司
70	海口市制药厂有限公司
71	哈药集团三精制药有限公司
72	扬子江药业集团南京海陵药业有限公司
73	青岛黄海制药有限责任公司
74	江苏正大丰海制药有限公司
75	华仁药业股份有限公司
76	深圳立健药业有限公司
77	华北制药河北华民药业有限责任公司
78	合肥立方制药股份有限公司

续表

序号	企业名称
79	扬子江药业集团广州海瑞药业有限公司
80	中国大冢制药有限公司
81	住友制药(苏州)有限公司
82	北京康辰药业股份有限公司
83	桂林南药股份有限公司
84	参天制药(中国)有限公司
85	蓬莱诺康药业有限公司
86	齐鲁安替(临邑)制药有限公司
87	正大制药(青岛)有限公司
88	广东利泰制药股份有限公司
89	江苏吴中医药集团有限公司
90	昆明积大制药股份有限公司
91	扬子江药业集团北京海燕药业有限公司
92	山东达因海洋生物制药股份有限公司
93	天津武田药品有限公司
94	天津力生制药股份有限公司
95	利君制药有限责任公司
96	重庆科瑞制药(集团)有限公司
97	武汉人福药业有限责任公司
98	昆明贝克诺顿制药有限公司
99	吉林省博大制药股份有限公司
100	安士制药(中山)有限公司

表3　2019年中国化学制药行业创新型优秀企业品牌

序号	企业名称
1	江苏恒瑞医药股份有限公司
2	四川科伦药业股份有限公司
3	石药控股集团有限公司
4	齐鲁制药有限公司
5	正大天晴药业集团股份有限公司
6	江苏豪森药业集团有限公司
7	浙江海正药业股份有限公司
8	江苏万邦生化医药集团有限责任公司
9	北京泰德制药股份有限公司

续表

序号	企业名称
10	辰欣药业股份有限公司
11	浙江京新药业股份有限公司
12	海思科医药集团股份有限公司
13	南京正大天晴制药有限公司
14	齐鲁制药(海南)有限公司
15	亚宝药业集团股份有限公司
16	昆明积大制药股份有限公司
17	江苏天士力帝益药业有限公司
18	扬子江药业集团广州海瑞药业有限公司
19	常州制药厂有限公司
20	四川国为制药有限公司

表 4　2019 年中国化学制药行业成长型优秀企业品牌

序号	企业名称
1	海南通用三洋药业有限公司
2	武汉人福药业有限责任公司
3	自贡鸿鹤制药有限责任公司
4	国药控股星鲨制药(厦门)有限公司
5	北京四环制药有限公司
6	锦州奥鸿药业有限责任公司
7	凯莱英医药集团(天津)股份有限公司
8	海口市制药厂有限公司
9	扬子江药业集团南京海陵药业有限公司

表 5　2019 年中国化学制药行业制剂出口型优秀企业品牌

序号	企业名称
1	瑞阳制药有限公司
2	桂林南药股份有限公司
3	浙江海正药业股份有限公司
4	华北制药股份有限公司
5	人福普克药业(武汉)有限公司
6	石家庄四药有限公司
7	四川科伦药业股份有限公司

续表

序号	企业名称
8	山东新华制药股份有限公司
9	浙江京新药业股份有限公司
10	国药集团致君(深圳)制药有限公司
11	深圳立健药业有限公司
12	远大医药(中国)有限公司
13	江苏豪森药业集团有限公司

表6　2019年中国化学制药行业原料药出口型优秀企业品牌

序号	企业名称
1	石药控股集团有限公司
2	珠海联邦制药股份有限公司
3	山东新华制药股份有限公司
4	国药集团威奇达药业有限公司
5	浙江九洲药业股份有限公司
6	上海医药集团股份有限公司
7	国邦医药化工集团有限公司
8	丽珠医药集团股份有限公司
9	远大医药(中国)有限公司
10	华北制药股份有限公司
11	浙江海正药业股份有限公司
12	山东鲁抗医药股份有限公司
13	四川科伦药业股份有限公司
14	天津金耀集团有限公司
15	山东新时代药业有限公司
16	齐鲁安替制药有限公司
17	齐鲁安替(临邑)制药有限公司
18	陕西汉江药业集团股份有限公司
19	常州制药厂有限公司
20	武汉远大弘元股份有限公司

表7　2019年中国化学制药行业药用辅料优秀企业品牌

序号	企业名称
1	安徽山河药用辅料股份有限公司
2	湖南尔康制药股份有限公司
3	湖州展望药业有限公司
4	曲阜市药用辅料有限公司
5	泰安瑞泰纤维素有限公司
6	曲阜市天利药用辅料有限公司
7	河南正弘药用辅料有限公司

表8　2019年中国化学制药行业两化融合推进优秀企业品牌

序号	企业名称
1	江苏豪森药业集团有限公司
2	扬子江药业集团北京海燕药业有限公司
3	上海医药集团股份有限公司
4	亚宝药业集团股份有限公司
5	江苏万邦生化医药集团有限责任公司
6	天津红日药业股份有限公司
7	石家庄四药有限公司
8	江苏天士力帝益药业有限公司
9	四川科伦药业股份有限公司
10	扬子江药业集团有限公司
11	浙江海正药业股份有限公司
12	山东鲁抗医药股份有限公司
13	华仁药业股份有限公司
14	海思科医药集团股份有限公司
15	广东利泰制药股份有限公司
16	远大医药(中国)有限公司
17	山东齐都药业有限公司

表9　2019年中国化学制药行业原研药、专利药优秀产品品牌

序号	企业名称	产品名称	商品名(商标名)
1	施慧达药业集团(吉林)有限公司	苯磺酸左旋氨氯地平片	施慧达
2	石药控股集团有限公司	丁苯酞软胶囊	恩必普
3	正大天晴药业集团股份有限公司	异甘草酸镁注射液	天晴甘美

续表

序号	企业名称	产品名称	商品名(商标名)
4	住友制药(苏州)有限公司	注射用美罗培南	美平
5	成都康弘药业集团股份有限公司	康柏西普眼用注射液	朗沐
6	正大天晴药业集团股份有限公司	盐酸安罗替尼胶囊	福可维
7	中美天津史克制药有限公司	布洛芬缓释胶囊	芬必得
8	中美天津史克制药有限公司	莫匹罗星软膏	百多邦
9	卫材(中国)药业有限公司	盐酸多奈哌齐片	安理申
10	重庆莱美药业股份有限公司	纳米炭混悬注射液	卡纳琳
11	阿斯利康制药有限公司	沙格列汀片	安立泽
12	中美天津史克制药有限公司	丙酸氟替卡松鼻喷雾剂	辅舒良
13	瀚晖制药有限公司	氨氯地平阿托伐他汀钙片	多达一
14	重庆莱美药业股份有限公司	艾司奥美拉唑肠溶胶囊	莱美舒
15	澳诺(中国)制药有限公司	葡萄糖酸钙锌口服溶液	金辛金丐特
16	桂林南药股份有限公司	注射用青蒿琥酯	Artesun
17	昆明贝克诺顿制药有限公司	阿法骨化醇软胶囊	阿法迪三
18	江苏恒瑞医药股份有限公司	马来酸吡咯替尼片	艾瑞妮
19	天津武田药品有限公司	伏格列波糖片	倍欣
20	中美天津史克制药有限公司	阿苯达唑片	史克肠虫清
21	桂林南药股份有限公司	磺胺多辛乙胺嘧啶分散片+盐酸阿莫地喹分散片	SPAQ-CO
22	江苏恒瑞医药股份有限公司	硫培非格司亭注射液	艾多
23	山西皇城相府药业股份有限公司	氨酚伪麻那敏分散片(Ⅲ)	爱得尔贝

表10　2019年中国化学制药行业OTC优秀产品品牌

序号	企业名称	产品名称	商品名(商标名)
1	惠氏制药有限公司	碳酸钙D3片	钙尔奇
2	中美天津史克制药有限公司	布洛芬缓释胶囊	芬必得
3	仁和(集团)发展有限公司	小儿氨酚烷胺颗粒	优卡丹
4	山东达因海洋生物制药股份有限公司	维生素AD滴剂(胶囊型)	伊可新
5	仁和(集团)发展有限公司	萘敏维滴眼液	闪亮
6	仁和(集团)发展有限公司	复方氨酚烷胺胶囊	仁和可立克
7	中美天津史克制药有限公司	莫匹罗星软膏	百多邦
8	上海医药集团股份有限公司	双歧杆菌三联活菌胶囊	培菲康
9	拜耳医药保健有限公司	铝碳酸镁片	达喜

续表

序号	企业名称	产品名称	商品名(商标名)
10	惠氏制药有限公司	多维元素片	善存
11	山东新时代药业有限公司	奥利司他胶囊	舒尔佳
12	中美天津史克制药有限公司	丙酸氟替卡松鼻喷雾剂	辅舒良
13	哈药集团三精制药有限公司	葡萄糖酸钙口服溶液	三精牌
14	澳诺(中国)制药有限公司	葡萄糖酸钙锌口服溶液	金辛金丐特
15	国药控股星鲨制药(厦门)有限公司	维生素 D 滴剂	日日高
16	中美天津史克制药有限公司	双氯芬酸二乙胺乳胶剂	扶他林
17	安士制药(中山)有限公司	维 D 钙咀嚼片	迪巧
18	哈药集团三精制药有限公司	葡萄糖酸锌口服溶液	三精牌
19	浙江莎普爱思药业股份有限公司	苄达赖氨酸滴眼液	莎普爱思
20	华润三九医药股份有限公司	复方醋酸地塞米松乳膏	999 皮炎平
21	西安杨森制药有限公司	硝酸咪康唑乳膏	达克宁
22	华润三九医药股份有限公司	小儿氨氛黄那敏颗粒	999
23	华润紫竹药业有限公司	左炔诺孕酮片	金毓婷
24	中美天津史克制药有限公司	阿苯达唑片	史克肠虫清
25	中美天津史克制药有限公司	氨麻美敏片(Ⅱ)	新康泰克
26	亚宝药业集团股份有限公司	葡萄糖酸钙口服液	丁桂、金色童年
27	山西皇城相府药业股份有限公司	氨酚伪麻那敏分散片(Ⅲ)	爱德尔贝

表 11　2019 年中国化学制药行业生物生化制品优秀产品品牌

序号	企业名称	产品名称	商品名(商标名)
1	甘李药业股份有限公司	重组甘精胰岛素注射液	长秀霖
2	长春金赛药业股份有限公司	重组人生长激素注射液	赛增
3	齐鲁制药有限公司	聚乙二醇化重组人粒细胞刺激因子注射液	新瑞白
4	成都康弘药业集团股份有限公司	康柏西普眼用注射液	朗沐
5	上海医药集团股份有限公司	注射用乌司他丁	天普洛安
6	齐鲁制药有限公司	重组人粒细胞刺激因子注射液	瑞白
7	石药控股集团有限公司	聚乙二醇化重组人粒细胞刺激因子注射液	津优力
8	珠海联邦制药股份有限公司	重组人胰岛素注射液	优思灵 USLINR
9	齐鲁制药有限公司	重组人白介素－11 注射液	巨和粒
10	上海医药集团股份有限公司	双歧杆菌三联活菌胶囊	培菲康

续表

序号	企业名称	产品名称	商品名(商标名)
11	江苏万邦生化医药集团有限责任公司	注射用重组人促红素(CHO细胞)	怡宝
12	上海医药集团股份有限公司	注射用糜蛋白酶	
13	上海医药集团股份有限公司	注射用尤瑞克林	凯力康
14	长春金赛药业股份有限公司	注射用重组人生长激素	赛增
15	长春金赛药业股份有限公司	聚乙二醇重组人生长激素注射液	金赛增
16	珠海联邦制药股份有限公司	甘精胰岛素注射液	联邦优乐灵 USLEN

表12　2019年中国化学制药行业抗肿瘤和免疫调节剂类优秀产品品牌

序号	企业名称	产品名称	商品名(商标名)
1	山东新时代药业有限公司	替吉奥胶囊	维康达
2	江苏恒瑞医药股份有限公司	多西他赛注射液	艾素
3	江苏豪森药业集团有限公司	注射用培美曲塞二钠	普来乐
4	江苏先声药业有限公司	重组人血管内皮抑制素注射液	恩度
5	江苏豪森药业集团有限公司	注射用盐酸吉西他滨	泽菲
6	石药控股集团有限公司	盐酸多柔比星脂质体注射液	多美素
7	正大天晴药业集团股份有限公司	盐酸安罗替尼胶囊	福可维
8	齐鲁制药有限公司	注射用培美曲塞二钠	赛珍
9	西安杨森制药有限公司	注射用硼替佐米	万珂
10	江苏恒瑞医药股份有限公司	注射用盐酸伊立替康	艾力
11	江苏天士力帝益药业有限公司	替莫唑胺胶囊	蒂清
12	齐鲁制药(海南)有限公司	吉非替尼片	伊瑞可
13	江苏恒瑞医药股份有限公司	来曲唑片	芙瑞
14	西安杨森制药有限公司	醋酸阿比特龙片	泽珂
15	石药控股集团有限公司	聚乙二醇化重组人粒细胞刺激因子注射液	津优力
16	江苏恒瑞医药股份有限公司	注射用奥沙利铂	艾恒
17	南京正大天晴制药有限公司	注射用雷替曲塞	赛维健
18	齐鲁制药有限公司	替吉奥胶囊	苏立
19	江苏豪森药业集团有限公司	注射用硼替佐米	昕泰
20	齐鲁制药(海南)有限公司	盐酸帕洛诺司琼注射液	欧赛

续表

序号	企业名称	产品名称	商品名(商标名)
21	瑞阳制药有限公司	注射用盐酸托烷司琼	尤明
22	江苏恒瑞医药股份有限公司	卡培他滨片	艾滨
23	江苏豪森药业集团有限公司	甲磺酸伊马替尼片	昕维
24	齐鲁制药有限公司	卡培他滨片	卓仑
25	江苏恒瑞医药股份有限公司	培门冬酶注射液	艾阳
26	上海医药集团股份有限公司	沙利度胺片	反映亭
27	上海医药集团股份有限公司	甲氨蝶呤片	
28	江苏吴中医药集团有限公司	匹多莫德口服溶液	芙露饮
29	正大天晴药业集团股份有限公司	注射用硼替佐米	千平
30	山东良福制药有限公司	维 A 酸片	艾力可
31	正大天晴药业集团股份有限公司	盐酸帕洛诺司琼胶囊	若善
32	瀚晖制药有限公司	注射用丝裂霉素	

表 13　2019 年中国化学制药行业调血脂类优秀产品品牌

序号	企业名称	产品名称	商品名(商标名)
1	北京嘉林药业股份有限公司	阿托伐他汀钙片	阿乐
2	鲁南贝特制药有限公司	瑞舒伐他汀钙片	瑞旨
3	天方药业有限公司	阿托伐他汀钙胶囊	尤佳
4	南京正大天晴制药有限公司	瑞舒伐他汀钙片	托妥
5	浙江京新药业股份有限公司	瑞舒伐他汀钙片	京诺
6	华润双鹤药业股份有限公司	匹伐他汀钙片	冠爽
7	江苏先声药业有限公司	瑞舒伐他汀钙片	舒夫坦
8	江苏万邦生化医药集团有限责任公司	匹伐他汀钙片	邦之
9	鲁南贝特制药有限公司	瑞舒伐他汀钙胶囊	瑞旨
10	鲁南贝特制药有限公司	阿昔莫司胶囊	益平
11	齐鲁制药有限公司	普罗布考片	之乐
12	山东鲁抗医药股份有限公司	辛伐他汀胶囊	幸露

表 14　2019 年中国化学制药行业降血压类优秀产品品牌

序号	企业名称	产品名称	商品名(商标名)
1	施慧达药业集团(吉林)有限公司	苯磺酸左旋氨氯地平片	施慧达
2	石药控股集团有限公司	马来酸左旋氨氯地平片	玄宁
3	扬子江药业集团上海海尼药业有限公司	苯磺酸氨氯地平片	兰迪

续表

序号	企业名称	产品名称	商品名(商标名)
4	青岛黄海制药有限责任公司	硝苯地平缓释片(Ⅱ)	伲福达
5	上海现代制药股份有限公司	硝苯地平控释片	欣然
6	南京正大天晴制药有限公司	厄贝沙坦氢氯噻嗪片	依伦平
7	扬子江药业集团有限公司	马来酸依那普利片	依苏
8	华润赛科药业有限责任公司	苯磺酸氨氯地平片	压氏达
9	迪沙药业集团有限公司	坎地沙坦酯片	迪之雅
10	天津力生制药股份有限公司	吲达帕胺片	寿比山
11	瀚晖制药有限公司	氨氯地平阿托伐他汀钙片	多达一
12	苏州东瑞制药有限公司	苯磺酸氨氯地平片	安内真
13	常州四药制药有限公司	非洛地平缓释片	波啡克
14	迪沙药业集团有限公司	硝苯地平缓释片(Ⅱ)	
15	华润赛科药业有限责任公司	缬沙坦胶囊	穗悦
16	上海现代制药股份有限公司	马来酸依那普利片	现代
17	华润双鹤药业股份有限公司	硝苯地平缓释片(Ⅱ)	贝奇灵
18	南京正大天晴制药有限公司	奥美沙坦酯片	希佳
19	常州制药厂有限公司	复方利血平片	福降
20	常州制药厂有限公司	卡托普利片	常药
21	国药集团工业有限公司	吲达帕胺片	
22	利君制药有限责任公司	盐酸乌拉地尔注射液	利喜定

表 15　2019 年中国化学制药行业心脑血管类优秀产品品牌

序号	企业名称	产品名称	商品名(商标名)
1	石药控股集团有限公司	丁苯酞软胶囊	恩必普
2	石药控股集团有限公司	丁苯酞氯化钠注射液	恩必普
3	上海医药集团股份有限公司	丹参酮ⅡA磺酸钠注射液	诺新康
4	上海医药集团股份有限公司	注射用二丁酰环磷腺苷钙	力素
5	北京泰德制药股份有限公司	前列地尔注射液	凯时
6	鲁南贝特制药有限公司	单硝酸异山梨酯片	欣康
7	齐鲁制药有限公司	胞磷胆碱钠胶囊	思考林
8	鲁南贝特制药有限公司	乳酸米力农注射液	鲁南力康
9	瑞阳制药有限公司	注射用环磷腺苷葡胺	尤力
10	瑞阳制药有限公司	注射用葛根素	麦普宁
11	鲁南贝特制药有限公司	单硝酸异山梨酯缓释片	欣康
12	华润双鹤药业股份有限公司	胞磷胆碱钠片	诺百益

续表

序号	企业名称	产品名称	商品名(商标名)
13	齐鲁制药有限公司	艾地苯醌片	申维
14	瑞阳制药有限公司	盐酸曲美他嗪片	根克通
15	上海医药集团股份有限公司	地高辛片	
16	哈药集团生物工程有限公司	前列地尔注射液	曼新妥
17	鲁南贝特制药有限公司	单硝酸异山梨酯分散片	欣康

表 16　2019 年中国化学制药行业抗感染类优秀产品品牌

序号	企业名称	产品名称	商品名(商标名)
1	正大天晴药业集团股份有限公司	恩替卡韦分散片	润众
2	瑞阳制药有限公司	注射用美洛西林钠舒巴坦钠	开林
3	华北制药股份有限公司	注射用阿莫西林钠克拉维酸钾	安灭菌
4	四川科伦药业股份有限公司	奥硝唑氯化钠注射液	妥苏
5	上海医药集团股份有限公司	注射用盐酸头孢替安	锋替新
6	瑞阳制药有限公司	注射用美洛西林钠	力扬
7	正大天晴药业集团股份有限公司	注射用比阿培南	天册
8	石药控股集团有限公司	注射用美罗培南	中诺舒罗克
9	华北制药股份有限公司	注射用哌拉西林钠他唑巴坦钠	强林坦
10	瑞阳制药有限公司	注射用哌拉西林钠他唑巴坦钠	瑞阳永康
11	正大天晴药业集团股份有限公司	马来酸恩替卡韦片	天丁
12	珠海联邦制药股份有限公司	注射用哌拉西林钠他唑巴坦钠	联邦他唑仙
13	石药控股集团有限公司	阿莫西林胶囊	诺莫灵
14	珠海联邦制药股份有限公司	阿莫西林胶囊	联邦阿莫仙
15	深圳立健药业有限公司	注射用头孢呋辛钠	立健
16	江苏豪森药业集团有限公司	注射用替加环素	泽坦
17	江苏豪森药业集团有限公司	头孢地尼胶囊	恒丹
18	江苏豪森药业集团有限公司	利奈唑胺葡萄糖注射液	恒捷
19	江苏先声药业有限公司	注射用比阿培南	安信
20	国药集团致君(深圳)制药有限公司	头孢呋辛酯片	达力新
21	鲁南贝特制药有限公司	阿莫西林克拉维酸钾分散片	君尔清
22	迪沙药业集团有限公司	头孢克洛咀嚼片	迪素

续表

序号	企业名称	产品名称	商品名(商标名)
23	利君制药有限责任公司	琥乙红霉素片	利君沙
24	南京正大天晴制药有限公司	恩替卡韦胶囊	甘泽
25	山东鲁抗医药股份有限公司	阿莫西林胶囊	珍棒
26	石药控股集团有限公司	注射用青霉素钠	石药
27	昆明贝克诺顿制药有限公司	阿莫西林胶囊	贝克诺顿
28	国药集团致君(深圳)制药有限公司	头孢呋辛酯胶囊	达力新
29	石药控股集团有限公司	盐酸环丙沙星片	
30	四川科伦药业股份有限公司	氧氟沙星片	科伦

表17　2019年中国化学制药行业消化系统类优秀产品品牌

序号	企业名称	产品名称	商品名(商标名)
1	扬子江药业集团有限公司	注射用泮托拉唑钠	韦迪
2	正大天晴药业集团股份有限公司	异甘草酸镁注射液	天晴甘美
3	江苏奥赛康药业有限公司	注射用奥美拉唑钠	奥西康
4	阿斯利康制药有限公司	艾司奥美拉唑镁肠溶片	耐信
5	正大天晴药业集团股份有限公司	注射用艾司奥美拉唑钠	艾速平
6	上海医药集团股份有限公司	注射用乌司他丁	天普洛安
7	海思科医药集团股份有限公司	多烯磷脂酰胆碱注射液	天兴
8	西安杨森制药有限公司	多潘立酮片	吗丁啉
9	正大天晴药业集团股份有限公司	甘草酸二铵肠溶胶囊	天晴甘平
10	上海医药集团股份有限公司	双歧杆菌三联活菌胶囊	培菲康
11	浙江海正药业股份有限公司	注射用丁二磺酸腺苷蛋氨酸	喜美欣
12	江苏奥赛康药业有限公司	注射用艾司奥美拉唑钠	奥一明
13	江苏豪森药业集团有限公司	雷贝拉唑钠肠溶片	瑞波特
14	阿斯利康制药有限公司	奥美拉唑镁肠溶片	洛赛克
15	重庆莱美药业股份有限公司	艾司奥美拉唑肠溶胶囊	莱美舒
16	成都康弘药业集团股份有限公司	枸橼酸莫沙必利分散片	新络纳
17	卫材(中国)药业有限公司	雷贝拉唑钠肠溶片	波利特
18	迪沙药业集团有限公司	盐酸伊托必利分散片	
19	江苏奥赛康药业有限公司	注射用雷贝拉唑钠	奥加明
20	北京四环制药有限公司	注射用盐酸罗沙替丁醋酸酯	杰澳
21	常州四药制药有限公司	奥美拉唑肠溶胶囊	奥克
22	鲁南贝特制药有限公司	枸橼酸莫沙必利片	快力
23	亚宝药业集团股份有限公司	枸橼酸莫沙必利片	亚宝
24	江苏正大丰海制药有限公司	复方尿囊素片	奥兰特

表 18　2019 年中国化学制药行业神经、精神系统类优秀产品品牌

序号	企业名称	产品名称	商品名(商标名)
1	江苏豪森药业集团有限公司	奥氮平片	欧兰宁
2	宜昌人福药业有限责任公司	枸橼酸舒芬太尼注射液	人福舒芬
3	宜昌人福药业有限责任公司	注射用盐酸瑞芬太尼	瑞捷
4	悦康药业集团股份有限公司	银杏叶提取物注射液	悦康通
5	卫材(中国)药业有限公司	甲钴胺片	弥可保
6	卫材(中国)药业有限公司	盐酸多奈哌齐片	安理申
7	西安杨森制药有限公司	盐酸氟桂利嗪胶囊	西比灵
8	齐鲁制药有限公司	氨磺必利片	帕可
9	成都康弘药业集团股份有限公司	阿立哌唑口崩片	博思清
10	成都康弘药业集团股份有限公司	盐酸文拉法辛缓释片	博乐欣
11	扬子江药业集团南京海陵药业有限公司	甲钴胺胶囊	奇信
12	西安杨森制药有限公司	利培酮片	维思通
13	卫材(中国)药业有限公司	甲磺酸倍他司汀片	敏使朗
14	上海医药集团股份有限公司	盐酸度洛西汀肠溶片	奥斯平
15	齐鲁制药有限公司	利培酮口腔崩解片	醒志
16	上海医药集团股份有限公司	溴吡斯的明片	
17	石药控股集团有限公司	盐酸曲马多片	奇迈特

表 19　2019 年中国化学制药行业血液及造血系统类优秀产品品牌

序号	企业名称	产品名称	商品名(商标名)
1	蓬莱诺康药业有限公司	注射用矛头蝮蛇血凝酶	巴曲亭
2	锦州奥鸿药业有限责任公司	注射用白眉蛇毒血凝酶	邦亭
3	上海医药集团股份有限公司	注射用尤瑞克林	凯力康
4	上海医药集团青岛国风药业股份有限公司	多糖铁复合物胶囊	红源达
5	上海医药集团股份有限公司	华法林钠片	
6	石家庄四药有限公司	甘露醇注射液	石门
7	哈药集团生物工程有限公司	重组人促红素注射液(CHO细胞)	雪达升
8	重庆莱美药业股份有限公司	氨甲环酸氯化钠注射液	贝瑞宁

表 20　2019 年中国化学制药行业内分泌及激素类优秀产品品牌

序号	企业名称	产品名称	商品名(商标名)
1	拜耳医药保健有限公司	阿卡波糖片	拜唐苹
2	甘李药业股份有限公司	重组甘精胰岛素注射液	长秀霖
3	扬子江药业集团有限公司	注射用生长抑素	乙已苏
4	迪沙药业集团有限公司	格列吡嗪片	迪沙
5	扬子江药业集团南京海陵药业有限公司	依帕司他片	唐林
6	江苏豪森药业集团有限公司	瑞格列奈片	孚来迪
7	亚宝药业集团股份有限公司	硫辛酸注射液	亚宝力舒
8	江苏万邦生化医药集团有限责任公司	格列美脲片	万苏平
9	江苏万邦生化医药集团有限责任公司	胰岛素注射液	
10	悦康药业集团股份有限公司	盐酸二甲双胍缓释片	悦达宁
11	国药一心制药有限公司	醋酸奥曲肽注射液	力尔宁
12	华润双鹤药业股份有限公司	格列喹酮片	糖适平
13	青岛黄海制药有限责任公司	盐酸二甲双胍缓释片	麦特美
14	石药控股集团有限公司	格列美脲分散片	林美欣
15	天津武田药品有限公司	伏格列波糖片	倍欣
16	上海医药集团股份有限公司	盐酸二甲双胍缓释片	美哒灵
17	山东新华制药股份有限公司	格列美脲片	佳和洛
18	华润双鹤药业股份有限公司	二甲双胍缓释片	卜可
19	辰欣药业股份有限公司	伏格列波糖胶囊	介容

表 21　2019 年中国化学制药行业调节水、电解质及酸碱平衡和矿物质、营养补充类优秀产品品牌

序号	企业名称	产品名称	商品名(商标名)
1	四川科伦药业股份有限公司	基础输液	科伦
2	石家庄四药有限公司	基础输液	石门
3	山东齐都药业有限公司	基础输液	齐都牌
4	华润双鹤药业股份有限公司	基础输液	双鹤牌
5	正大制药(青岛)有限公司	骨化三醇软胶囊	盖三淳
6	中国大冢制药有限公司	基础输液	COP
7	江苏正大丰海制药有限公司	混合糖电解质注射液	新海能
8	江苏恒瑞医药股份有限公司	钠钾镁钙葡萄糖注射液	乐加
9	广东利泰制药股份有限公司	氨基酸注射液	洛安命、普洛氨
10	哈尔滨誉衡药业股份有限公司	注射用 12 种复合维生素	卫美佳

续表

序号	企业名称	产品名称	商品名(商标名)
11	海口市制药厂有限公司	注射用维生素 C	海维素
12	辰欣药业股份有限公司	丙氨酰谷氨酰胺注射液	辰佑
13	重庆莱美药业股份有限公司	丙氨酰谷氨酰胺注射液	莱美活力
14	四川科伦药业股份有限公司	丙氨酰谷氨酰胺注射液	多蒙特
15	江苏正大丰海制药有限公司	果糖注射液	丰海能
16	瑞阳制药有限公司	注射用左卡尼汀	律定方
17	华润双鹤药业股份有限公司	BFS 输液	

表 22　2019 年中国化学制药行业儿童用药优秀产品品牌

序号	企业名称	产品名称	商品名(商标名)
1	山东达因海洋生物制药股份有限公司	维生素 AD 滴剂(胶囊型)	伊可新
2	上海医药集团股份有限公司	双歧杆菌三联活菌胶囊	培菲康
3	哈药集团三精制药有限公司	葡萄糖酸钙口服溶液	三精牌
4	澳诺(中国)制药有限公司	葡萄糖酸钙锌口服溶液	金辛金丐特
5	哈药集团三精制药有限公司	葡萄糖酸锌口服溶液	三精牌
6	国药集团致君(深圳)制药有限公司	头孢克肟颗粒	达力芬
7	北京三元基因药业股份有限公司	重组人干扰素 α1b 注射液	运德素
8	华润双鹤药业股份有限公司	注射用牛肺表面活性剂	珂立苏
9	华润双鹤药业股份有限公司	小儿复方氨基酸注射液(19AA－I)	双鹤牌
10	江苏先声药业有限公司	阿莫西林颗粒	再林
11	哈药集团三精制药有限公司	双黄连口服液	三精牌
12	亚宝药业集团股份有限公司	葡萄糖酸钙口服液	金色童年、丁桂
13	瀚晖制药有限公司	注射用盐酸伊达比星	艾诺宁
14	亚宝药业集团股份有限公司	葡萄糖酸锌口服液	金色童年、丁桂
15	辰欣药业股份有限公司	小儿复方氨基酸注射液(18AA－I)	郎博
16	江苏正大丰海制药有限公司	消旋卡多曲颗粒	乐度
17	鲁南贝特制药有限公司	盐酸西替利嗪糖浆	贝分
18	桂林南药股份有限公司	磺胺多辛乙胺嘧啶分散片＋盐酸阿莫地喹分散片	SPAQ－CO
19	山东齐都药业有限公司	小儿复方氨基酸注射液(19AA－I)	久伴
20	西安杨森制药有限公司	盐酸哌甲酯缓释片	专注达
21	石药控股集团有限公司	布洛芬颗粒	琦效

表 23　2019 年中国化学制药行业妇产科用药优秀产品品牌

序号	企业名称	产品名称	商品名(商标名)
1	丽珠医药集团股份有限公司	注射用尿促卵泡素	丽申宝
2	浙江仙琚制药股份有限公司	黄体酮胶囊	益玛欣
3	常州四药制药有限公司	卡前列素氨丁三醇注射液	安列克
4	丽珠医药集团股份有限公司	注射用绒促性素	丽珠牌
5	西安杨森制药有限公司	硝酸咪康唑阴道栓	达克宁
6	迪沙药业集团有限公司	克霉唑阴道片	
7	迪沙药业集团有限公司	克林霉素磷酸酯阴道泡腾片	

表 24　2019 年中国化学制药行业其他各科用药优秀产品品牌

序号	企业名称	产品名称	商品名(商标名)
1	远大医药(中国)有限公司	桉柠蒎肠溶软胶囊	切诺
2	江苏万邦生化医药集团有限责任公司	非布司他片	优立通
3	北京泰德制药股份有限公司	氟比洛芬凝胶贴膏	得百安
4	上海医药集团股份有限公司	硫酸羟氯喹片	纷乐
5	扬子江药业集团广州海瑞药业有限公司	枸地氯雷他定片	贝雪
6	正大天晴药业集团股份有限公司	噻托溴铵粉雾剂	天晴速乐
7	重庆莱美药业股份有限公司	纳米炭混悬注射液	卡纳琳
8	山东新时代药业有限公司	酮咯酸氨丁三醇注射液	尼松
9	上海医药集团股份有限公司	注射用苯磺顺阿曲库铵	库泰
10	浙江海正药业股份有限公司	硫酸氨基葡萄糖胶囊	伊索佳
11	上海医药集团股份有限公司	硫酸沙丁胺醇吸入气雾剂	
12	浙江莎普爱思药业股份有限公司	苄达赖氨酸滴眼液	莎普爱思
13	昆明积大制药股份有限公司	盐酸坦洛新缓释片	积大本特
14	浙江仙琚制药股份有限公司	罗库溴铵注射液	
15	鲁南贝特制药有限公司	孟鲁司特钠片	平奇
16	鲁南贝特制药有限公司	孟鲁司特钠咀嚼片	平奇
17	常州四药制药有限公司	注射用盐酸氨溴索	兰苏
18	参天制药(中国)有限公司	玻璃酸钠滴眼液	爱丽
19	迪沙药业集团有限公司	洛索洛芬钠片	洛那
20	鲁南贝特制药有限公司	吸入用七氟烷	益君宁
21	正大天晴药业集团股份有限公司	唑来膦酸注射液	依固
22	国药集团致君(深圳)坪山制药有限公司	双氯芬酸钠缓释片	迪根
23	杭州康恩贝制药有限公司	盐酸坦索罗辛缓释胶囊	前列康必坦
24	国药集团工业有限公司	复方甘草片	
25	石药控股集团有限公司	人工牛黄甲硝唑胶囊	石药寿堂

表 25　2019 年中国化学制药行业药用辅料优秀产品品牌

序号	企业名称	产品名称	商品名(商标名)
1	泰安瑞泰纤维素有限公司	羟丙甲纤维素	瑞泰
2	湖州展望药业有限公司	羟丙甲纤维素	湖菱
3	河南正弘药用辅料有限公司	蔗糖	正弘药辅
4	湖州展望药业有限公司	微晶纤维素	湖菱
5	湖州展望药业有限公司	低取代羟丙纤维素	湖菱
6	泰安瑞泰纤维素有限公司	乙基纤维素	瑞泰
7	湖州展望药业有限公司	羧甲淀粉钠	湖菱
8	河南正弘药用辅料有限公司	糊精	正弘药辅
9	湖州展望药业有限公司	可溶性淀粉	湖菱
10	湖州展望药业有限公司	预胶化淀粉	湖菱
11	湖州展望药业有限公司	无水磷酸氢钙	湖菱

表 26　2019 年中国化学制药行业绿色制药特设奖

序号	企业名称	项目简述
1	华北制药河北华民药业有限责任公司	绿色工厂
2	山东新华制药股份有限公司	绿色工厂(CPC 脱水干燥新工艺、降温节能新工艺)
3	国药集团致君(深圳)制药有限公司	绿色工厂(中央空调智能控制项目、光伏发电项目)
4	国药集团威奇达药业有限公司	水回收项目
5	浙江九洲药业股份有限公司	三废处置与余热再利用项目
6	齐鲁安替制药有限公司	全变频节能技术及免费制冷在制冷机房中的应用
7	成都康弘药业集团股份有限公司	抑制血管新生的融合蛋白质及其用途
8	甘李药业股份有限公司	重组甘精胰岛素的生产工艺
9	重庆莱美药业股份有限公司	丙氨酰谷氨酰胺无菌原料药绿色制备关键技术

表 27　2019 年中国化学制药行业优秀仿制药特设奖

序号	企业名称	产品名称	商品名(商标名)
1	正大天晴药业集团股份有限公司	盐酸安罗替尼胶囊	福可维
2	江苏恒瑞医药股份有限公司	马来酸吡咯替尼片	艾瑞妮
3	江苏恒瑞医药股份有限公司	硫培非格司亭注射液	艾多

Abstract

This book, *i. e.* *the 2020 Report on China's Pharmaceutical Industry Development*, consists of seven chapters, namely, General Report, Policies and Regulations, Keynote Reports, Technological Innovation, Green Pharmaceuticals, Regional Development, and Appendices. There are 27 reports in all.

The General Report analyzes the economic situation in 2019, elaborates the significances of the newly revised "Drug Administration Law", discusses the impact of the adjustment of the catalog of medicines covered by national medical insurance system and the centralized volume-based procurement of drugs in "4 + 7" regions on the development strategy of the pharmaceutical industry, and lists ten major tasks for the development of China's pharmaceutical industry in 2020. The Tripartite Medical System Reform will gradually get deepened, the pharmaceutical industry is faced with structural adjustment, transformation and upgrading, and "innovation-quality + compliance" will become the main theme of the development of the pharmaceutical industry.

The chapter of Policies and Regulations introduces the 2019 edition of the catalog of medicines covered by national medical insurance system, the policy background, problems to be solved, and its scope, focuses, procedures, supervision mechanisms, etc. This chapter elaborates the measures of the new version of the "Drug Administration Law" to encourage research and development innovation and ensure the accessibility of drugs and a new drug supervision model with credit management as the core. Through the analysis of reimbursement policies for innovative drugs abroad, policy recommendations are made for the improvement of our country's medical insurance policies for domestic innovative drugs. It also interprets the development of China's social security system. The chapter of Keynote Reports collects policies related with the consistency evaluation of injections in 2019, predicts the development prospects of the world's major therapeutic drug markets in the next few years, analyzes the situation of diabetes drug market, anti-thrombotic drug market and vitamin C market, and introduces new preparations approved for marketing abroad. The chapter of Technological Innovation points out that directed evolution technology of enzymes, high-throughput screening, AI-assisted evolution and other cutting-edge technologies scientifically boost the biological enzyme catalysis. Pharmaceutical companies use their own development stories to show that innovation is the company's core competitiveness. The development process of centrifuge products in the past 50 years is also shared. Starting with the common problems in the application materials for the consistency evaluation of generic drugs, it interprets the official requirements, and based on years of experience in research and development and review of generic drugs, it offers some suggestion. It explores the research and development methods and key points of quality improvement of high-end pharmaceutical excipients (high-end excipients), and predicts the innovation of high-end excipients. The chapter of Green Pharmaceuticals expounds the technology and practice of wastewater treatment techniques in the pharmaceutical industry. Based on the principle of uniform treatment of high concentration and special wastewater after the pretreatment in the workshops, it proposes a general technical route for wastewater treatment in the pharmaceutical industry. On the basis of the concept of residual antibiotic titer in high-concentration wastewater from antibiotic production, it explains the idea of removing the antibiotic titer in the wastewater through the enhanced hydrolysis pretreatment method and then combining biological and physical and chemical methods to remove conventional pollutants. Enterprises start to construct demonstration projects of harmless treatment of antibiotic residues by electron beam irradiation (daily treatment capacity is about 5000 tons of wet residues). Ionizing irradiation can not only degrade the antibiotics remains in the residues, but also kill drug-resistant bacteria and eliminate the resistance gene pollution, so as to achieve the harmless treatment of antibiotic residues. It pays attention to the research on the pollution problem of antibiotic residues, the development of harmless and recycling technologies, and the safe use of recycling products. It introduces the application of ceramic membranes in fermentation broth clarification, traditional Chinese medicine refining and pharmaceutical wastewater treatment, and molecular sieve membranes for solvent dehydration and PDMS composite membranes for the recycling of VOCs. It summarizes the current status of trace antibiotics in the environment in China, discusses the application of membrane separation technology in antibiotic wastewater, and predicts the application of new composite membrane in antibiotic wastewater. The chapter of Regional Development introduces the development of Guangdong's pharmaceutical manufacturing industry in 2019, especially the economic situation of enterprises above designated size in Guangdong's pharmaceutical manufacturing industry and that of the pharmaceutical industry in 2019. It introduces the development and achievements of Shaanxi's pharmaceutical industry, summarizes the problems in the development of the industry, analyzes the development advantages, and predicts the direction of its industrial transformation. The appendices analyze the general situation of China's pharmaceutical industry, its globalization and development trends. It also includes the 2019 Brand List issued by China Pharmaceutical Industry Association, the analysis of the output and export of chemical raw materials in 2019 and the analysis of the output of key dosage forms of chemical drugs in different provinces in 2019.

Keywords: Pharmaceutical Industry; Economic Situation; Technological Innovation; Environmental-friendly

Contents

Ⅰ General Report

Abstract: This report reviewed the economic situation of China's pharmaceutical industry in 2019 when the pharmaceutical industry developed stably and healthily in general. The report analyzed the significances of the newly revised "Drug Administration Law", discussed the impact of the update of the catalog of medicines covered by national medical insurance system and the centralized volume-based procurement of drugs in "4 + 7" regions on the development strategy of the pharmaceutical industry, and listed ten major tasks for the development of China's pharmaceutical industry in 2020. The Tripartite Medical System Reform gradually gets deepened, the pharmaceutical industry is faced with structural adjustment, transformation and upgrading, and "innovation-quality + compliance" will become the main theme of the development of the pharmaceutical industry.

Keywords: Pharmaceutical Industry; Drug Administration Law; Catalog of Medicines Covered by National Medical Insurance System

Ⅱ Policies and Regulations

B. 2 Establish a Normal Adjustment Mechanism for the Catalog of Medicines Covered by Medical Insurance System

Lai Shiqing / 010

Abstract: This report explained the policy background of managing the catalog of medicines covered by national medical insurance system, the problems that need to be solved to re-adjust the catalog, and the scope, focus, procedures and supervision mechanism of the 2019 version of the catalog adjustment. It analyzed the normalized mechanism of "regular adjustment, both in and out" of the catalog and seven adjustment trends.

Keywords: Catalog of Medicines Covered by Medical Insurance System; Adjustment of the Catalog; Adjustment Mechanism

B. 3 The New Version of "Drug Administration Law"

—New Regulatory Innovation and Practice with Credit as the Core

Pan Guangcheng, Zuo Li and Ma Ning / 020

Abstract: The newly revised "Drug Administration Law" officially took effect on December 1st, 2019. This revision of the "Drug Administration Law" put forward several measures to encourage research and development innovation and ensure the accessibility of drugs. The most prominent was that the concept underlying the "Drug Administration Law" covered the control throughout the whole process, and full life cycle safety supervision and guarantee. This new version had twelve chapters, two more chapters than the previous version. The most significant change was listing Marketing Authorization Holder (MAH) and post-marketing management of drugs in separate chapters, showing the importance of both.

Keywords: Drug Administration Law; Credit Management; MAH

B.4 Research on Medical Insurance Policy for Domestic Innovative Drugs: the Status, International Experiences and Policy Recommendations

Lu Quan / 027

Abstract: The number of innovative drugs approved in China keeps increasing, with the larger share of overall generations of domestically produced drugs. However, some varieties with good effects and economic significance are difficult to be included in the National Drug Reimbursement List in time, which greatly affects the drug accessibility and affordability for patients. Through the analysis of reimbursement policies for innovative drugs abroad, as well as international experiences and "Healthy China" policy requirements, this report tries to provide some recommendations for the medical insurance reimbursement policy for domestically produced innovative drugs from the view of "defining the level of innovation". This will make the "me-better" drugs truly enjoy the rights of quick approval, quick reimbursement, and quick hospital availability.

Keywords: Innovative Drugs; Medical Insurance Policy; Grading Assessment

B.5 2020, Prospect of China's Pharmaceutical Industry

Zhang Ziran / 038

Abstract: In 2020, volume-based procurement is fully implemented, provincial key supervision systems are introduced, and DRG pilots in 30 cities are launched. The structure of China's pharmaceutical industry will be overturned and reconstructed, and a large number of drugs that are not rational choices for therapy will be eliminated. The rational drug use will be further strengthened, the antibiotic restriction will continue, the brand name drugs will be quickly replaced after their patents expire, the overall drug price will be reduced dramatically, the status of basic drugs will be improved, the volume-based procurement will be normalized, the scope of national health insurance negotiations and the basic drug list will be expanded, the use of new drugs with accurate efficacy and able to meet unmet clinical needs will be increased, and the growth model of China's pharmaceutical industry will change from PR and sales-driven to cost and technology-driven, from made in China to created by China. The pattern of "small, scattered and chaotic" will be eliminated, the pattern of pharmaceutical production and circulation with large backbone enterprises as the main body and supplemented by small and medium-sized enterprises will soon be established, and the international competitiveness of China's pharmaceutical companies will be greatly improved.

Keywords: Pharmaceutical Industry; DRG; Volume-based Procurement; Pharmaceutical Companies; Pharmaceutical Market

Ⅲ Keynote Reports

Abstract: This report briefly described the progress of consistency evaluation of chemical generic injections in China, sorted out the relevant policies of consistency evaluation of injections since 2019, and briefly analyzed the development trend of consistency evaluation of injections from the perspectives of policies, markets and health needs. At the same time, it also forecasted the future of further accelerating the progress of injection consistency evaluation in a macro view.

Keywords: Chemical Generic; Injections; Consistency Evaluation

B. 7 Prospects for the Future Development of the World Pharmaceutical Market *Translated by Qi Jicheng* / 060

Abstract: With the development of the world economy, the growth of the total population, the aging of the society and the public's growing awareness of health, the world pharmaceutical industry has maintained rapid growth for decades. It is expected to continue to maintain rapid growth in the next few years. This report predicted the prospects of the pharmaceutical market for each of the world's major therapeutic categories in the coming years. Among them, the forecast of market sales in the next few years included the world antibiotic market, anti-staphylococcal drug market, antifungal drug market, cancer painkiller market, bone cancer drug market, esophageal cancer drug market, neuroblastoma drug market, pulmonary hypertension market, rheumatoid arthritis drug market, plasma protein therapy market, glaucoma treatment and therapeutics market, multiple sclerosis drug market, kidney anemia treatment market, psoriasis therapeutic market, nasal spray device market, advanced drug release system market, vaccine market, cholera vaccine market, subcutaneous biologics market, antifreeze protein market, attention deficit hyperactivity disorder (ADHD) drug market, progressive nuclear paralysis drug market. It also provided an overview of these markets and major participating companies.

Keywords: Pharmaceutical Market; Antibiotic Market; Cancer Drug Market

B. 8 World's Diabetes Drug Development and the International Market Overview *Xu Zhengkui* / 086

Abstract: Diabetes became a major disease in the world. The total number of people diagnosed with diabetes worldwide exceeded 400 million and was still growing. So far, there had been nearly 100 varieties of 12 types of hypoglycemic drugs developed and marketed globally. The international market for hypoglycemic drugs reached over US $ 70 billion last year, and it was expected the total sales of hypoglycemic drugs in the international pharmaceutical market would reach US $ 95 billion or more by 2030.

Keywords: Diabetes; Hypoglycemic Drugs; Insulin; Pharmaceutical Market

B. 9 Vitamin C: Stable Export Growth, Volatile Market

Zhang Lun / 096

Abstract: Vitamin C, also known as ascorbic acid, is a widely used health care product, medicine, food additive and cosmetic nutrient. Since the reform and opening-up, our country's Vitamin C industry has been on a rapid development path. Its production capacity and output have been increasing year by year, and the export volume has increased year after year. After just about 40 years, China has become the world's largest producer and exporter of Vitamin C. Due to its lower production costs, higher profits, and selling well all over the world, market competition has been fierce. Our country's Vitamin C already has an absolute competitive advantage in the global market: it has independent intellectual property rights, low production costs, high industrial concentration, advanced production technology, large-scale equipment, strong competitiveness, high market share, and the right to speak in the international market. According to the analysis, our country's Vitamin C market will continue fierce competition for a period of time, and the price war will begin at any time. At present, all major Vitamin C producing enterprises in our country are large companies with great strength. These companies will not be easily defeated by the price war, nor will they withdraw from the Vitamin C industry.

Keywords: Vitamin C; Drug Export Market; Drug Market

B. 10 Review and Prospective Analysis of Antithrombotic Drug Market

Cai Deshan / 103

Abstract: With the continuous launch of new varieties of antithrombotic, blood pressure lowering and cholesterol lowering drugs, the situation of clinical medicines has changed. As of the end of 2019, seven large varieties of antithrombotic drugs have successfully passed the consistency evaluation of generic drugs, namely clopidogrel sulfate, ticagrelor, rivaroxaban, apixaban, warfarin, nadroparin calcium injection, and heparin sodium injection. They account for about 18% of the antithrombotic drugs used in hospitals. China is a country with a high incidence of thrombotic diseases. Its biggest feature is that the incidence of stroke is significantly higher than coronary heart disease, which can be called the first killer to endanger health. Driven by rigid demand, the market for antithrombotic drugs has been growing year by year. With the increase in the variety of consistency evaluation and the maturity of the pilot experience in volume-based procurement, the new batch of volume-based procurement will inevitably include more antithrombotic drugs, which will lead to intensified market competition.

Keywords: Antithrombotic; Cardiovascular Drugs; Pharmaceutical Industry

B. 11 New Preparations Approved for Marketing Abroad

Huang Shengyan / 115

Abstract: The new drug preparations approved for marketing abroad in 2019 are mainly oral preparations: oral liquids, films and oral disintegrating tablets that are easy to take; soft capsules prepared from self-emulsifying drug delivery systems (SEDDS) technology that can improve drug bioavailability; compound tablets, controlled-release single drug and compound drug preparations that will reduce the number of doses, improve the efficacy and improve the compliance of patients taking medicines. There are also injections: drug crystal nano-particle water suspension that will improve the efficacy; intravenous injection containing betacyclodextrin that can increase drug solubility and stability; hyaluronidase-containing subcutaneous injections that can shorten the administration time; three drug-antibody conjugate injections that can improve drug targeting to achieve precise treatment; pre-mixed drug infusion bags that are convenient for medical personnel to use drugs and will improve the accuracy of medication dosage; and nasal spray for systemic treatment by local administration. External preparations are also included: cream, compound drug lotion and external foam that are easy to use; 2 kinds of percutaneous controlled release patches that are easy to use and can control the release of drugs.

Keywords: Compound Preparations; Oral Preparations; Injections; External Percutaneous

Ⅳ Technological Innovation

Abstract: By analyzing the current international and domestic situations, this report proposed that technological innovation would become the main theme of China's future, emphasizing that innovation was also the core competitiveness of pharmaceutical enterprises. For pharmaceutical enterprises, it is crucial to grasp the development direction and characteristics of the pharmaceutical industry, match market needs, focus on their own advantages, and ensure the strength and continuity of R&D investment. Innovation is the number one driving force for high-quality development, especially for the pharmaceutical industry. Innovation should be the main theme of the development of enterprises. This report described specific innovative ideas and practices in five aspects, namely management innovation, R&D innovation, marketing innovation, production innovation, and investment innovation.

Keywords: Technological Innovation; Marketing Model; R&D Manufacturing Enterprise; Core Competitiveness; Enterprise

Abstract: The objective was to provide reference and suggestion for applicants to standardize the application materials for the consistency evaluation of generic drugs. Starting with common problems in the application materials, this report interpreted the official requirements, and gave some suggestions based on the author's years of experience in generic drug development and review. Due to the applicants' lack of R&D and writing experience, the official requirements were not well understood, which led to the unsatisfactory application of many generic drugs for consistency evaluation. There was a risk that the materials would need to be supplemented or even withdrawn. Therefore, applicants should keep learning, sum up experience, and continuously improve and perfect the application materials.

Keywords: Generic Drugs; Consistency Evaluation; Application Documents; Writing Standardi

Abstract: This report aimed to discuss the research and development methods and key points of quality improvement of high-end pharmaceutical excipients (high-end excipients), and predicted the future of the innovation of high-end excipients. High-end preparations were preparations that had the advantages of higher technical content, better efficacy, less side effects, and less possibility of being imitated than traditional preparations, and the core was the key excipients. In recent years, the development of high-end excipients got a lot of attention in China. This report described the innovation of high-end excipients, and looked forward to the joint innovation of the academia, industry and government regulators.

Keywords: High-end Preparations; High-end Excipients; Innovation of Dosage Forms

Abstract: As a natural catalyst gifted by nature, enzymes are widely used in the chemical and pharmaceutical industries. Green and environmentally friendly biological enzyme catalysis technology occupies a decisive position in the global pharmaceutical industry. This report introduced the directed evolution of enzymes, high-throughput screening (HTS), AI-assisted evolution and other cutting-edge technologies which endowed the scientific wings to biological enzyme catalysis. Among them, the high-throughput screening technology revolutionized the traditional screening method, which could quickly identify the beneficial mutations needed, making the screening of enzymes more sensitive, more efficient and faster, and making the screening of engineering enzymes in the pharmaceutical field easier. The AI-assisted technology with molecular modeling and computational simulation platform as the core allowed researchers to use computer-aided analysis and simulation software to simulate enzyme structures, predict key structural regions that would affect various characteristics of the enzyme, and thus achieve the directed evolution of biological enzymes reformation.

Keywords: Green Pharmaceuticals; Biocatalysis; Biological Enzyme; Artificial Intelligence; High –throughput Screening

V Green Pharmaceuticals

B. 16 Technology and Practice of Wastewater Treatment in the Pharmaceutical Industry *Ren Nanqi*, *Chen Zhaobo* / 159

Abstract: The characteristics of wastewater from the pharmaceutical industry is complex and difficult to be treated. In addition, there are a wide variety of current treatment technologies, which increases the difficulty of rationally determining the pharmaceutical industry wastewater treatment process. In this paper, in view of the different sewage nodes and production processes in the pharmaceutical industry such as fermentation, extraction, traditional Chinese medicine, bioengineering, mixed preparations and chemical synthesis, the characteristics of different types of wastewater in their respective workshops were analyzed firstly. Secondly, based on the technical specifications for the treatment of fermentation industrial wastewater, and the principle that high-concentration and special wastewater should be pretreated in the workshop firstly, and then mixed and treated uniformly, a general treatment technical route for pharmaceutical industry wastewater was proposed. In addition, a general mathematical model ($P_{General}$) was also established to determine the workshop pretreatment technology route (X_i) for high-concentration wastewater and special wastewater (i), and the biochemical treatment process (Y_{aj}) under different conditions. Finally, the practical application cases of the general treatment technical route ($P_{General}$) in some enterprises, including the technical parameters, operating performances and costs were summarized, which confirmed the rationality and effectiveness of $P_{General}$. Meanwhile, the prospects of several novel technologies in the construction or expansion of pharmaceutical wastewater treatment were also put forward.

Keywords: Pharmaceutical Industry; Wastewater Characteristics; Treatment Technologies

B. 17 Synergistic Control of Antibiotics, Resistance Genes and Conventional Pollutants in Pharmaceutical Wastewater

Zhang Yu, *Yang Min* / 197

Abstract: Wastewater produced in fermented antibiotic production usually has high-concentration antibiotic residues. The presence of high-concentration antibiotics not only severely inhibits the activity of wastewater treatment microorganisms and affects the effect of wastewater treatment, but also leads to the production of a large number of antibiotics and resistance genes in the biological treatment of wastewater, making wastewater treatment systems an important discharge source of resistance genes to the environment. This report firstly proposed the concept of residual antibiotic titers in wastewater from high-concentration antibiotic production. On this basis, it elaborated the method of intensified hydrolysis pretreatment to eliminate antibiotic titers in wastewater and then combine biological and physicochemical methods to remove conventional pollutants. Eliminating the antibiotic titers of wastewater can not only relieve the inhibition of antibiotics on wastewater treating microorganisms, to ensure the effect of biological treatment of wastewater, but also prevent the production of resistance genes in the process of biological treatment of wastewater, to ensure the synergistic control of antibiotics, resistance genes and conventional pollutants. And it proposed the future development direction of such wastewater treatment and environmental management, with a view to providing technical support and scientific basis for the sustainable development of the pharmaceutical industry.

Keywords: Antibiotic Titers; Intensified Hydrolysis; Pharmaceutical Wastewater; Resistance Genes

B. 18 Research and Application of Ionizing Irradiation Treatment of Fermented Residues of Antibiotics *Wang Jianlong* / 206

Abstract: Ionizing irradiation technology is an emerging environmental pollution treatment method, and its basic principle is to use the direct action of high energy rays (radioactive nuclides, such as gamma rays generated by ^{60}Co or ^{137}Cs, or electron beams generated by electron accelerators) and indirect action (hydroxyl radicals, hydrogen radicals, hydrated electrons and other active particles generated by water molecule radiation decomposition) to destroy or degrade pollutants. This report studied the treatment of erythromycin and cephalosporium residues by ionizing radiation. The results showed that ionizing radiation could not only degrade the antibiotic remaining in the residues, but also kill drug-resistant bacteria and eliminate resistance gene contamination, thereby achieving harmless treatment of antibiotic residues. In addition, ionizing irradiation had no significant effect on the protein and polysaccharide components in antibiotic residues. The residues treated by ionizing irradiation can retain their nutrient components, which could be used for the preparation of feed or organic fertilizers to achieve the recycling of antibiotic residues. Demonstration project of harmless treatment of antibiotic residues by electron beam irradiation (daily treatment capacity of about 5000 tons of wet residues) started its construction in Chuanning Biotechnology Company in Yili, Xinjiang.

Keywords: Antibiotic Residues; Ionizing Irradiation; Harmless Treatment; Advanced Oxidation.

B. 19 Recycling and Safety of Antibiotic Residues *Liu Huiling* / 216

Abstract: On April 29, 2020, China promulgated the newly amended "Law of the People's Republic of China on the Prevention and Control of Solid Waste Polluting Environment", which clarified that the environmental protection authorities should define the harm and degree of impact of the industrial solid waste to the public health and ecological environment, organize the evaluation of comprehensive utilization of industrial solid waste resources and promote the comprehensive utilization of industrial solid waste. The majority of the world's antibiotic raw materials come from China. The pollution problem of antibiotic residues, the research and development of harmless treatment and recycling technologies, and the safe use of recycling products also get attention for research in China.

Keywords: Antibiotic Residues; Resistance Genes; Recycling; Safety.

Abstract: Membrane technology is a new type of separation technology with high -performance membrane materials as the core. It has the advantages of high separation efficiency, high stability, and low energy consumption. Its impact on the transformation and upgrading of the pharmaceutical industry has become increasingly evident. This report focused on the application of ceramic membranes in fermentation broth clarification, traditional Chinese medicine refining and pharmaceutical wastewater treatment, and the current situation of molecular sieve membranes being used for solvent dehydration and PDMS composite membranes being used for VOCs recycling. Looking into the future, we should establish a membrane material design and preparation method to meet the application needs of the pharmaceutical industry. Through precise construction of the membrane microstructure and the adjustment of membrane surface properties, the membrane production and operating costs will be further reduced to promote the widespread application of membrane technology in the pharmaceutical industry.

Keywords: Membrane Technology; VOCs Recycling; Ceramic Membranes; Molecular Sieve Membranes; PDMS Composite Membranes.

Abstract: Antibiotics are a typical contaminant of drugs and pharmaceutical and personal care products (PPCPs). Trace antibiotics can not only have a direct ecotoxicological effect on organisms, but also induce microorganisms to produce drug resistance genes, causing the spread of resistance genes in the environment, which has a serious impact on the environment and human health. Our country is one of the major antibiotic producing countries, and the discharge of pharmaceutical wastewater below standards is one of the main sources of antibiotics in the environment. This report systematically summarized the current status of trace antibiotics in the environment in China, discussed the application of membrane separation technology in antibiotic wastewater, and predicted the application of new composite membranes in antibiotic wastewater treatment.

Keywords: Antibiotics; Membrane Separation Technology; Two-dimensional Nanomaterials.

Ⅵ　Regional Development

Abstract: Guangdong is the first region in our country to introduce Western medicines and produce chemical medicines. The chemical pharmaceutical industry has become an important part of Guangdong's pharmaceutical manufacturing industry, which is mainly located in the Pearl River Delta region, with a number of leading enterprises and branded products. Its main economic indicators rank among the top in this province's pharmaceutical manufacturing industry, and those enterprises occupy an important position in the national chemical pharmaceutical industry.

Keywords: Chemical Pharmaceutical Industry; Pharmaceutical Enterprises; Branded Products; Guangdong

Abstract: This report reviewed the development and achievements of Shaanxi's pharmaceutical industry in the past 70 years since the founding of People's Republic of China, summarized the problems existing in the industrial development, analyzed the development advantages, and predicted the direction of its industrial transformation. As one of Shaanxi's six new leading industries, the pharmaceutical industry achieved the total output value of 76. 289 billion yuan in 2019, with its main business income of 66. 71 billion yuan, and the profit of 7. 27 billion yuan. Shaanxi's pharmaceutical industry is on the path of transforming to high quality development.

Keywords: Pharmaceutical Industry; Pharmaceutical Enterprise Shaanxi

Ⅷ Appendices

S 基本子库
UB DATABASE

中国社会发展数据库（下设 12 个子库）

整合国内外中国社会发展研究成果，汇聚独家统计数据、深度分析报告，涉及社会、人口、政治、教育、法律等 12 个领域，为了解中国社会发展动态、跟踪社会核心热点、分析社会发展趋势提供一站式资源搜索和数据服务。

中国经济发展数据库（下设 12 个子库）

围绕国内外中国经济发展主题研究报告、学术资讯、基础数据等资料构建，内容涵盖宏观经济、农业经济、工业经济、产业经济等 12 个重点经济领域，为实时掌控经济运行态势、把握经济发展规律、洞察经济形势、进行经济决策提供参考和依据。

中国行业发展数据库（下设 17 个子库）

以中国国民经济行业分类为依据，覆盖金融业、旅游、医疗卫生、交通运输、能源矿产等 100 多个行业，跟踪分析国民经济相关行业市场运行状况和政策导向，汇集行业发展前沿资讯，为投资、从业及各种经济决策提供理论基础和实践指导。

中国区域发展数据库（下设 6 个子库）

对中国特定区域内的经济、社会、文化等领域现状与发展情况进行深度分析和预测，研究层级至县及县以下行政区，涉及地区、区域经济体、城市、农村等不同维度，为地方经济社会宏观态势研究、发展经验研究、案例分析提供数据服务。

中国文化传媒数据库（下设 18 个子库）

汇聚文化传媒领域专家观点、热点资讯，梳理国内外中国文化发展相关学术研究成果、一手统计数据，涵盖文化产业、新闻传播、电影娱乐、文学艺术、群众文化等 18 个重点研究领域。为文化传媒研究提供相关数据、研究报告和综合分析服务。

世界经济与国际关系数据库（下设 6 个子库）

立足“皮书系列”世界经济、国际关系相关学术资源，整合世界经济、国际政治、世界文化与科技、全球性问题、国际组织与国际法、区域研究 6 大领域研究成果，为世界经济与国际关系研究提供全方位数据分析，为决策和形势研判提供参考。

法律声明